Ramatís una Propuesta de Luz

Ramatís una Propuesta de Luz

Ramatís

INSTITUTO HERCÍLIO MAES
Curitiba – PR
Fone: 41 3014-3790
http://www.institutoherciliomaes.com.br/
contato@institutoherciliomaes.com.br

Traducción - Manuel Valverde
Revisión: Julio Sánchez
Colaboró en esta edición: Mariléa de Castro
Proyecto gráfico: Sergio Carvalho
Ilustración de la tapa: Caiene Cassoli

ISBN 978-85-921991-5-9– 2ª Edición – 2017

• Impresso no Brasil • Presita en Brazilo

Producido en el departamento de gráficos de
EDITORA DO CONHECIMENTO
Fone: 19 3451-5440
e-mail: conhecimento@edconhecimento.com.br

Ramatís

RAMATÍS UNA PROPUESTA DE LUZ

Obra mediúnica ditada pelo espírito
Ramatís ao médium Hercílio Maes

2ª edición - 2017

Instituto
Hercílio Maes

Sede.

Auditório e sala de meditação em baixo.

Rua Alferes Poli, 1962 - Rebouças
CEP 80220-050 - Curitiba - PR
Fone 41 3014-3790
contato@institutohercíliomaes.com.br

Instituto Hercílio Maes

O Instituto Hercílio Maes tem por finalidade preservar o patrimônio mediúnico deixado por Hercílio Maes e divulgar as obras de Ramatís.

Oferece ainda aos seus associados, e ao público em geral, cursos e palestras em um ambiente acolhedor, onde os frequentadores poderão ter contato com a tônica do pensamento universalista que norteia as mensagens de Ramatís e Hercílio Maes.

O Instituto distribui com exclusividade, para Curitiba e região circunvizinha, as obras de Ramatís e de outros autores da Editora do Conhecimento.

www.institutohercíliomaes.com.br

Espaço para exposições e eventos.

Sumário

Presentación 7
¿Quién es Ramatís? 9

La Vida en el Planeta Marte y los Discos Voladores
Capitulo IV – Familia 15

Mensajes del Astral
Capitulo XIV – La verticalización del eje de la Tierra 28

La Vida más allá de la Sepultura
Capitulo IX – Consideraciones sobre la desencarnación 44

La Sobrevivencia del Espíritu
Capitulo III – Nociones sobre el periespíritu y sus delicadas funciones 76

Fisiología del Alma
Capitulo XX – Consideraciones sobre el origen del cáncer ... 90

Mediumnismo
Capitulo VIII – Dificultades en las comunicaciones mediúmnicas con lo alto 109

Mediumnidad de Cura
Capitulo VI – Los pases mediúmnicos y el recetario de agua fluidificada 122

El Sublime Peregrino
Capitulo V – Jesus de nazaret y el cristo planetario 139

Esclarecimientos del Más Allá
Capitulo XIX – El doble etérico y sus funciones 149

La Misión del Espiritismo
Capitulo I – La misión del espiritismo 181

Magia de Redención
Capitulo X – El mal de ojo 209

La Vida Humana y el Espíritu Inmortal
Capitulo V – Problemas del trabajo 219

El Evangelio a la Luz del Cosmos
Capitulo III – El evangelio es la ley del cosmos 238

Bajo la Luz del Espiritismo
Capitulo VII – La Mente 243

Ramatís y sus conceptos 273

Presentación

La Fundación Hercilio Maes presenta el libro ***Ramatís, una propuesta de Luz***, para proporcionar a quienes no conocen las enseñanzas de este instructor espiritual, un panorama global de su obra.

Desde que fueram editadas las primeras obras de Ramatís recibidas por el médium Hercilio Maes, se identificó un preconcepto "velado" por parte de algunos espíritas con relación a las enseñanzas de este amigo espiritual.

Sabemos que uno de los factores que marginan las corrientes de pensamiento es precisamente la falta de información, o informaciones incorrectas que se divulgan sobre ellas. Es eso exactamente lo que ocurre con la obra de Ramatís.

Dentro del movimiento espírita fueron muchos los "orientados" a no leer sus libros, bajo la disculpa de tratarse de literatura no doctrinaria. Otros la rotulaban como espiritualista, sin saber que la doctrina espírita fue clasificada por Allan Kardec como una doctrina espiritualista.

Es del conocimiento de todos que fue afirmado por Kardec que habrían de venir otras enseñanzas. Esto era así porque la humanidad tendría que ampliar su capacidad de absorción de enseñanzas a medida que se desarrollase en el campo moral, científico y espiritual.

A ejemplo de los mensajes de André Luiz e de Emmanuel, las obras de Ramatís fueron transmitidas desde lo Alto en el momento compatible con la capacidad de comprensión del hombre encarnado.

No podemos concordar con las críticas a Ramatís, pues la gran mayoría de los que lo juzgan no tuvo siquiera la iniciativa de leer sus obras. Se basan en puntos de vista de dirigentes conservadores que no sienten la vibración de amor que compone las enseñanzas de este espíritu de élite.

Hace parte de las funciones del dirigente espírita prestar orientación educacional y moral a los médiums por medio de la vivencia del Evangelio. Sin embargo no se debe cercenar al individuo la libertad de opción intelectual ni tampoco ofuscar las características innatas que él trae del pasado y que lo mantienen ligado a falanges o a grupos espirituales, como por ejemplo la Hermandad de la Cruz y del Triángulo de la cual hace parte Ramatís.

Ese tipo de inducción en la formación del iniciante espírita genera discriminación y separatismo dentro de las corrientes de amor regidas por Jesús, además de ser contrario a los postulados espíritas formulados por Kardec.

Esta compilación hará posible un paseo por la maravillosa obra de Ramatís, sirviendo de muestra de lo que se puede encontrar en toda su obra.

Reconocemos en nuestro papel de divulgadores de las enseñanzas superiores enviadas por el Plano Espiritual, la importancia que tienen los nuevos conocimientos en la formación de la humanidad del Tercer Milenio.

Por lo tanto, a todos cabe un esfuerzo específico con el objetivo de esclarecer al mayor número posible de criaturas sobre las directrices morales dejadas por Jesús y la necesidad de vivenciar ese modelo, ya que en el Evangelio se encuentran las premisas básicas para la formación del hombre del Tercer Milenio.

Fundación Hercilio Maes

¿Quién es Ramatís?

Ramatís vivió en Indochina en el siglo X y fue instructor en uno de los innumerables santuarios iniciáticos de la India.[1] Era de inteligencia fulgurante y desencarnó bastante joven. Espíritu muy experimentado en tareas reencarnacionistas, ya se había distinguido en el siglo IV participando del ciclo Ario en los acontecimientos que inspiraron el famoso poema hindú Ramayana.[2] Fue adepto de la tradición de Rama, rindiendo culto en esa época a las enseñanzas del "Reino de Osiris", el señor de la Luz en la inteligencia de las cosas divinas. Mas tarde en el Espacio se afilió definitivamente a un grupo de trabajadores espirituales cuya insignia en lenguaje occidental era conocida bajo la pintoresca denominación de "Templarios de las Cadenas del Amor". Tratase de un grupo casi desconocido en las colonias invisibles del Mas Allá ligado a la región de Occidente, donde se dedica a trabajos profundamente relacionados a la psicología oriental. Los que leen las obras de Ramatís y están familiarizados con el simbolismo de Oriente, bien saben lo que representa el nombre RAMA-TYS o SWAMI SRI RAMA-TYS, como era conocido en los santuarios de la época. Es casi una clave, una designación de jerarquía o dinastía espiritual, que explica el uso de ciertas expresiones que trascienden las propias formas objetivas.

---

1 Texto retirado del libro *Mensajes del Astral* 14ª edición, pág. 17 a 23.

2 Nota del Revisor – En el poema hindú Ramayana, el feliz par Rama y Sita es símbolo iniciático de los principios masculino y femenino. Pero uniéndose Rama y Atis, o sea Sita al contrario, resulta Ramaatis como realmente se pronuncia en lengua Indochina.

Fuimos informados de que después de significativa asamblea de altas entidades realizada en el Espacio el siglo pasado en el Oriente, se procedió a la fusión de dos importantes Hermandades que desde allí operan a favor de los habitantes de la Tierra. Se trata de la "Hermandad de la Cruz", con cierta acción en el Occidente (divulgando las enseñanzas de Jesús) y de la "Hermandad del Triángulo" relacionada con la tradición iniciática y espiritual del Oriente. Después de la memorable fusión de esas dos Hermandades Blancas, se consolidaron mejor las características psicológicas y el objetivo de sus trabajadores espirituales, alterando la denominación para "Hermandad de la Cruz y del Triángulo". Sus miembros en el Espacio usan vestiduras blancas con cinturones y emblemas de color verde-azul claro. Sobre el pecho llevan suspendida delicada cadena como que confeccionada en fina orfebrería, en la cual se ostenta un triángulo de suave color lila enmarcando una cruz color lirio blanco. Es el símbolo que ensalza, en la figura de la Cruz alabastrina, la obra sacrificial de Jesús y en la efigie del triángulo, la mística Oriental.

Nos aseguran algunos mentores que todos los discípulos de esa Hermandad que se encuentran reencarnados en la Tierra son profundamente dedicados a las dos corrientes espiritualistas: la oriental y la occidental. Rinden culto tanto a las enseñanzas de Jesús, que fue el eslabón definitivo entre todos los instructores terráqueos, como a los trabajos de Antulio, Hermes y Buda y a los esfuerzos de Confucio y de Lao-Tse. Ese es uno de los motivos por los cuales la mayor parte de los simpatizantes de Ramatís en la Tierra, aunque profundamente devotos de la filosofía cristiana, se aficionan también con profundo respeto a la corriente espiritualista de Oriente.

Supimos que de la fusión de las dos Hermandades realizada en el Espacio, resultaron extraordinarios beneficios para la Tierra. Algunos mentores espirituales pasaron entonces a actuar en el Occidente, ocupándose de la orientación de ciertos trabajos espíritas en el campo mediúmnico, mientras que otros instructores occidentales pudieron actuar en la India, Egipto, China y en varios grupos que hasta entonces eran supervisados exclusivamente por la antigua Hermandad del Triángulo.

Los espíritus orientales nos ayudan ahora en nuestras tareas, al mismo tiempo que los de nuestra región permean los grupos doctrinarios de Oriente, de lo que resulta una ampliación del sentimiento de fraternidad Oriente-Occidente, así como aumenta la oportunidad de reencarnaciones entre espíritus amigos.

Así se procesa un saludable intercambio de ideas y perfecta identificación de sentimientos en las mismas tareas espirituales, aunque sean diferentes los contenidos psicológicos de cada hemisferio. Los orientales son lunares, meditativos, pasivos y generalmente desinteresados por la fenomenología exterior; los occidentales son dinámicos, solares, objetivos y estudiosos de los aspectos transitorios de la forma y del mundo de los espíritus.

Los antiguos cofrades del "Triángulo" son eximios operadores de las "corrientes terapéuticas azules", que pueden ser aplicadas como energía balsámica para los sufrimientos psíquicos, cruciales, de las víctimas de duraderas obsesiones. Las emanaciones del azul claro con matiz esmeralda, además del efecto balsámico, disocian algunos estigmas previos a la reencarnación que se reproducen periódicamente en los vehículos sutiles. Al mismo tiempo, los cofrades de la "Cruz", según informa Ramatís, prefieren operar con las corrientes anaranjadas vivas y claras, a veces mezcladas con carmín puro, ya que las consideran más positivas en el alivio del sufrimiento psíquico. Debe notarse, sin embargo, que mientras los técnicos occidentales buscan eliminar de una vez el dolor, los terapeutas orientales, más propensos a creer en el fatalismo kármico de la psicología asiática, prefieren ejercer sobre los enfermos una acción balsámica, aprovechando el sufrimiento para una quema más breve del karma. Ellos saben que la eliminación rápida del dolor puede extinguir los efectos, pero las causas continúan generando nuevos padecimientos futuros. Prefieren entonces regular el proceso del sufrimiento depurador, en lugar de retirarlo provisionalmente. En el primer caso se agota el karma, aunque lentamente; en el segundo, la cura es un hiato, una prórroga kármica.

Nos informa Ramatís que después de una cierta disciplina iniciática a la que se sometió en la China, fundó un pequeño templo iniciático en la India, al margen del camino principal que se perdía en territorio chino. En ese templo él buscó aplicar en sus discípulos los conocimientos adquiridos en innumerables vidas anteriores. En la Atlántida fue contemporáneo en una existencia, del espíritu que mas tarde sería conocido con el seudónimo de Allan Kardec (el codificador del espiritismo) que era profundamente dedicado a las matemáticas y a las llamadas ciencias positivas. Posteriormente en su pasaje por Egipto, tuvo un nuevo encuentro con Kardec que era entonces el sacerdote Amenofis, en la época del faraón Mernephtá, hijo de Ramsés.

El templo que fundó Ramatís fue erguido con las manos de sus primeros discípulos y admiradores. Cada piedra de mampostería recibió el toque magnético y personal de sus futuros iniciados. Algunos de ellos están reencarnados actualmente en nuestro mundo y ya reconocieron al antiguo maestro Ramatís a través de ese toque misterioso que no puede ser explicado satisfactoriamente en lenguaje humano. Lo sienten a veces de tal forma que lágrimas afloran a sus ojos en un largo suspiro de nostalgia.

Aunque haya desencarnado aún joven, Ramatís pudo atraer setenta y dos discípulos que no obstante, después de la desaparición del maestro, no se pudieron mantener a la altura del mismo patrón iniciático original. Eran adeptos provenientes de diversas corrientes religiosas y espiritualistas de Egipto, India, Grecia, China y Arabia. Apenas diez y siete lograron vestir la simbólica "túnica azul" y alcanzar el último grado de aquel ciclo iniciático. Los demás, sea por ingreso tardío o por menor capacidad de comprensión espiritual, no alcanzaron la plenitud del conocimiento de las disciplinas enseñadas por el maestro. A no ser por veintiséis adeptos que están en el Espacio (desencarnados) cooperando con las tareas de la "Cruz y del Triángulo", el resto se diseminó por nuestro orbe en varias latitudes geográficas. Sabemos que diez y ocho reencarnaron en el Brasil y seis en las tres Américas, mientras que los demás se esparcieron por Europa y principalmente por el Asia.

En razón de Europa estar llegando al final de su misión civilizadora, algunos discípulos allí reencarnados emigrarán para el Brasil, en cuyo territorio – afirma Ramatís – reencarnarán los predecesores de la generosa humanidad del tercer milenio.

En el templo que Ramatís fundó en la India, esos discípulos desarrollaron sus conocimientos sobre magnetismo, astrología, clarividencia, psicometría, radiestesia y asuntos quirológicos aliados a la fisiología del "doble etérico". Los más capacitados lograron éxito y poderes en la esfera de la fenomenología mediúmnica, dominando los fenómenos de levitación, ubicuidad, videncia y psicografía de mensajes que los instructores enviaban para aquél cenáculo de estudios espirituales. Pero el principal "toque personal" que Ramatís desarrolló en sus discípulos, en virtud del compromiso que asumió con la Hermandad del Triángulo, fue la inclinación universalista, la vocación fraternal, crística, para con todos los esfuerzos ajenos en la esfera del espiritualismo. El nos advierte siempre que sus íntimos y verdaderos admiradores son también incondicionalmente simpáticos a todos los trabajos de las diversas corrientes religiosas del mundo. Se revelan liberados de exclusivismo doctrinario o de dogmatismos y se consagran con entusiasmo a cualquier trabajo de unificación espiritual. Lo que menos les preocupa son las cuestiones doctrinarias de los hombres, porque están inmensamente interesados en los postulados crísticos.

Nos dice textualmente Ramatís: – "Les sirve el ambiente del templo protestante, la bóveda de la iglesia católica, la mesa blanca de los *tatwas* esotéricos, los salones de los teósofos, el trabajo fraternal rosacruz, el campamento krisnamurti, la penumbra de la sesión espírita, el canto de los salvacionistas en las plazas públicas, la ruidosa umbanda, las posturas musulmanas, los lamentos mosaicos, el fatalismo budista, el silencio yoga, el sincronismo de los cenáculos o los mantras de los iniciados. No los preocupan los involucros de los hombres moviéndose para solucionar el misterio de la vida; sienten la realidad continua del espíritu, que solo les inspira amor y fraternidad, en cualquier momento y en cualquier lugar. Respetan la necesidad que tienen los hombres de buscar la verdad, cuando se agrupan en círculos doctrinarios simpáticos y se ejercitan así para los vuelos crísticos del futuro. No se adaptan, sin embargo, a ningún exclusivismo y evitan que los postulados doctrinarios les cercenen la libertad de la razón.

He aquí en resumen, estimado lector, un relato sobre la figura de Ramatís, el espíritu que dictó esta obra y que siempre nos aconseja evitar la ilusión separatista de la forma, pues el sentido real de la vida espiritual es el principio sólido y eterno del amor crístico.

Ramatís se nos muestra en la visión psíquica con un traje algo exótico, compuesto por una amplia capa abierta, cayendo hasta los pies, con mangas anchas, cubriendo una túnica justa con un cinturón ancho de color verde esmeralda. Lo pantalones son apretados en los tobillos, como los que usan los esquiadores. La confección de toda la vestidura es de seda blanca, inmaculada y brillante, recordando un maravilloso lirio translúcido. Los zapatos, de satín verde-azul, son amarrados por cordones dorados que se enlazan atrás, encima del talón, como los antiguos griegos amarraban sus sandalias. Le cubre la cabeza un singular turbante de muchos dobleces, coronado con una reluciente esmeralda y adornado con cordones finos de diversos colores que caen sobre los hombros. Sobre el pecho, una cadena formada por pequeños eslabones de fina orfebrería, de la cual pende un triángulo lila suave luminoso, que enmarca una delicada cruz alabastrina.

Esa indumentaria es una mezcla de trajes orientales, un tipo de vestuario indochino rarísimo porque deriva de un antiguo modelo sacerdotal muy usado en los santuarios de la desaparecida Atlántida. Los cordones que cuelgan del turbante, flotando sobre los hombros, son viejas insignias de actividad iniciática – el color carmín indica el rayo del Amor; el amarillo el rayo de la Voluntad; el verde el rayo de la Sabiduría y el azul el rayo de la Religiosidad. Un último cordón blanco que pudimos percibir, es el símbolo de la libertad reencarnatoria.

Algunos videntes han confundido Ramatís con su fiel discípulo del pasado y que lo acompaña en el Espacio, también indochino, conocido como Fuh Planuh y que aparece con la espalda desnuda, simple turbante blanco en la cabeza y casi siempre con los brazos cruzados sobre el pecho. Es también la figura humana de un espíritu joven, aunque conserve una reducida barba oscura que le da un aire más serio.

Curitiba, Brasil, 13 de mayo de 1956

Hercílio Maes

La Vida en el Planeta Marte y los Discos Voladores

Capitulo IV

Familia

PREGUNTA: - ¿Están sometidos los marcianos a los mismos dispositivos de la constitución de familia que son adoptados en la Tierra?

RAMATÍS: – Las características fundamentales son análogas; sin embargo, la norma común en Marte es ya la formación de la "familia universal". El hogar es una organización muy diferente a la de vuestro egocentrismo de "familia por vínculos sanguíneos", en que os devotáis ferozmente al grupo doméstico, considerando los otros grupos ajenos como adversos o extraños en el campo de los favores humanos. No existe esa disposición rígida y estrecha de mantener unido el círculo restringido del hogar, basado exclusivamente en la misma descendencia ancestral. La agrupación doméstica marciana se asemeja a un generoso hospedaje de "buena voluntad", donde el hombre y la mujer aceptan la divina tarea de preceptores de almas que buscan el perfeccionamiento espiritual. Muy por encima de la idea de "propiedad" sobre los hijos, prevalece el concepto de "hermandad universal", en que el organismo físico, por ser apenas un vehículo transitorio, no debe sobreponerse a las realidades morales, evolutivas, del individuo espíritu eterno reencarnado.

PREGUNTA: - ¿Cómo se ejerce esa función preparatoria para la "familia universal"?

RAMATÍS: – A través de la conciencia de que el grupo

doméstico es un perfecto conjunto de almas ligadas por viejos compromisos, apenas diferenciadas por las condiciones de cónyuges, parientes, padres o hijos. El recuerdo de otras vidas, que es común entre los marcianos, anula filosófica y espiritualmente los complicados lazos de ascendentes biológicos que componen el cuadro consanguíneo. La convicción de que la realidad espiritual sobrevive a las condiciones físicas, desvanece las preocupaciones ancestrales de sangre y tradiciones de familia. Los cuerpos físicos que sirven de "hábitat" a los espíritus que descienden del Espacio, son considerados como provisionales y rápidas estaciones de aterrizaje educativo, y no como características personales de la familia.

Consideran el hogar como taller y escuela de perfeccionamiento espiritual, distante de la "arena doméstica" en que los terrícolas se debaten en conflictos generados por sentimientos feroces de celos y amor propio. La célula doméstica significa para ellos más bien el preludio del entendimiento espiritual, sobreponiéndose a la institución de deberes de parentela física. No se entrechocan intereses opuestos, porque los preceptos puros del espíritu prevalecen sobre la transitoriedad de la carne. El hombre y la mujer marcianos conviven y confraternizan, intercambiando fuerzas de magnetismo divino y absolutamente desinteresados en mantener "puntos de vista" personales. Se aman y se admiran, creando experimentaciones para su mutuo perfeccionamiento, tal como los escolares se amparan para el éxito de las lecciones comunes.

***PREGUNTA:** - ¿No podrá haber un desajuste, aunque sea bajo aspectos diferentes de los de la familia terrena?*

RAMATÍS: – En cualquier plano físico de educación espiritual, el desajuste es admisible, pues los espíritus permanecen en la función de "ajuste" consigo y con el prójimo. Los marcianos están absolutamente convictos de la necesidad de ese ajuste, que los predispone a la máxima "buena voluntad", con vistas al perfecto y mutuo entendimiento fraterno. En vuestro mundo, los desajustes en la familia derivan siempre del juego feroz de intereses materiales y de la carne, donde los celos, el odio y el capricho conducen hasta al homicidio entre parientes.

El hombre terreno se deja cegar por la violencia de las pasiones animales. En Marte, no obstante, los desajustes domésticos sólo ocurren en el plano intelectual, en la preferencia religiosa o artística, que no implican separación o conflicto en común. La familia marciana siempre permanece en absoluta armonía espiritual, aunque sean profundamente opuestos los propósitos emotivos en el mundo exterior. No se conocen allí las frustraciones conyugales que dejan cicatrices emotivas, porque ya se libertaron de deseos o impulsos vehementes en cuanto al sexo.

***PREGUNTA:** - Nos parece un tanto disociativa la indiferencia por la realidad consanguínea de la familia. Creemos que la línea biológica, lo ancestral y las mismas disposiciones tradicionales de familia, significan más amparo y unidad cohesiva. ¿Qué os parece?*

RAMATÍS: – Olvidáis que la mayoría de las familias terrenas están profundamente divididas en la intimidad espiritual. Comúnmente los cónyuges mantienen una conducta artificial, intercambiando sonrisas convencionales como satisfacción y resguardo social. Pero, en realidad, la mayoría de los hogares terrestres no pasan de ser melancólicas hospederías para el alimento y reunión de los cuerpos cansados, mientras las almas viven casi siempre distantes unas de otras. Es la catadura feroz y cotidiana del jefe de familia la que trae a su hogar las heridas de los propios desarreglos; son las escenas de celos animalizados, atizando incendios de cólera y brutalidad que llegan a degenerar en dramas y tragedias irreparables; es el hijo privilegiado que transforma su costoso automóvil en medio de unión entre el hogar y el prostíbulo; la joven caprichosa, ruda en el trato casero, pero afable y sofisticada en el ambiente social; la esposa encerrada en la "toilette", preparándose para la exposición ambulante de joyas y cosméticos; es el hijo menor exigente y autoritario, transformado por negligencia e incomprensión paternal, en dictador dentro del hogar; son los casos comunes en que la mesa doméstica de las comidas es un palco de desavenencias, transformando en un ambiente de guerra, una reunión que, por todos los motivos, debe ser de bendiciones y de paz. Debido a estas realidades deprimentes y dolorosas, se multiplica el número de los que cultivan amistades extrañas y dolorosas por no comprender la grandeza moral y espiritual del sentido exacto de la familia.

Todo esto prueba que, debajo de las ascendencias biológicas y consanguíneas, los hogares terrenos abrigan antiguos espíritus adversarios, verdugos y víctimas del pasado que Dios en su infinito amor, reúne a fin de que, mediante un esfuerzo de buena voluntad, puedan saldar mutuos débitos del pasado.

Pero, desgraciadamente, la mayoría de los componentes de la familia terrena, desinteresados del problema del individuo como espíritu eterno, convierte los hogares en cárceles de luchas y discordias, perdiendo esa feliz oportunidad que les sería bendita si la utilizasen para reconciliarse y unirse bajo esa fraternidad espiritual y eterna ya alcanzada por los marcianos, cuya inteligencia y acuidad no los esclaviza a los afectos rígidos y transitorios del parentesco de la carne, en detrimento de la evolución del alma, pues su anhelo es espiritualizarse continuamente hasta poder alcanzar los altos vuelos del amor cósmico y participar de las venturas celestiales de la santidad.

PREGUNTA: - ¿No hay deberes conyugales con responsabilidades definidas para esposo y esposa?

RAMATÍS: – Ambos gozan de las mismas prerrogativas y se integran en las mismas responsabilidades. No existe esa línea divisoria terrena de obligaciones masculinas o femeninas. Trabajan en común para el bien de la colectividad. En las residencias marcianas no existe la urgencia culinaria causada por la alimentación a "horas fijas", que ocupa a la mujer en exhaustiva tarea delante del caluroso fogón terreno.

Como el alimento es el mínimo exigible para la vida física, completándose su energismo con cuotas de magnetismo atmosférico, la temperancia nutritiva, libre de las glotonerías de vuestras comidas, permite a la esposa cooperar eficientemente con el compañero en todas sus actividades externas, aumentando así la afinidad ya existente por elección espiritual.

PREGUNTA: - ¿La familia marciana no se alimenta todos los días?

RAMATÍS: – Una de las principales características del estado evolutivo de un mundo semejante a Marte, es, justamente, su menor sujeción a las necesidades o exigencias de carácter material. El modo simple y restringido de la alimentación dispensa o libra a los marcianos de esas constantes aflicciones y tensiones nerviosas que martirizan a los terrícolas, debido a las desordenadas correrías a que son obligados diariamente a causa de sus horarios fijos en la "hora del almuerzo", y en la tarde cuando tienen que regresar al hogar.

PREGUNTA: - ¿La familia marciana se constituye a semejanza terrena, en cuanto a la asociación de padre, madre e hijos?

RAMATÍS: – Los vínculos consanguíneos son idénticos y los hijos atraviesan el período infantil, de adaptación bajo los cuidados protectores de los padres. Difiere, no obstante, el sistema de educación en la tierna edad o infancia, por cuanto allá se medita seriamente, sobre las contingencias y necesidades psíquicas del reencarnado, mucho antes las exaltaciones los caprichos del bebé rechoncho que es la alegría del hogar. La comprensión de que, por encima del individuo-cuerpo, se encuentra el alma en busca de su perfeccionamiento íntimo, induce al padre marciano a cuidar y atender con celo especial la evolución moral de sus hijos como entidad espíritu, aunque eso vaya en sacrificio o perjuicio de los intereses del "hogar material".

PREGUNTA: - Creemos que en nuestro mundo los objetivos educacionales relativos al niño atienden también la mejoría del espíritu, aunque varíe en virtud de la idea que cada uno hace de esa entidad "espíritu". ¿No le parece?

RAMATÍS: – No ponemos eso en duda, pero en verdad el esfuerzo más acentuado de los padres terrenos se concentra en preparar los hijos para que ellos consigan éxito futuro, en lo que le concierne especialmente, a "instalarse bien en la vida"; atendiendo poco a las virtudes superiores del alma, las cuales exigen un curso moral e instructivo de mayor profundidad.

No podéis ignorar que muchas de las jóvenes voluntariosas y de caprichos extraños e insumisos que llegan al extremo de la cólera o de llanto y crisis histéricas, fueron aquellas "muñequitas" graciosas y queridas de la familia, a quien los padres otorgaron poderes ilimitados para hacer del hogar un campo de desatinos y arbitrariedades, tomados generalmente como "travesuras" disculpables. Raros, también, son los hogares terrenos donde el "pequeño" no se transforma en terrible "reyezuelo" que quiebra y subvierte todos los principios de la disciplina doméstica, bajo la mirada de los padres embebecidos o la vista complaciente de los abuelos emotivos.

El desconocimiento de la realidad espiritual reencarnatoria, que es común a todas las almas, conduce a los padres a los más profundos errores educativos, confundiendo las necesidades del alma con el instinto proverbial de los ascendientes hereditarios. El apego a la sangre, en la tradición de la familia terrena, el exceso de celo sobre los descendientes que el amor propio del conjunto doméstico lleva al extremo de defender y justificar los errores de los hijos, contribuyen, decisivamente para los desdichados desajustes futuros de los jóvenes y de las jóvenes, desamparados y desprevenidos frente de un mundo hostil y contradictorio. Sólo el control disciplinado, inaplazable e inteligente de las exactas cualidades del espíritu reencarnado, puliéndolo en sus asperezas y represiones milenarias estratificadas en otras vidas, es lo que afirmará el niño en el rumbo cierto de su seguridad social y moral en la fase adulta. De otro modo, los impulsos inferiores de la materia que sirve de cuerpo, en combinación con el psiquismo indisciplinado, crean una entidad "psicofísica" descontrolada, impulsiva, arbitraria y tolerable sólo a base de favores e interferencias ajenas. Como el mundo es severa escuela de educación espiritual, funcionando como departamento de corrección psíquica, llega el momento en que el mozo o la moza voluntariosos, son contrariados en sus incontrolables actitudes, perjudicialmente alimentadas por la familia condescendiente. Abatidos, estupefactos y dolorosamente decepcionados con la resistencia encontrada a sus caprichos, incluso los más íntimos, algunos de ellos, heridos en el amor propio y humillado por el abandono y reprobación exterior, coronan su desesperación con el acto de rebeldía que es el suicidio. En realidad, la causa está cimentada allá en la infancia, en el conjunto de la familia, donde padres negligentes y abuelos extasiados colaboraron para el florecimiento de un contenido moral impropio de las condiciones del medio agresivo que caracteriza a la Tierra como escuela disciplinadora y no como palco de expansiones emotivas inferiores, contrarias a la vida ambiental.

PREGUNTA: - ¿Cuál es el recurso seguro que utilizan los padres marcianos para lograr el éxito del joven futuro?

RAMATÍS: – La vigilancia y la corrección precisa e inmediata, en un sentido pacifico y estético, desde el primer impulso incontrolable del "rechoncho bebé", que desde la "primera vez", fue corregido en sus impulsos perniciosos. Saben los padres marcianos, que en lo recóndito de aquel cuerpo tierno, gracioso y seductor, actúa el acervo psíquico milenario, repleto de idiosincrasias y caprichos de orden "pre-reencarnatoria", que debe ser absolutamente controlado desde el primer instante de su manifestación, a fin de no poner en peligro la propia felicidad del reencarnado. Imaginando el cuerpo físico como el peculiar "patrón" salvaje de los injertos del reino vegetal, habéis de comprender que la savia bruta y agresiva de la herencia biológica que circula en ese organismo, actuará vigorosamente sobre el alma reencarnada, procurando imponer su fuerza selvática y su dominio hostil. Una vez que el espíritu reencarnado se deje dominar por esa energía agreste, libertando también la represión de sus defectos psíquicos estructurados en vidas anteriores, no tardarán en surgir los efectos nocivos que tanto desajustan la armonía exigida para la felicidad humana. Las pasiones inferiores del mundo material, cuando subyugadas por el psiquismo superior, se transmutan en fuerzas constructivas y creadoras, así como la dinamita explosiva se torna energía dócil y de utilidad, bajo la dirección segura y racional de técnicos inteligentes. La cólera indisciplinada que es responsable por tantas prisiones y hospitales, cuando purificada se transforma en el espíritu energético de los héroes, de los santos y de los pioneros de los bienes humanos.

Condicionando rigurosamente la fase infantil a un ritmo de corrección íntima, sin los falsos sentimentalismos de la fase áurea del niño, los marcianos establecieron metódica y eficiente disciplina para el espíritu reencarnado, conduciéndolo a la fase adulta bajo armoniosa pulsación de ajuste espiritual al medio físico. La subida abrupta del estado de bebé al de ciudadano de responsabilidad pública en Marte se efectúa bajo la serenidad vigilante que lo aleja de sorpresas instintivas.

Vuestro **sentir** paternal es aún producto del egocentrismo de "un ambiente de sensaciones". Es, pues, indispensable que todas las emociones, incluso las más nobles, sean subordinadas al control del raciocinio; y el amor para con los hijos no debe escapar a esa regla. **Amar** los hijos en el sentido exacto del término, significa por encima de todo, saber conducirlos con vistas no solo al futuro hombre-**cuerpo**, sino especialmente, considerando al hombre-espíritu. Los padres que saben atender a este aspecto moral se libertan de los sentimentalismos afectivos que degeneran en libertades nocivas. Y en este sentido, Dios nos da esta lección edificante: Su bondad, aunque infinita, no impidió que su sabiduría crease la severidad de los mundos de corrección espiritual, destinados a los que se apartan de la línea recta establecida por sus leyes; pues no basta **sentir** el amor; es preciso **saber** ejercerlo de modo que bondad y sabiduría formen dos líneas paralelas, a fin de que se establezca el equilibrio entre el **sentir** y el **saber**.

PREGUNTA: - ¿Hay necesidad de tanto celo en la familia marciana para el buen éxito del futuro ciudadano, siendo que ya se trata de espíritus equilibrados?

RAMATÍS: – Citamos las dos influencias que pueden reformar al reencarnado en el mundo material: la vigorosa actuación de los instintos inferiores, y el bagaje psíquico adquirido en otras vidas. Aunque el espíritu reencarnante en Marte ya presenta condiciones superiores en su psiquismo, al ingresar en nuevo organismo queda sometido a las influencias instintivas y hereditarias de la línea morfológica carnal. El orbe marciano, aunque de ambiente perfeccionado por su humanidad evolucionada, no deja de estar constituido por sustancia material, con su energía primitiva, fundamentalmente activa y con tendencia siempre al dominio completo. Nunca dejan de actuar en el espíritu las tendencias hereditarias organogénicas, tocándole a éste, no obstante, hacer predominar los principios superiores. De ahí el cuidado con que los padres marcianos procuran extinguir los brotes instintivos que intentan actuar en el alma cuando es aún impotente para hacer valer sus derechos y costumbres.

PREGUNTA: - La ausencia de hijos, por la costumbre del "niño itinerante", ¿no crea soledad en los hogares marcianos? ¿No se establece así, semejanza con los hogares terrenos sin hijos?

RAMATÍS: – Semejante ausencia es compensada por la presencia y bullicio de otros niños itinerantes, que cotidianamente están en peregrinación por hogares distantes de sus comarcas. Además, el hijo que sale a peregrinar por el orbe sólo en raros casos deja de retornar, pues los lazos espirituales también son vínculos de permanencia en la familia consanguínea. El marciano es opuesto a la misantropía, aunque sean débiles los lazos que los unen en la familia física. Los hogares, especialmente por las noches, son ambientes festivos, con prodigalidad de luces, en continuo intercambio fraternal; esas reuniones son asuntos de gran significado y crean compromisos recíprocos de visitas y diversiones graciosas. Los jardines inundados de luz, y los claros alfombrados de tupida vegetación, se transforman en verdaderos umbrales de alta espiritualidad, donde los que los jóvenes cambian los más tiernos juramentos de amor, condicionado a los objetivos de la evolución espiritual. Desaparecen el convencionalismo, la frase hecha, las prevenciones de familia limitadas a ascendencias biológicas, para dar paso solamente al impulso fraterno y a la amistad espiritualizada.

PREGUNTA: - ¿Hay también jóvenes marcianos que continúan viviendo en el mismo hogar?

RAMATÍS: – Podéis concebir sin recelo, el hogar marciano, como similar al de la Tierra, con las manifestaciones de júbilo que forman la intimidad de los que extinguen los muros convencionales del mundo profano. Los jóvenes continúan en la comunidad doméstica, considerada como natural y óptimo ambiente de confabulaciones espirituales, en donde los lazos consanguíneos son puestos a gran distancia de las preocupaciones eternas del alma. El hogar marciano, completamente libre de discusiones, caprichos y disensiones, es el "oasis" que hace revivir en sus componentes las fascinadoras tertulias propias de los planos etéricos. Es ambiente sedativo de paz, de alegría y de afecto puro, despojado de preconceptos aislacionistas.

PREGUNTA: - ¿Hay en Marte reuniones en días festivos, como aniversarios, noviazgos y otras conmemoraciones?

RAMATÍS: – Naturalmente, pues se trata de una humanidad particularmente apegada a todo lo que es jubiloso y sano; esas tertulias de alegría dispensan, no obstante, la ingestión de líquidos alcohólicos que tanto deprimen y desmoralizan las conmemoraciones terrenas.

Los marcianos, aunque comparados a los terrícolas sean verdaderos superhombres, cuando se desahogan y se libertan de sus preocupaciones materiales no retienen ningún residuo mental, semejante a esas represiones aflictivas que llenan de arrugas vuestras fisonomías, denunciando muchas veces una vejez prematura. Por consiguiente, cuando ellos se congregan en reuniones festivas, su temperamento alegre y gracioso hace que se asemejen a niños felices, exhalando aquella gracia y santidad siempre bendecidas por Jesús. Sin embargo, su aura de ternura y afecto impone tal reverencia y tal respeto, que desarmaría al más atrevido terrícola. Son almas situadas ya en el dintel del "aura crística", que unen a su mente austera y sabia, una mezcla de encanto tan irresistible, que nos lleva a definirlos como verdaderos niños adultos.

En cuanto a fechas festivas, ellos consideran las del nacimiento bajo un prisma de significado más elevado de como vosotros la comprendéis, pues no festejan ese acontecimiento adjudicándolo a la entidad física, sino al advenimiento del alma al "hábitat" material, como oportunidad feliz para alcanzar un mayor perfeccionamiento espiritual.

Los noviazgos son cursos de belleza santificante, en que el objetivo esencial es la unión de dos almas que buscan especialmente fortalecer y ampliar las manifestaciones fraternales del amor espiritualizado y eterno, dispuestas a proporcionar a otros hermanos del plano astral su descenso e ingreso en la escuela activa de la reencarnación, para que puedan también adquirir la experiencia y los conocimientos indispensables para nuevas tareas en la esfera de la evolución espiritual.

PREGUNTA: - El regreso de los ausentes es motivo de júbilo ostensivo, como sucede entre nosotros?

RAMATÍS: – Cualquier recuerdo agradable, ya sea aniversario, la partida de un niño itinerante o su regreso; los compromisos de noviazgo, hospedajes, término de compromisos oficiales, cursos académicos o simples ideales realizados, son motivo de alegría general. Hay inmensa preocupación porque la alegría de uno sea compartida con toda la colectividad próxima. Sin exagerar, podemos afirmar que los marcianos utilizan todos los pretextos para transmitirse alegrías y afectos. Bajo noches de la más refulgente claridad, que proviene de la iluminación "alta", como la designan los habitantes, las calles, los bosques y los paseos públicos, son rincones bulliciosos. El suave trepidar de las aeronaves inmóviles en el aire, bajo la claridad lunar de tonos rosados, y el movimiento festivo de los vehículos coloridos, recordando juguetes plásticos que se deslizan sobre el suelo, crean disposiciones afectivas y desconocidas en vuestro mundo, aun dominado por las competencias feroces en el juego de los intereses materiales.

PREGUNTA: - En esas fiestas íntimas toman parte conjuntos musicales análogos a los de la Tierra?

RAMATÍS: – Si las tribus primitivas, donde mal despuntan los primeros brotes de la razón, no prescinden del concurso de la música, aunque sea el rudimentario canturreo de ritmo monótono y exhaustivo, o el "batuque" implacable y soturno en las noches largas, los marcianos no podrían prescindir del divino lenguaje musical. Los conjuntos instrumentales son comunes en las fiestas íntimas o públicas, en la más infinita variedad y modos excéntricos de ejecución. Increíbles combinaciones de sonidos, aún inaccesibles a los oídos terrenos, repercuten en la atmósfera límpida y centelleante de Marte, en ondulaciones suaves, así como la voz de las campanas de las catedrales posa suavemente sobre el dorso de las colinas iluminadas por la luz de la luna. La cortina de magnetismo que permea más vivamente la atmósfera marciana, permite una resonancia musical de limpidez y armonía inconcebibles para vosotros. De las residencias iluminadas deslumbrantemente, en las que no se distingue la simplicidad de lo "pobre" o el preconcepto de lo "rico", se desprenden sonidos melodiosos, como nubes de lentejuelas centelleantes que parecen revolotear por la arboleda majestuosa. Armoniosos conjuntos mecánicos hechos de sustancia vítrea y que funcionan bajo la energía "magnético-etérica", dirigidos por grupos de ejecutantes eximios en las más increíbles improvisaciones, asombran a veces a los propios circunstantes, debido a las inéditas ejecuciones que sólo la inspiración superior es capaz de realizar. En virtud de la excéntrica facultad de esos instrumentos, que emiten efluvios de fajas sonoras en frecuencias "infra" y "ultra" con relación a las terrenas, sus frases asumen las más bellas coloraciones de matices de los planos celestiales.

PREGUNTA: - ¿Podría el hermano describirnos con pormenores, los tipos de esos instrumentos y cómo se operan esas fulguraciones en combinación con las melodías?

RAMATÍS: – Nos reservamos ahora para describiros en el capítulo de la "Música", esa fascinadora propiedad de los instrumentos musicales, así como el "plurífono", la más soberbia y majestuosa creación de la técnica musical, en Marte, instrumento que sobrepasa todas las posibilidades de las más adelantadas orquestas sinfónicas terrenas, pues funciona bajo el maravilloso trinomio "luz-sonido-color"!

PREGUNTA: - ¿La vejez de la familia marciana también difiere en sus características principales, de la de los terrícolas?

RAMATÍS: – Conforme veréis en las comunicaciones que os daremos sobre la desencarnación, la vejez en Marte es asunto de poca monta, toda vez que la partida del espíritu para el Espacio sucede antes de alcanzar el límite del aniquilamiento vital. En vuestro mundo, las "canas" significan los recursos de que la Divinidad echa mano para que el hombre terreno efectúe una preparación consciente y al mismo tiempo profiláctica, para el regreso a su verdadero hogar, que es el mundo espiritual. La vejez terrena es un período compulsorio de meditación y revisión de los hechos y deslices sucedidos en las fases de la juventud; se trata de una recapitulación terapéutica, especie de "catarsis", que va despojando al espíritu de sus impurezas más densas, ante la contrición por aventuras indecorosas o irregularidades mentales. Podéis evaluar por la voz sentenciosa de los abuelos, que sus espíritus parecen alcanzar la madurez espiritual y sus ojos denuncian la tristeza de la existencia en la vejez, cuando la confrontan con la belleza de la vida humana. En vista de una manifestación armónica con los principios superiores de alta espiritualidad, la familia marciana alcanza el umbral de la "vejez", revelando el mismo júbilo, equilibrio y vitalidad de la juventud, pues las funciones metabólicas del cuerpo dependen profundamente, en su estructura, del equilibrio y optimismo de la mente. Aunque ocurran modificaciones en la apariencia fisonómica, por tratarse de un mundo de vida sujeta al ciclo de la forma, el acontecimiento es suave, sin ningún reflejo que alcance al alma, pues ésta continúa intacta en su exuberancia de superioridad y comprensión moral.

Mensajes del Astral

Capitulo XIV

La verticalización del eje de la Tierra

PREGUNTA: - Hemos meditado bastante vuestras afirmaciones sobre lo que ha de suceder en la segunda mitad del siglo actual, lapso durante el cual se acentuará la verticalización del eje de la Tierra. ¿Podríais decirnos si algún profeta del Viejo Testamento corrobora vuestras afirmaciones en ese sentido?

RAMATÍS: – El profeta Isaías, en el capítulo XXIV, versículo 20, dice lo siguiente con relación a los próximos acontecimientos: "Será muy agitada la Tierra como un embriagado y será quitada como la tienda de una noche; y le agobiará su maldad, y caerá y no volverá a levantarse". Es una referencia a la verticalización del eje de la Tierra, que no permitirá que se levante nuevamente, esto es, que retorne a su primitiva inclinación de 23° sobre la eclíptica. Jesús también declaró que en el fin del mundo serían estremecidas las virtudes del cielo.

PREGUNTA: - Aunque confiamos en Jesús y sus afirmaciones, nos sorprende que deba ocurrir tal derogación de las leyes sensatas y eternas del Cosmos, apenas para que la Tierra alcance satisfactoriamente su "juicio final". Nos extraña ese desgaste de energías y gran perturbación cósmica para que se efectúe la verticalización del eje de la Tierra, que es un planeta insignificante en relación al infinito. ¿No tenemos razón?

RAMATÍS: – Vuestra extrañeza proviene de tomar al pie

de la letra las palabras de Jesús. La Tierra, sin duda, es un planeta muy insignificante para merecer tales providencias, pues redundaría en una catástrofe cósmica que alguien sacudiera los planetas y a vuestra propia Tierra, como Sansón sacudió las columnas del templo, que se le vino encima... Lo que el Maestro predijo es que al elevarse el eje de la Tierra y desaparecer su proverbial inclinación de 23°, habrá una relativa y correspondiente modificación en el panorama común astronómico; cada pueblo en su continente se sorprenderá con un nuevo panorama en el cielo, al percibir en él otras estrellas desconocidas por los observadores astrónomos habituales. En lenguaje alegórico, si se verticaliza el eje terrestre, es claro que las estrellas han de virtualmente caer o descender de sus antiguas posiciones tradicionales, justificándose la profecía de Jesús de que las virtudes del cielo serían sacudidas y las estrellas caerían. Si os fuese posible voltear el globo terráqueo rápidamente en el espacio, verticalizándolo de repente y sacándolo de sus 23° de inclinación, toda la humanidad tendría la perfecta sensación de que las estrellas estarían cayendo en el horizonte. No obstante, ellas se mantendrían firmes en sus lugares habituales, siendo la Tierra la que, por la torsión sobre sí misma, desplazaría en el cielo los cuadros acostumbrados y familiares a cada pueblo, conforme su latitud astronómica.

En la Atlántida ese fenómeno fue sentido bruscamente; en veinticuatro horas la inversión rápida del eje de la Tierra causó catástrofes indescriptibles. En la actualidad, la elevación se produce lentamente y en ella los Mentores Siderales reservaron varias zonas terrestres que deberán servir de refugio a ciertos núcleos civilizados, donde se formarán los futuros graneros del mundo convulsionado y trabajarán los misioneros escogidos para propagar el avanzado espiritualismo del tercer milenio.

Si vuestros astrónomos examinaran con rigurosa atención la pantalla celeste familiar de vuestro orbe, sería muy probable que en la actualidad registraran algunas notables diferencias en ciertas rutas siderales habituales.

***PREGUNTA:** - ¿Existen otras profecías o predicciones de confianza sobre esa caída virtual de las estrellas a causa de* *la elevación del eje de la Tierra?*

RAMATÍS: – Antes de Jesús, en la vieja Atlántida, los profetas afirmaban que habría modificación en el "eje de la rueda", o sea el eje de la Tierra. Hermes Trismegisto, el insigne Instructor egipcio, decía: "En la hora de los tiempos, la Tierra no tendrá más equilibrio, el aire se contaminará y los astros serán perturbados en su curso". Isaías lo confirma (LXV:17) cuando dice: "Porque he aquí que yo crío nuevos cielos y nuevas tierras, y las cosas primeras no serán en memoria y no subirán sobre el corazón". El evangelista Lucas también advierte (XXI:11): "Y habrá grandes terremotos por los lugares, y pestilencias, y hambres, y habrá cosas espantosas, y grandes señales del cielo". (Caída virtual de las estrellas y agitación o conmoción en los cielos.) Juan Evangelista, en su Apocalipsis (VIII:10): "Y cayó del cielo una gran estrella ardiente como una antorcha, y cayó ella sobre la tercera parte de los ríos y sobre las fuentes de las aguas". En el capítulo VI:13: "Y las estrellas del cielo cayeron sobre la Tierra, como la higuera deja caer sus higos cuando es movida por fuertes vientos".

En el Apocalipsis se lee en el capítulo XXI:1: "Y vi un cielo nuevo y una tierra nueva. Porque el primer cielo y la primera tierra se fueron", o sea que la vieja Tierra inclinada en su eje y el viejo cielo familiar a todos, se modificaron o se fueron. El profeta deja sobreentendido que, debido al cambio del antiguo panorama sideral, los científicos tendrán que modificar sus mapas zodiacales en cada nueva latitud y longitud astronómica peculiar a cada pueblo, organizándoles así otros cuadros de "un nuevo cielo".

PREGUNTA: - Después de la época de Jesús, cuáles son las profecías que atestiguan ese acontecimiento?

RAMATÍS: – Nostradamus, el consagrado vidente francés del siglo XVI, delineó el derrotero profético más exacto que conocemos para vuestros días. En su carta a Enrique II predice lo siguiente: "Cuando los tiempos fueren llegados, una gran transformación se producirá, de tal modo que muchos juzgarán que la Tierra estará fuera de órbita". En la cuarteta 41 de la Centuria II, el profeta deja entrever claramente la presencia de un astro intruso, que tiene relación con la verticalización del eje de la Tierra, cuando predice: "Una gran estrella por siete días abrasará la Tierra, y se verán aparecer dos soles". En la Centuria VI, 6 del presagio 27, afirma que "en el fin de los tiempos aparecerá en el cielo, al Norte, un gran cometa".

PREGUNTA: - Nostradamus habla de un "cometa", que es estrella nómada, de cabellera, mientras que vuestros relatos se refieren a un planeta. ¿No es así?

RAMATÍS: – Si observáis con atención las antiguas profecías bíblicas y las que sucedieron al advenimiento de Jesús, verificaréis que los profetas, como sensitivos que actúan fuera del tiempo y del espacio, no podían describir rigurosamente los detalles que enunciaban, pues apenas captaban la imagen general de los acontecimientos futuros. En consecuencia, poco les importaba la distinción meticulosa entre planetas, cometas, estrellas, astros o soles, cuya nomenclatura no era tan detallada en aquella época. Incontestablemente, lo que elimina cualquier duda es que todas esas profecías convergen siempre hacia dos acontecimientos únicos e identificables: la modificación del eje de la Tierra, con el cambio del panorama astronómico familiar y la presencia de un cuerpo extraño en el sistema solar en que vivís.

PREGUNTA: - Por ventura, ¿Nostradamus no quiso referirse únicamente al gran eclipse solar que la ciencia astronómica calculó precisamente para fin del presente siglo?

RAMATÍS: – Si dudáis tanto de las profecías y confiáis tanto en los científicos de la Tierra, como se deduce por las preguntas que nos formuláis, opinamos que estáis haciendo una pregunta muy deshonrosa para vuestra ciencia astronómica y humillante para sus representantes, pues reconocéis que Nostradamus podía haber previsto, en su tiempo, un eclipse para 1999, sin los imprescindibles instrumentos científicos y la técnica astronómica de vuestro tiempo. Sin embargo, no fue eso lo que Nostradamus previó. El gran vidente es bien claro en la predicción que consta en su carta a Enrique II, al afirmar: "Cuando los tiempos llegaren, después de un eclipse de Sol, ocurrirá el más pétreo y tenebroso verano". Aclara con mucha precisión que se trata de un acontecimiento que ha de ocurrir solamente **después** del gran eclipse solar. Sin duda, la Tierra se aproxima a su fase más importante (el pétreo y tenebroso verano), o sea un acontecimiento inigualable, como nunca se vio desde su creación.

PREGUNTA: - Pero no podemos considerar esa predicción como una afirmación clara y positiva de que la Tierra se verticalizará. ¿Es realmente así?

RAMATÍS: – Notad que en la misma carta a Enrique II (Centuria I, 56-57) la afirmación de Nostradamus es indiscutible, pues dice textualmente: "la Terra no quedará eternamente **inclinada**". La capacidad profética de Nostradamus supo prever el natural escepticismo de la ciencia y la proverbial negación de los científicos, pues dice que, a pesar de las opiniones contrarias (de la ciencia académica), los hechos han de suceder como los relata. Y conforme ya os dijimos, el evangelista Juan, en el Apocalipsis (XXI:1), fundamenta la predicción de Nostradamus, cuando también afirma: "Y vi un nuevo cielo y una nueva tierra".

PREGUNTA: - ¿Nostradamus previó también que el astro que se aproxima es de un volumen mayor que el de la Tierra, conforme nos afirmasteis anteriormente?

RAMATÍS: – En la Centuria III-34, el vidente francés dejó registrado claramente que "después del eclipse del Sol, en el fin del siglo, pasará junto a la Tierra un nuevo cuerpo celeste, voluminoso, grande, un monstruo, que será visto a pleno día". Las Centurias IV-30 y I-17, previenen que "la ciencia no hará caso de la predicción, y por esa imprudencia faltarán provisiones a la humanidad, ha de haber penurias y la Tierra quedará árida y aun se producirán grandes diluvios". Ciertamente, los científicos ridiculizarán el evento del astro intruso, por considerarlo anómalo. Eso traerá como consecuencia la negligencia de todo el mundo, al no acumular provisiones, motivo por el cual se verán desamparados en el terreno económico cuando el hambre se aproxime.

PREGUNTA: - Según Nostradamus, si la humanidad tomara en serio la predicción y los científicos dieren aviso para que se hicieran provisiones para los días fatales serían atenuados los acontecimientos. No es así?

RAMATÍS: – Cuando se verifique la conjunción de los efectos del astro intruso con los de la locura humana, con el mal empleo de la desintegración atómica, "la Tierra será abrasada". Sobre eso no tengáis la menor duda. Si para esa hora hubiera depósitos subterráneos de víveres o se tomaran otras providencias al respecto, es innegable que se atenuarían el hambre y la miseria. Es obvio que si los científicos se dispusieran a oír con sinceridad y confianza la simbólica "voz de Dios" transmitida a través de profetas del quilate de un Nostradamus, a pesar de esos acontecimientos trágicos, previstos e irrevocables se podrá eliminar gran parte del sufrimiento futuro, pues el astro a que hicimos referencia —como bien sabemos en la técnica sideral— abrasará la Tierra y quemará mucha cosa. Y aun os podemos recordar las palabras de Juan Evangelista en el Apocalipsis, cuando dice que la Tierra será destruida por el fuego y no por el agua, advertencia sibilina donde se esconde la conexión de la influencia del astro intruso con los propios eventos impensados de la bomba atómica.

PREGUNTA: - En nuestro sistema solar, ¿algún otro planeta sufrirá desplazamientos bajo la influencia del astro mencionado?

RAMATÍS: – Ocurrirán modificaciones proporcionales a los volúmenes, rutas y movimientos de los astros en la zona magnética de mayor influencia de ese astro, conforme detallamos con anterioridad. Pero será la Luna, como satélite de vuestro orbe, la que más sufrirá en su posición astronómica, porque la verticalización de la Tierra ha de producir determinadas modificaciones en sus coordenadas de sustentación en el plano astral-etérico, en correspondencia con las energías que fluyen desde otros astros adyacentes. Los orbes diseminados por el Cosmos se sustentan y relacionan entre sí restrictos a las zonas de intersección de diagonales o coordenadas magnéticas, semejante a una infinita red en cuyas mallas los globos giran y se balancean majestuosamente en el más inconcebible equilibrio y armonía. La más débil modificación en una coordenada magnética provoca un desplazamiento correspondiente, para la compensación armónica del sistema cósmico.

Después de la verticalización de la Tierra, se hará con exactitud el ajuste de los polos magnéticos a los polos físicos, inclusive el flujo de sustentación y equilibrio entre la Tierra y la Luna. Queremos preveniros de que algo cambiará en las relaciones astrofísicas entre la Luna y vuestro orbe, porque después de la verticalización del globo terráqueo también deberán armonizarse las actuales coordenadas, cuya fuerza principal actúa en el campo etéreo-astral, aunque el fenómeno termine, luego, materializándose en la esfera física.

Esa modificación fue hábilmente prevista por los antiguos y modernos profetas, conforme os lo exponemos: Isaías (XXX:26): "Y será la luz de la Luna como la luz del Sol, y la luz del Sol será siete veces mayor, como sería la luz de siete días juntos, en el día en que el Señor vendará la herida de su pueblo y curará el golpe de su llaga". Nostradamus, en otras palabras, asegura que la Luna se aproximará a la Tierra, volviéndose 11 veces mayor que el Sol. El evangelista Lucas (XXI:25), clama: "Y habrá señales en el Sol, la Luna, y las estrellas; y en la Tierra, consternación de las gentes por la confusión que causará el bramido del mar y de las olas".

Es bien clara la enunciación de todos esos profetas, los cuales afirman unánimemente que- la Luna se volverá mayor y se aproximará a la Tierra, mientras su fuerza ha de provocar tremendas mareas, con el bramido del mar y de las olas. El profeta Isaías (XXX:25) también se refiere al fenómeno de las inundaciones y de las probables mareas, cuando enuncia: "Y sobre todo monte alto, y sobre toda colina habrá arroyos de agua corriente en el día de la mortandad de muchos, cuando cayeren las torres". Es obvio que los arroyos sólo podrán correr desde los más altos montes, después que éstos hubieran sido alcanzados y cubiertos por las aguas, que desde allí correrán como procedentes de vertientes.

PREGUNTA: - Esa aproximación de la Luna hacia la Tierra ¿no hará que los océanos se salgan de sus lechos y sean impelidos hacia los polos?

RAMATÍS: – Recordando lo que ya dijimos, o sea que que todo fenómeno exterior ya se encuentra disciplinado en la esfera etéreo-astral de todo sistema solar, solo podemos deciros si la Luna no se ajusta del modo que se profetizó, será entonces el astro intruso el que hará saltar los mares de la Tierra.

PREGUNTA: - ¿Cuál ha de ser el proceso por el cual la Luna quedará tan brillante como el Sol, en el decir del profeta Isaías, o 11 veces mayor de lo que ya es, como dice Nostradamus?

RAMATÍS: – El acontecimiento se origina en una cuestión de los planos donde se situó la videncia de los profetas. Isaías vio la Luna muy próxima a la Tierra, lo que le ofuscó la visión psíquica en un primer plano y su mente asoció ese fulgor inesperado al fulgor del Sol. Esa misma visión, cuando proyectada más tarde en la mente de Nostradamus, en Francia, lo hizo tomar el campo radiactivo y áurica de la Luna, aumentado por el abrasamiento del astro intruso, como si fuera su propio volumen rígido, que él calculó tener un diámetro 11 veces mayor de lo normal. En verdad, él confundió el campo de irradiación más próximo de sí, con la configuración material del satélite de la Tierra.

El fenómeno se explica por la ley de los planos contiguos, que observáis en los trabajos de pintores o en representaciones teatrales, cuando ciertos objetos deben predominar en primer plano sobre los demás. La llama de una vela puesta delante de la visión humana, en primer plano, puede impresionar más que la luz de un farol que brilla lejos, en el último plano de fondo.

PREGUNTA: - Encontramos prosaica esa providencia sideral de la verticalización del eje de la Tierra, que nos deja la idea de una reparación apresurada en nuestro sistema solar.

RAMATÍS: – Lo que os parece prosaísmo sideral es apenas un detalle del cientificismo cósmico disciplinando los recursos para alcanzar lo más breve posible la angelitud de vuestra humanidad. La verticalización del eje terrestre, en lugar de imprevista reparación de orden sideral, es una extraordinaria bendición que solo sus futuros habitantes podrán evaluar. Los orbes habitados verticalizados o inclinados en sus ejes o variando súbitamente sus órbitas, podéis considerarlos como embarcaciones planetarias que transportan carga espiritual bajo la disciplina de la palmada, o tan espiritualizada que ya dispensa el correctivo obligatorio.

De conformidad con la distancia a su núcleo solar, su velocidad, rotación e inclinación, cada orbe sufre periódicas metamorfosis que tienen por objeto ofrecer condiciones de vida tan buenas como sean también las modificaciones espirituales y el progreso de su humanidad.

PREGUNTA: - En vuestras comunicaciones anteriores habéis hecho referencia al deshielo de los polos a causa de la verticalización del eje terráqueo; sin embargo algunos científicos afirman que ese deshielo, si se verificara, sería un acontecimiento de sentido común, como consecuencia de la excesiva acumulación de hielo en aquella región, y probablemente responsable por hechos idénticos registrados en épocas prehistóricas, de los cuales tenemos conocimientos a través de la leyenda del diluvio, en tiempo de Noé, narrada en la Biblia. Explican así que ese fenómeno para producirse, no necesita estar subordinado a la influencia de ningún planeta que, para conseguirlo, necesite forzar la verticalización del eje terráqueo. ¿Qué nos decís al respecto?

RAMATÍS: – Ellos olvidan que la simple comprobación de esos deshielos es suficiente para hacer resaltar la sabiduría de los profetas puesto que, aun bajo ese aspecto, lo previeron correctamente para el tiempo exacto. Aunque los sabios actuales procuren explicar científicamente tales deshielos y los consideren como un hecho normal, es muy humillante para la ciencia oficial que hombres incultos, místicos y soñadores de los tiempos bíblicos, hayan podido prever con tanta anticipación ese fenómeno para la época exacta de su ocurrencia. Considérese aún que esos hombres no sólo predijeron el acontecimiento con antelación de más de dos milenios, sino que lo hicieron desprovistos de los preciosos instrumentos modernos. Aunque fuesen profetas, por eso tildados de visionarios, superaron todas las conclusiones oficiales de la ciencia académica, pues ésta sólo anunció en la inminencia de producirse. Los laureles pertenecen, sin lugar a dudas, a los profetas. A pesar de su innegable capacidad y del inmenso beneficio que la ciencia ya ha prestado a la humanidad, la ciencia está sometida, en su acción en el campo objetivo de la investigación y de la conclusión, solo a las leyes conocidas, mientras que el profeta sale del mundo de las formas y penetra en los acontecimientos fuera del tiempo y del espacio, pudiendo preverlos con mucha anticipación.

Vuestros aparatos científicos pueden marcar con exactitud, por ejemplo, los epicentros de los terremotos en los lugares más distantes; sin embargo, fracasarían completamente si pretendiesen fijarlos con una semana de antelación, ya sea respecto al área de su futura eclosión o a la intensidad de sus efectos. Después de conocido el fenómeno de la trayectoria de los cometas y de la ocurrencia de los eclipses, los astrónomos pueden compilar una rigurosa tabla que fijará la periodicidad de los mismos acontecimientos en el futuro, con admirable precisión de segundos; sin embargo, ninguno de sus instrumentos podrá revelar la hora exacta, semana, mes, año o siglo en que deberá aparecer un nuevo cometa en la visión astronómica común. Es menester, por lo tanto, que se alabe y se reconozca el trabajo de esos profetas "anticientíficos" del pasado que en todas las razas y tiempos, previeron que la más peligrosa saturación de hielo en los polos y la posible verticalización del eje de la Tierra – sea en virtud del deslizamiento de la carga refrigerada, sea por el calentamiento normal - sucederá exactamente al fin de vuestro siglo. Qué importa el mecanismo del fenómeno, si ellos lo previeron con exactitud? Sea por el deslizamiento del hielo, por el astro intruso o por calentamiento anormal, lo que importa para vosotros es que los profetas previeron el acontecimiento para este siglo, y justamente en conexión con el período sibilino del "fin de los tiempos". Divino "sentido común" el de esos profetas, que carentes de telescopios, reglas, transportadores, escuadras y tablas de logaritmos, desconociendo los principios del gas electrónico, la Ley de Kepler o de Newton, pudieron ultrapasar el "sentido científico" del hombre atómico del siglo XX. Vuestra ciencia constata el fenómeno y lo explica científicamente; ellos lo anticiparon en dos milenios y lo previeron en su forma e intensidad, inclusive la época exacta de su eclosión.

PREGUNTA: - Pero es evidente que bajo esa teoría científica del desplazamiento del hielo polar y la posibilidad de la Tierra cambiar por si misma los polos, su verticalización podría prescindir de la ayuda de ese astro intruso, no es así?

RAMATÍS: – La finalidad principal de ese planeta no es sólo esa, y sí la de depurar la Tierra y recoger a los "izquierdistas". Mientras tanto, en virtud de su pasaje junto a la Tierra, las cortezas refrigeradas de los polos tendrán que desplazarse impulsadas por la acción interna de los primeros impactos magnéticos del astro intruso. El fenómeno exactamente inverso al que la ciencia pretende conocer y juzgar; él opera primero en el mundo etéreo-astral y radiante de la substancia, para después repercutir en las capas físicas. Esa acción se procesa primeramente en la energía libre, para después alcanzar la materia, o sea la energía condensada.

PREGUNTA: - ¿Nos podríais dar un ejemplo fácil para nuestro entendimiento?

RAMATÍS: – La ciencia médica utiliza aparatos de radioterapia para modificar las células y los tejidos orgánicos atrofiados o dilacerados, pero primero actúa en el campo imponderable o magnético del ser humano, a fin de que el fenómeno se materialice luego en el campo físico. Innumerables hipnotizadores actúan en el campo magnético del "sujeto", en su vehículo etérico, paralizándole los músculos y obteniendo así la rigidez cadavérica. El faquir apresura el crecimiento de la semilla de calabaza fijando su mirada poderosa, como un "detonador" vital que despierta el metabolismo astro-etérico de la semilla y pone en movimiento su mecanismo de asimilación de las energías nutritivas del medio. Sólo después de ejecutarse la acción interna o etérica, o si queréis, magnética, es que se vuelve visible la modificación en el campo físico.

Vosotros observáis el calentamiento del orbe y el movimiento natural del hielo polar, pero ignoráis completamente cuál es el agente influyente interior, y éste aún está muy distante de ser detectado por el instrumental científico común. El acontecimiento es fácilmente comprensible para los iniciados, pero ridículo tal vez para el competente científico profano, que desconoce el vivero de energías ocultas fenómenos que se sitúan más allá del poder de la óptica astronómica.

PREGUNTA: - Según habéis afirmado, la verticalización del eje terráqueo causará conmociones que se reflejarán también en los océanos, dando lugar a la emersión de continentes desaparecidos. Pensamos que esas tierras no podrán ser fértiles, pues deben estar saturadas de sal. Conforme afirman los científicos, muchos desiertos actuales como el Sahara son áridos e improductivos debido a haber sido lechos de mares. ¿Qué nos decís al respecto?

RAMATÍS: – Grandes extensiones de tierra, que precisamente se muestran muy fértiles en las costas de Europa, principalmente pertenecientes a Portugal e Italia, en donde existen vastos y pródigos viñedos, también fueron lechos de mares que emergieron hiperclorados a causa de la catástrofe de la Atlántida.

Contrariamente a lo que afirmáis, frutas nutritivas, jugosas y dulces, como la naranja y la papaya, el aguacate y diversas especies de legumbres gigantes o la vegetación robusta que sirve para determinado tipo de pasta de celulosa, se dan pródigamente en las actuales márgenes litorales, saturadas de cloruro de sodio. Pocos pantanos son tan fértiles como los manglares donde crecen los palmares, y que se infiltran selva adentro, proviniendo directamente de las aguas del mar. La aridez del desierto del Sahara no se debe a que haya sido lecho de mar, sino a la erosión eólica, es decir, el trabajo continuo del viento erosivo sobre esa región de seis millones de kilómetros cuadrados, que ofrece un excelente espacio libre para que actúen incondicionalmente las fuerzas destructivas y corrosivas de la Naturaleza. Debido a la violenta corrosión eólica en el Sahara surgieron los famosos "hamadás" o altiplanicies peligrosas y contrafuertes rocosos, formados ante la metralla de guijarros y fragmentos de rocas que los vientos portaban en sus alas sobre el desierto.

La prueba de que la esterilidad del Sahara no es fruto de la saturación de la sal que proviene del lecho del mar la tenemos en la llamada región montañosa Tivesti-Hoggari, situada en el centro del desierto, que al estar protegida del fortísimo viento, posee abundantes oasis de agua límpida y fresca y es generosamente cultivada a la sombra de verdes palmeras. ¿Por qué motivo dejó la sal de actuar en ese poético paraje que, paradójicamente, es más fértil que muchas tierras libres de cloruro de sodio?

PREGUNTA: - Aunque concordemos con tales consideraciones, no coincidimos en que la sal pueda cooperar para que el suelo se vuelva fértil y que esa cooperación venga a manifestase en los terrenos de la Atlántida, cuando surja nuevamente.

RAMATÍS: – La Atlántida, cuando surja, contará con lugares muy bien abonados y fértiles que están sumergidos y situados exactamente bajo el mar de los Sargazos, que comienza al sur de las islas Bermudas, extendiéndose hacia el Este en la figura de inmensos lagos flotantes. Allí hay un gigantesco congestionamiento de todo lo que proviene del litoral, como ramas, troncos, restos de embarcaciones destruidas desde tiempos inmemoriales, inclusive materias orgánicas, cadáveres de peces marinos y animales, formando todo eso un asombroso reservorio de materia en descomposición. La región está siendo revitalizada, siglo tras siglo, por la concentración de raíces de algas del género "Sargassum Bacciferum" y "stenophyllum", cuyo yodo dominante se junta a otros productos químicos de naturaleza marítima, formando yoduros en el mar y apresurando el metabolismo de la descomposición orgánica. Los extensos valles del futuro son actualmente gigantescas conchas submarinas, como vastos depósitos de savia fertilizante. Fuera del mar de los Sargazos, el océano está lleno de moluscos, animales y principalmente, de algas que absorben y almacenan considerables cantidades de substancias que después se depositan en el suelo submarino. Las corrientes fluviales, a su vez, arrastran incalculable cantidad de minerales, proporcionados por la erosión del suelo. Las algas conocidas como "laminaria flexicanlis" pueden rendir casi un gramo de yodo por kilo; las algas verdes almacenan con eficiencia amoníaco, mientras que otras conservan oro; los corales de los mares tropicales están impregnados de plata y buena cantidad de plomo; las ostras contienen rubidio, y los moluscos, como el "trepang" de los mares de la China, el vanadio. Es obvio que otros tipos de animales marinos contengan arsénico, fósforo, flúor, magnesio, cesio, boro, estroncio, hierro, cobre y tantos otros que fabrican sus propias substancias. En este caso destacamos el "dolium gales", que produce ácido sulfúrico, y el pulpo con su contenido tóxico de defensa.

PREGUNTA: - Cierta vez afirmasteis que las modificaciones de la morada afectan al morador. ¿Debemos creer, entonces, que la simple verticalización del eje terráqueo ha de verticalizar a la humanidad en espíritu? ¿Eso no contradice a la propia tradición, al decir que la madurez espiritual se alcanza por el camino interno, ajeno al escenario exterior? ¿Espíritus como Pablo de Tarso, Francisco de Asís o Buda no sobrevivieron en el propio medio, sin necesidad de cambiar el ambiente?

RAMATÍS: – Cuando afirmamos que las modificaciones de la morada afectan al morador no decimos que la modifiquen. Una cosa es afectar y otra modificar. El verbo "afectar" nos da la idea de "influir", "alcanzar" y creemos que aún no se modificó la acepción en vuestros diccionarios. Es preciso comprender que hacemos grandes esfuerzos para situarnos ideográficamente en vuestro limitado vocabulario humano, al relataros eventos tan remotos. Si procuráis atribuir nuevos sentidos a las palabras y os apegáis tan objetivamente a su morfología, sin duda que aumentaréis las dificultades para comprender nuestras comunicaciones.

Claro que el salvaje no se espiritualiza en el palacio lujoso, ni el sacerdote se transforma en malhechor por el solo hecho de predicar en los presidios; pero es claro también que mientras el murciélago se siente feliz en el caserón oscuro y maloliente, el colibrí es más feliz revoloteando sobre las flores de los jardines. Pero al mismo tiempo que el bello jardín bañado por la luz del día puede afectar al murciélago y dejarlo afligido para buscar su ambiente sombrío, el caserón oscuro y maloliente causa angustia al colibrí y lo vuelve retraído, probando que realmente la morada afecta al morador.

La verticalización de la Tierra influirá en sus moradores, porque les ha de proporcionar un ambiente más sedativo, como una agradable cooperación hacia una vida más venturosa y menos contemplativa. El actual escenario terrestre exige de vosotros la solución de múltiples problemas, que son obstáculos, no oportunidades evolutivas, aunque despierten la dinámica del alma aún embrutecida. Reconocemos que Francisco de Asís vivió entre desperdicios y fue un santo, mientras que Mesalina, insensible y esclavizada a pasiones degradantes, realizaba sus bacanales en los más sublimes parajes naturales. Hay espíritus elegidos que sólo cantan la poesía de los pájaros y la belleza de los bosques, pero también hay otros muchos que, como despiadados cazadores, destrozan las avecitas multicolores bajo la acción de los caños humeantes de armas de caza. Hay jardineros que se afligen cuando se marchita la atrayente rosa, y hay hombres que matan a sus compañeros en un jardín florido o escogen para sus ataques fratricidas el comienzo de la primavera. Mientras muchas academias diploman a veces salteadores disfrazados bajo frac y sombrero de copa, humildes y pobres maestros de escuela enseñan como excelentes filósofos e iluminados científicos.

El ciudadano de vuestro siglo, a pesar del considerable bagaje intelectual y científico del ambiente civilizado, no pasa de ser comúnmente un salvaje de cara raspada aspirando el humo de hojas trituradas de tabaco e intoxicándose el organismo con nicotina; despiadado para consigo mismo, derrama garganta abajo tragos y tragos de líquidos corrosivos, a la vez que se tortura bárbaramente en apuestas deportivas y en juegos alucinantes. Atraviesa la vida física como un demente, en una incontrolada ansiedad por malsanos placeres y conquista de su independencia económica, terminando crucificado bajo las enfermedades que producen los vicios, imprudencias y el cortejo de llagas psíquicas y morales que cultiva incesantemente. Mientras percibe "civilidad" en el pergamino académico colocado en lujoso marco y "aristocracia" en el tabaco carísimo —a través del cual Freud descubrió en el hombre actual la sublimación del viejo hechicero mascador de hojas verdes—, el hombre de la Tierra ríe y se aparta exactamente, de los valores reales de la vida superior del espíritu. Se considera el glorioso ciudadano del siglo XX y se entusiasma ante el poder asombroso de la ciencia humana, que cree poder causar perturbaciones planetarias y dificultar la obra armoniosa del Padre con el mal uso de la fuerza nuclear. Sin embargo, cuántas veces ese gigante terrícola cae, fulminado sobre el cheque que firma. Aquí, bajo un rictus nervioso cae víctima de un ataque apoplético, empolvando el vestido de paño costoso; allí, después de hartarse en un opíparo banquete, "fallece" de indigestión ante el sacerdote llamado a toda prisa.

Es innegable que un ambiente peor o mejor es siempre una oportunidad para que se revele la índole psicológica espiritual del hombre, pero la verticalización del espíritu ha de conseguirse esencialmente bajo la influencia magnética del sublime Evangelio del Cristo y no a través de la verticalización de la Tierra o de la mejoría del ambiente físico. Pero, como a cada uno le será dado conforme a sus obras, aunque el individuo no se modifique completamente bajo la acción del ambiente exterior, es indiscutible la influencia que sobre él ejerce el medio en que vive, creándole ciertos estados íntimos específicos.

Ante esa relación entre el individuo y su exterior, no sería lógico que Nerón y Calígula —dos malhechores— mereciesen el mismo clima abrazado por Jesús. Del mismo modo, no se justificaría que la morada de Francisco de Asís fuese el charco de un mundo primitivo. Es posible que Nerón y Calígula no se transformen instantáneamente bajo el cielo del Cristo, así como el abismo pantanoso y mefítico no pervertiría a Francisco de Asís, aunque ambos serían afectados por el medio; en el primer caso sería un factor propicio y en el segundo una situación nauseabunda y ofensiva para la delicada psicología de un espíritu santificado.

La Vida más allá de la Sepultura

Capitulo IX

Consideraciones sobre la desencarnación

PREGUNTA: - Después que abandonasteis el cuerpo físico, ¿cuáles fueron las primeras impresiones que acudieron a vuestra mente?

ATANAGILDO: – Muy poca diferencia encontré al cambiarme para el mundo astral, pues en mi vida me dediqué profundamente a la mejoría vibratoria de mi espíritu, de lo que me resultó una desencarnación bastante feliz.

Aun cuando nos encontramos todavía en el cuerpo carnal, ya podemos vivir parte del ambiente del astral superior o inferior, donde penetraremos después de la muerte corporal, Hábitos elevados observados durante la vida física son ejercicios que nos desarrollan la sensibilidad psíquica para que podamos sintonizarnos más tarde con las frecuencias más sutiles de esfera del Más Allá, como el cultivo de bajas pasiones también representa entrenamiento diabólico que después nos enterrará implacablemente en los charcos tenebrosos del astral inferior. Todo impulso de ascensión espiritual es consecuencia del esfuerzo que se ha realizado para liberarse de la materia esclavista, así como la pereza o el desinterés por si mismo se transforman en peligrosa invitación hacia las regiones infernales. Nuestros deseos se rebajan por la habitual negligencia espiritual para con el sentido educativo de la vida humana, así como también se elevan cuando son accionados por el combustible de nuestra aspiración superior y mantenidos heroicamente a distancia del sensualismo peligroso de las formas.

No importa que aún permanezcamos en el mundo de la carne, pues si cultivamos iniciativas dignas, también estaremos disfrutando el estándar vibratorio del Astral Superior, porque en verdad, la entidad angélica que vive en nosotros, sintonizada con los mundos elevados, se esfuerza por sobrepujar a la organización milenaria del animal instintivo. Bajo ese entrenamiento, mantenido por el continuo ejercicio de la ternura, la simplicidad, la simpatía, el estudio y la renuncia a las seducciones de la materia transitoria, la desencarnación significa para nosotros un suave desahogo y un cambio para mejor, que es el ingreso positivo en el ambiente delicado que ya entreveíamos en nuestra intimidad espiritual aún encarnada. Y la vida humana, en vez de significar el tan renombrado "valle de lágrimas", se vuelve una rápida promesa de felicidad, así como en el cielo grisáceo y tempestuoso podemos entrever los rasgos en las nubes que han de permitir el pasaje de los primeros rayos de sol de la bonanza.

Cuando sentimos vibrar en lo íntimo de nuestra alma los primeros reflejos del futuro ciudadano celestial, se modifica también nuestra visión de la vida humana y del esfuerzo creador de la naturaleza; poco a poco nos sentirnos unidos a las florecitas silvestres perdidas en la vasta campiña, al pájaro en su vuelo tranquilo bajo el cielo iluminado y al propio océano que ruge amenazadoramente. Es el mensaje directo de la vida cósmica que se expresa en nosotros, invitándonos a vuelos más altos y a la liberación definitiva de las formas inferiores, para integrarnos definitivamente al espíritu inmortal que alimenta todas las cosas.

Cuando me sentí completamente desembarazado del cuerpo físico, aunque en mi periespíritu aún se estremecían los deseos y las pasiones del mundo que acababa de dejar, no me dejé perturbar espiritualmente, porque ya había comprendido el sentido de la vida material. Mundos planetarios como la Tierra no son más que sublimes laboratorios dotados de las energías que el alma ignorante precisa todavía para tejer su individualidad en la divina conciencia de "existir y saber".

PREGUNTA: - ¿Y cómo sentiste la separación de la familia terrena?

ATANAGILDO: – La desencarnación fue para mí la revelación positiva del mundo que ya palpitaba en mí, ya me había libertado de las ilusiones provisionales de la vida material. Aunque continuase operando en un cuerpo de carne, en verdad mi espíritu participaba detenidamente en la vida astral del "lado de acá", porque hacía mucho tiempo había desistido de competir en los embates aflictivos del personalismo de la materia, para ser solamente el hermano de buena voluntad al servicio del bien del prójimo.

Tenía cerca de veintiocho años de edad y vivía solo, pues mi padre había fallecido a los cuarenta y ocho años, dejándome niño, en compañía de una hermana de quince años. Aunque me había comprometido en noviazgo pocas semanas antes de mi desencarnación, todavía no me había dejado esclavizar por la idea fija de solo ser feliz constituyendo un hogar material. Consideraba el matrimonio como una grave responsabilidad espiritual y estaba seguro que en la vida prosaica del hogar doméstico tendría que poner a prueba mi bagaje de afecto o aversiones que aún pudiera traer de otras vidas. A medida que nos vamos libertando de preconceptos, pasiones y caprichos humanos, también nos desinteresamos por garantizar la identidad de nuestra personalidad en las formas del mundo material. Comprendemos entonces que todos los seres son nuestros hermanos y que el exclusivismo por la familia consanguínea no representa la realidad de la verdadera familia, que es la espiritual. Aunque los hombres se diferencien por sus organismos físicos y razas, todos provienen de una sola esencia original, que los creó y los hace hermanos entre sí, por más que quieran protestar contra esta afirmación.

El hogar tanto puede ser tranquilo taller de trabajo para las almas afinadas desde un pasado remoto, como una oportuna escuela correctiva y de oportunidades espirituales renovadoras entre viejos adversarios, que pueden estar encadenados desde hacen muchos siglos. Sin duda alguna, el nido doméstico es una generosa oportunidad para la procreación digna de nuevos cuerpos físicos, que tanto auxilian a los espíritus desajustados del Más Allá, afligidos por conseguir el olvido en un organismo de carne, para atenuar el remordimiento torturante de su pasado tenebroso.

Pero es evidente que cuando hay gran capacidad del espíritu para amar a todos los seres, eso le debilita la idea fundamental de constituir familia consanguínea y normalmente egocéntrica, sin que esta actitud represente un aislamiento condenable. Jesús se mantuvo soltero y fue el más sublime amigo, hermano y guía de toda la humanidad. Y durante su desencarnación no sufrió por la separación de la familia carnal, porque en su vida su corazón ya se mostró libertado de la parentela física. Y él nos comprobó muy bien ese gran amor hacia todos, cuando formuló la sibilina indagación a su madre: "¿Quién es mi madre y quiénes son mis hermanos?"

De este modo, os será fácil comprender por qué no pasé por la desesperación y angustias perturbadoras en el momento de la separación de la familia consanguínea, porque en la vida física ya me había habituado a la confraternización sincera con todos los seres que se cruzaban en mi camino, resultando que mi nostalgia abarcaba a una familia bastante numerosa y paradojalmente desligada de la ilusión consanguínea.

PREGUNTA: - ¿Por ventura no dejasteis a vuestros deudos íntimos sobrecargados con innumerables problemas aflictivos, morales o económicos que podrían haceros sufrir en el astral?

ATANAGILDO: – Mi madre continuó dirigiendo cierta parte de los negocios de artefactos de madera dejado por mi padre, cuya fábrica vendió después para poder costear nuestros estudios. Olivia, mi hermana, obtuvo buenas notas en los estudios de piano y terminó el ciclo completo, convirtiéndose en una eximia pianista y competente profesora. En cuanto a mí, terminé el curso de Ingeniero Agrimensor y Topógrafo en una reconocida escuela politécnica brasileña, lo que sirvió para garantizar mi sustento. Dejé a mi progenitora en la Tierra viviendo con mi hermana Olivia, que se había casado con un renombrado médico paulista, en cuya casa ella se quedó desde que falleciera mi padre. Debido a las imposiciones de la profesión, que me obligaba a recorrer el interior del país, yo ya vivía muy distanciado de mi familia y llegué a ausentarme de ellos hasta por algunos meses seguidos que, lo que también debe haber atenuado mi dolor de la separación.

PREGUNTA: - ¿Podríais exponernos las conclusiones filosóficas que os ayudaron a tener serenidad en la hora amarga de la separación de la familia, para que eso nos sirva de orientación espiritual?

ATANAGILDO: – Cuando nuestra madurez espiritual nos permite entrever todas las existencias pasadas, como si fueran perlas de color unidas por el cordón de la verdadera conciencia espiritual, verificamos que nuestro tradicional sentimentalismo humano está en contradicción evidente con las cualidades de heroísmo y liberación del espíritu divino que nos dirige por los destinos por los caminos del mundo planetario.

La evocación de nuestras vidas pasadas, con el consecuente avivamiento de nuestra memoria espiritual, también nos sorprende constreñidos, frente los dramas exagerados que representamos ante la muerte del cuerpo físico que nos sirvió en el pasado, en consecuencia de la rutinaria separación de las familias consanguíneas que hemos constituido en la Tierra. Verificamos entonces que la muerte física es apenas el fin de un período lectivo de aprendizaje del espíritu en la carne, como sucede con el niño que terminan cada año de su curso primario, preparándose para lecciones más avanzadas en el porvenir. La pérdida del cuerpo material no destruye las amistades ni los odios milenarios del espíritu, porque éste es siempre el eterno sobreviviente de todas las muertes.

Cuando comprendemos la realidad de la vida espiritual, siempre nos reímos por las veces que hemos llorado sobre los cuerpos de carne de nuestros familiares terrenos, comprendiendo que sólo fueron vestimentas transitorias, que tuvieron que devolver periódicamente al guardarropa prosaico del cementerio. Y tampoco escapamos de sonreír, desconcertados, ante el recuerdo de que nuestros parientes también lloraron desconsoladamente todas las veces que tuvimos que entregar nuestro traje de nervios, músculos y huesos a la sepultura de la Tierra.

Es un llanto milenario al que las criaturas de todas las razas se entregan junto a los lechos de los enfermos y sobre los sepulcros carcomidos, en la más crasa ignorancia de la realidad espiritual. La muerte es liberación, y la tumba, el laboratorio químico que devuelve a la circulación las moléculas cansadas por el uso. Cuando mayor es la ignorancia del alma, en lo tocante a la muerte física, tanto más crítica y dramática se volverá la hora en que la criatura debe devolver el cuerpo prestado y reclamado por el almacén de aprovisionamiento de la madre Tierra.

Es por eso que los reencarnacionistas —que son conscientes de la realidad espiritual— casi no lloran por los que parten hacia este lado, y tampoco temen la muerte, porque reconocen en ella una intervención amiga para liberación del espíritu, auxiliándolo para volver a iniciar un camino nuevo en el verdadero mundo, que es el Más Allá. Sin embargo, la mayor parte de los religiosos dogmáticos y las criaturas descreídas de la inmortalidad del alma, se estremecen ante la hora del "fallecimiento"; los primeros porque temen la "eternidad" del infierno, ya que no siempre están bien seguros de sus virtudes; los segundos, porque se enfrentan con la idea horrorosa de la "nada". Sin duda para esas criaturas la muerte siempre les parecerá cosa lúgubre, indeseable y desesperante.

Nuestra parentela física, a medida que va desencarnando, prosigue en el Más Allá con las tareas a que todos nosotros estamos ligados para la felicidad en común. Así, los que parten con antecedencia preparan el ambiente feliz para aquellos que se demoran más tiempo en la carne. Delante de esta verdad no hay justificación alguna para los desmayos histéricos, los gritos desgarradores y las clásicas acusaciones escandalosas contra Dios, por el hecho de llevar a nuestros entes queridos y hacerlos pudrir en tristes cuevas de barro.

He ahí porqué necesitamos despertar en vuestro mundo la verdadera idea de inmortalidad, que es el fundamento de nuestra propia estructura espiritual, trabajando para que os distanciéis de la ingenua presunción de que es necesario que muera el cuerpo físico para solo entonces sobrevivir en espíritu. Ese espíritu está con vosotros en todo momento, en cualquier plano de la vida; constituye el propio "plano de fondo" de nuestras individualidades, donde se encuentra el Magnánimo Padre que nos sustenta por toda la eternidad.

PREGUNTA: - ¿Consideráis entonces que nosotros por ser demasiado sentimentales nos olvidamos de las cualidades superiores del espíritu? ¿No es verdad?

ATANAGILDO: – Debéis saber que las manifestaciones de dolor, a través de actitudes exageradas o gritos aflictivos sobre el cuerpo "fallecido", no revelan siempre sufrimientos más reales y sinceros que la serenidad y el silencio que muchas veces manifiestan aquellos que saben dominarse durante la separación del cuerpo de su ser querido. Cuántas veces aquellos que se desesperan teatralmente, inclinados sobre los ataúdes de sus familiares, no se avergüenzan después de estigmatizarlos con censuras graves y rencores maliciosos, solo porque no fueron beneficiados pródigamente en el reparto codiciado de la herencia. Cuántos esposos que, al retirar el cuerpo del cónyuge llegan hasta exigir auxilio médico o ensayan suicidios espectaculares, no soportan el plazo tradicional del luto terreno y se entregan rápidamente, con incontenida avidez, a alguna pasión violenta seguida de un apresurado enlace matrimonial.

Durante los días de honra a los "muertos", cuando los cementerios se vuelven bulliciosos centros de actividades humanas, cuantas criaturas que durante el transcurso del año no tuvieron tiempo para pensar en sus seres queridos, hacen la tradicional limpieza de la tumba, y en el día de finados comienzan allí un lloriqueo controlado y bastante tímido, en la santa ignorancia de que nosotros, los desencarnados, no apreciamos alabanzas sobre nuestros cadáveres putrefactos... Si existen en vuestro mundo tantos jardines de flores y lugares apacibles que invitan a la meditación y a la oración, ¿por qué motivo escogéis basureros de huesos y carnes putrefactas para homenajear a nuestros espíritus inmortales?

¡Cuántos de vosotros nos olvidáis por largo tiempo en vuestras oraciones y vibraciones amigas, para un determinado día correr apresurados a festejarnos bajo programas compungidos marcados por el calendario humano, entremezclados de llanto controlado por el cronómetro de oro...

Evidentemente, eso no pasa de un sentimentalismo discordante con la lógica y contrario a los sentimientos del alma inmortal. Aquellos que mantuvieron relaciones dignas y amistosas con sus familiares, cuando se encontraban encarnados en la Tierra, sin duda que no necesitarán llorarlos después de "muertos". Y cuando así procedieren, quedará abolido el llanto con hora marcada en los cementerios o en torno de los catafalcos de las iglesias, principalmente porque muchas veces ese llanto sólo encubre el remordimiento por viejas hostilidades terrenas que son muy comunes en el drama de la familia humana. Esas hostilidades se registran porque en general el parentesco en la Tierra apenas esconde almas adversarias que la Ley del Karma ligó por la misma sangre y carne, por no haber aprendido todavía a dedicarse mutuamente. ¿De qué vale entonces, llorar al cuerpo que se pudre en el seno de la Tierra, cuando aún no se aprendió a amar en espíritu?

PREGUNTA: - Pero en el caso de vuestra desencarnación, no podéis dejar de reconocer que el dolor de vuestros familiares representó una desesperación sincera; no es así?

ATANAGILDO: – Sin lugar a dudas, pues mis familiares aún no poseían los conocimientos espirituales conque yo me beneficiaba y con toda honestidad, no debían creer en la posibilidad de volverme a ver. No sucede lo mismo con vosotros? Aunque seáis espiritas — lo que quiere decir reencarnacionistas — y acompañéis mis pensamientos a través de las frases del médium, ya tenéis por ventura la seguridad absoluta de que sois inmortales y que estaréis vivos en el Más Allá, ni bien os separéis de vuestra familia terrena? Auscultad bien en lo íntimo de vuestra alma y llegaréis a la conclusión de que aún guardáis alguna sombra de incertidumbre sobre eso, como si algo os susurrase al oído que todo no pasa de fantasías creadas por la imaginación de un médium y no de comunicación de un espíritu que se dice desencarnado e inmortal.

¿Cuáles serán vuestras reacciones emotivas delante de vuestro ser más querido inerte en un ataúd, dependiendo de las agujas de un reloj para ser entregado a la definitiva y triste sepultura de la Tierra? ¿Creéis por ventura, que él partió hacia un mundo conocido, hacia donde deberéis partir también vosotros, después de algunos años, meses o días para volver a tener un reencuentro feliz con él?

A esto se suma el hecho de que, cuando creéis en la inmortalidad del alma y sabéis que la muerte del cuerpo no es transformación milagrosa para el espíritu, aún quedáis con la duda si volveréis a encontrarlos felices y bellos en el mundo astral superior y que también puede darse el caso, de encontrarlos horribles y despavoridos en el astral inferior, caso hayan llevado una vida abominable en la Tierra. Por eso el hábito humano es evitar pensar en la muerte, como si ésta no existiera. Consideran como insensibles y sádicos a todos aquellos que consideran a la muerte como una cosa rutinaria y viable algún día. Sin embargo, ni por eso ella será eliminada de vuestros destinos, porque vuestros días también están contados. El ser humano no debe copiar la estupidez del avestruz que frente del peligro, cava un hueco y entierra en él su cabeza, creyendo así que está a salvo del peligro que lo amenaza.

Mientras tanto, hay espíritus saludables que no temen imaginar su propio funeral y hasta llegan a encarnarlo en forma jocosa; también existen aquellos que ironizan el convencionalismo de las flores y coronas, cuando los cortejos fúnebres se transforman en verdaderos jardines colgantes, haciendo revolotear al viento las cintas de color violeta con el sentencioso "último adiós".

Lo que os parece un acontecimiento tétrico y que en la vida material provoca ríos de lágrimas compungidas, es apenas benéfica liberación de aquel que cumplió en la Tierra el programa trazado antes del último renacimiento carnal. Preguntadle a la libélula que se sacia con la luz del Sol y el aroma de las flores, si le pareció fúnebre libertarse del feo y limitador capullo del gusano. Pero vosotros teméis esa transformación, vivís aterrorizados ante de la muerte corporal, luchando para ignorar esa probabilidad en el seno de vuestra familia y sin embargo, os parece muy natural desde que suceda a extraños o a otros pueblos.

Entre los encarnados, la muerte se considera como una cosa muy lejana, y porque se la teme contribuís para que no se resuelva este problema, que en realidad, os llena de angustia y desesperación.

Esa deliberada fuga mental al implacable fenómeno de la muerte terrena, no os auxiliará en las primeras horas de vida en el Más Allá, porque el miedo es todavía el mayor adversario astral de aquellos que no se preparan mentalmente para morir.

PREGUNTA: - Pero, volviendo a nuestras indagaciones, debemos creer que el sufrimiento de vuestros familiares, también se debe a un excesivo sentimentalismo?

ATANAGILDO: – No tengo razones para atribuir a mis familiares un exagerado sentimentalismo, pero tampoco tengo dudas en cuanto a lo siguiente: ellos se arrojaron desesperadamente sobre mi ataúd, porque aún ignoraban la realidad de mi sobrevivencia espiritual. Casi todos mis parientes y amigos eran adeptos a la religión católica romana y por ese motivo raciocinaban según pensaban sus sacerdotes, faltándoles pues una infinidad de detalles sobre la inmortalidad del alma. Guardaban celosamente el debido respeto por no violar el "tabú' sagrado, impuesto por su credo, el cual les prohibía hacer investigaciones sobre toda filosofía condenada por la iglesia romana.

No sabían nada de las reencarnaciones del espíritu o de la Ley Kármica, al mismo tiempo que temían profundamente cualquier comunicación con los "muertos", obedeciendo al mal interpretado precepto de Moisés sobre este asunto, aunque ninguno de ellos fuera hebreo. Creo que en otras existencias vivieron mucho tiempo a la sombra de los templos religiosos dogmáticos, pues aunque fueran adultos de sentimientos, me parecían niños de 10 años de edad, atemorizados con el Diablo o compungiéndose con las complicaciones de Adán y Eva en el Paraíso. En mi casa la familia atendía a los preceptos religiosos con loable criterio, pero en cuanto a las cosas que sobrepasaban el entendimiento rutinario, mis queridos familiares atribuían todo a misterios que no podían ser desvendados por el hombre.

Creían en Dios como si fuera el tradicional viejito de barba blanca, descansando en un confortable trono de nubes blancas distribuyendo "gracias" a sus súbditos llenos de buenas intenciones. Aceptaban sumisamente el dogma de los castigos eternos que servían desagraviar las ofensas hechas a Dios por aquellos que aún no habían solicitado su cédula de religiosidad oficial.

Confiaban en un cielo generoso, conquistado a cambio de apresuradas conversiones, reforzadas por algunos rezos y oraciones, mientras que se reservaba el infierno para los obstinados que no adherían a los estatutos seculares de la religión oficial.

Dejé una parentela consanguínea de tíos, tías, hermana, primos, madre y abuelos, que por veces me hablaban sentenciosos, advirtiéndome fraternalmente del gran pecado que era ser un "libre pensador" o un "renegado de la verdadera religión". Lamentaban mi repulsión por las imposiciones que amigos y conocidos que a la fuerza querían inculcarme ideas restrictivas de mis movimientos fraternales y a mi ilimitada facultad de pensar. Yo los consideraba como niños inofensivos, aún apegados a deliciosas historietas infantiles que tanto me habían arrullado durante la infancia tranquila.

Esos son los motivos por los cuales no podría considerar mis parientes dotados de sentimentalismos falsos en la hora de mi muerte corporal, pues ellos eran víctimas de su propia ociosidad mental y de la ignorancia espiritual, por haber abdicado de su sagrado raciocinio de almas libres, para sólo pensar según la cabeza de sacerdotes que aún viven en confusión consigo mismos.

PREGUNTA: - ¿Por qué motivo decís que "los sacerdotes vivían en confusión consigo mismos"?

ATANAGILDO: – Porque los hombres que realmente llegan a conocer la verdad, nunca procuran imponer sus postulados a nadie ni restringir la libertad de pensamiento a sus hermanos. Sin embargo, mi familia era asediada constantemente por ellos, intentando así crear dificultades para de mis actividades espiritualistas, realizadas, por cierto, sin compromisos y sin condiciones de creencias o sectas. Es obvio pues, que sólo una confusión entre esos religiosos y sus propios postulados, podrían llevarlos al absurdo de procurar aumentar prosélitos, en la presunción de que aumentando la cantidad, se pueda mejorar la calidad. Cuando yo vivía en la India, apreciaba mucho un proverbio oriental, que traducido a vuestra comprensión occidental sería así: "Me basta la Paz que del Creador bajó hasta mi, para que los otros también beban la Paz que en ellos ha de bajar".

Cuando no tenemos aún esa Paz, generalmente procuramos perturbarla en aquellos que realmente la poseen. Muchas veces la preocupación aflictiva por "salvar" al prójimo no pasa de disfrazada decepción que se anida en el alma fracasada.

PREGUNTA: - ¿Vuestra familia terrena ya era un conjunto de espíritus unidos por afinidad espiritual desde el pasado?

ATANAGILDO: – Conforme ya os aclaré, la mayor parte de mi última existencia terrena la dediqué al aprendizaje espiritual, porque la exigencia más severa de mi karma se resumía a la deuda que tenía con Anastasio. De ese modo, me ligué a un conjunto de espíritus acordes a mi índole afectiva, sin grandes débitos en el pasado, pero desprovistos de grandes dotes de inteligencia o raciocinios de alta estirpe sideral. Yo había reencarnado en un ambiente medio, de realizaciones comunes, que no mostraba las fulguraciones propias de las almas angélicas; no obstante, se trataba de personas incapaces de las astutas maquinaciones diabólicas de los espíritus inferiores.

Mi madre fue en Francia mi ama de cría, cuando asumió la responsabilidad de auxiliarme en mi niñez, después que mi padre se casó por segunda vez con una criatura ociosa, que sólo era un objeto decorativo en nuestro hogar. Mi hermana Olivia era un espíritu que ya había encontrado en Grecia en dos ocasiones y siempre estuvimos unidos afectuosamente, inclusive durante los períodos de libertad espiritual en el Más Allá. La amistad de los demás parientes variaba según su mayor o menor afinidad hacia mí y nunca me hostilizaron, salvo un primo errante que era considerado la "oveja negra" de la familia, pues vivía de chantajes vivezas en la capital paulista. Este primo debería ser un espíritu de excelente memoria etérica, pues aunque yo le dedicaba afecto sincero, él no escondía cierta prevención y una deliberada vigilancia hacia mi persona.

Tal vez su subconsciente lo hacía temer que yo le devolviera la puñalada que con ayuda de otros, me había aplicado en París, en los fondos de Notre-Dame, en la última encarnación que allí me fue dado disfrutar.

De todos mis compañeros de la última encarnación, resta Cidalia, mi novia, que en realidad es el espíritu más afín conmigo en todo el grupo familiar, de quien me aproximé últimamente en Brasil, pues fueron muchas las reencarnaciones que ya tuvimos juntos. Desgraciadamente ella se dejó seducir en el pasado por las facilidades del poder y del prestigio en la España de Felipe el Católico, de lo cual resultaron tres existencias consecutivas de rectificación espiritual, desviándose por eso de la ruta que seguíamos hacia el definitivo aprendizaje espiritual. De ahí el hecho de nuestro vínculo en la carne haber tenido carácter tan fraterno, con mutua avidez por estudios de la misma esfera mental, pues reavivábamos nuestros experimentos esotéricos de Egipto, Persia, India y de la Edad Media.

PREGUNTA: - No podría suponerse que, al contrario de lo sucedido a vuestros parientes, fuiste más beneficiado por las oportunidades de estudio y contacto con mejor estirpe espiritual del mundo? No habría sido la pobreza pasada de vuestra familia el motivo que la impidió conquistar mayores luces espirituales?

ATANAGILDO: – Bien sabéis que los mejores cerebros de vuestro mundo provinieron de conmovedora pobreza y algunos, paradojalmente, sobrevivieron en el seno de las enfermedades más dañinas. Hace milenios oigo decir en la Tierra que el principal motivo de sufrimiento reside en la gran ignorancia espiritual y sin embargo lo que menos hace la humanidad es buscar tan precioso conocimiento. Los siglos se acumulan sobre sí mismos, pero los hombres continúan repitiendo las mismas cosas que ya repitieron millares de veces en otras existencias carnales del pasado; prefieren expiar por medio de nuevas muertes corporales, tanto suyas como de sus parientes terrenos, la ociosidad de pensar y la indiferencia de saber. En su mayor parte, las almas terrenas apenas suben y bajan el mismo escalón fatigante de innumerables reencarnaciones, alternándose en el lloro sobre los ataúdes cubiertos de flores y suspirando, temerosas, delante de tumbas marmóreas o sepulturas desheredadas.

PREGUNTA: - ¿Queréis decir que hay un premeditado desinterés de la humanidad con respecto a su felicidad espiritual?

ATANAGILDO: – Sin duda, lo que hay es desinterés por la

propia ventura espiritual y no falta de oportunidad educativa ya que aún los teósofos, espiritas y esotéricos en su mayoría, raramente han leído más de una decena de libros educativos. ¿Qué puede decirse entonces, de aquellos que todavía marchan asfixiados dentro del rebaño humano conducido por hombres disfrazados de instructores religiosos que predican las más tontas fantasías, como la del pecado de Adán? Las almas que ya pueden mirar desde el ápice de sus realizaciones espirituales y abarcar el largo camino recorrido con los pies sangrando para vencer la ladera agreste, se sienten invadidas por inmensa tristeza al verificar cuán lentamente sube esa multitud humana, que se mueve tan perezosa por los caminos espinosos de la vida física.

Cuando cualquier alma valerosa se destaca entre esa multitud negligente, cansada y animalizada e todavía hipnotizada por los sentidos de la carne, por ser una criatura que investiga, estudia y desata con valentía las ataduras dogmáticas que la aíslan del mundo y de los seres, es casi siempre un héroe que surge de la pobreza, en ambientes atrasados y hasta enfermos, para volverse un alma calumniada, perseguida e incomprendida. No es extraño que así suceda, pues comúnmente se trata de una alma liberada de los dogmas, tabúes sagrados o explotaciones religiosas, que busca, trabaja, renuncia, estudia y se sacrifica en la seguridad de que "cuando el discípulo está pronto, el maestro siempre aparece".

La riqueza del mundo, que podéis encontrar muy valiosa para ayudar a aquellos que procuran la seguridad y el confort material, se vuelve innecesaria donde se da valor a la sabiduría del espíritu. En busca de la Verdad, Buda abandona los tesoros de la tierra para encontrarlos bajo un árbol de higuera; Pablo de Tarso cambia el diploma académico por el rudo trabajo de tejedor; el Bautista surge del medio del bosque y viste la piel rústica del animal salvaje; Francisco de Asís ilumina el siglo XIII, cubierto con un hábito paupérrimo y finalmente, Jesús nace en un establo de animales malolientes.

PREGUNTA: - ¿Cuáles fueron los principales factores que contribuyeron para vuestra tranquilidad espiritual y ausencia de miedo durante vuestro último desencarne?

ATANAGILDO: – Conforme os informé anteriormente, todo lo ocurrido durante mi última desencarnación no duró más de cinco minutos, tiempo en el cual se procesó mi completa liberación de la carne y sumergí la conciencia en el provisional olvido individual.

En verdad, fueron mis raciocinios sensatos, confortadores y provenientes del conocimiento de una alta espiritualidad, los que me evitaron el terror y el pesimismo, muy comunes a los espíritus que atraviesan la vida material indiferentes a su propia suerte. También es cierto que durante mi desencarnación fui objeto de sublimes atenciones, pero no gocé de protecciones indebidas como se acostumbra en el mundo material, en el seno de la política y de los intereses humanos.

Recibí el cariño y la protección de un grupo de almas tiernas y pacíficas, que deseaban tributarme su reconocimiento por el hecho espontáneo de haberlas socorrido en forma desinteresada cuando permanecían en la carne.

PREGUNTA: - ¿Podemos creer que el estudio del espiritualismo nos puede favorecer bastante en nuestra desencarnación?

ATANAGILDO: – Creo, por lo mucho que he observado, que solamente la incesante liberación y renuncia valerosa a las ilusiones de la carne, es realmente lo que nos desata las cadenas de la vida planetaria, así como nos ayuda muchísimo durante las varias desencarnaciones propias de los ciclos reencarnatorios.

Recuerdo que en el heroico esfuerzo para ajustar-me a la técnica y a la ciencia espiritualista del mundo físico, inspirado por el código moral del sublime Evangelio de Jesús, me dejé explotar, combatir, insultar y humillar, al mismo tiempo que se debilitaban las cadenas que me aprisionaban a los intereses egocéntricos y a las pasiones ilusorias de la materia.

A semejanza de la libélula, que para libertarse rompe el grosero capullo del gusano, yo también me esforcé por libertarme del capullo de carne. La diferencia, en mi caso, era que los lazos vigorosos que me ataban a la carne eran el orgullo, el amor propio, la vanidad, la codicia, la avaricia, la glotonería y la pasión sensual. Sólo hoy puedo dar el exacto valor al esfuerzo terrible que no sólo me proporcionó paz y alegría en la vida espiritual, sino que aún me inspira para efectuar sacrificios futuros en bien del prójimo. El amor de Dios, que es inagotable, significa siempre una donación espiritual para todos, conforme nos afirmó Jesús en estas sencillas palabras: "Golpead y la puerta se os abrirá".

PREGUNTA: - Aunque no tengamos la intención de preguntaros detalles íntimos sobre vuestra última existencia, deseamos con finalidad puramente educativa, que nos expliquéis esa coincidencia de haber quedado novio cuando vuestra desencanación prematura os impediría realizar ese enlace conyugal. Ese noviazgo no pasó de un accidente común en la vida humana o representó alguna prueba kármica y aflictiva para vuestra novia?

ATANAGILDO: – Nos hicimos novios debido a la gran afinidad espiritual que cultivábamos desde el Egipto, hace más de tres milenios. Cidalia había alcanzado los veinticinco años y yo los veintisiete cuando nos encontramos, siendo que en esa ocasión ella había decidido permanecer soltera, a fin de aprovechar su celibato para sublimarse en el incesante aprovechamiento de los estudios esotéricos, teosóficos o espiritualistas, profundamente interesada, como estaba, en solucionar los más importantes problemas de su alma. En ese afán, la encontré en un "tatwa" esotérico en una ciudad próxima a donde vivíamos y allí lanzamos la idea de unirnos en matrimonio para realizar un alto estudio de la espiritualidad, liberándonos de cualesquier dogmas o compromisos asociativos.

Entonces, procuré transmitirle gran parte de mi bagaje espiritual y combinamos que en virtud de nuestras convicciones elevadas sobre la razón de la vida humana, nos libraríamos de las violencias pasionales y de los conflictos comunes a la mayoría de los noviazgos que estriban esencialmente en la dramaticidad de las pasiones humanas.

Esforzándonos para realizar una labor característicamente espiritual, procuramos huir de las inevitables desilusiones que siempre dejan las emociones prematuramente satisfechas. Pero a pesar de todo eso, nuestro matrimonio no constaba como una realización indispensable o kármica en nuestra vida terrena, pues no existía decisión ninguna del Más Allá al respecto. Sólo había el determinismo de una necesaria y afectuosa aproximación entre Cidalia y yo, lazos afectivos que necesitaban fortalecerse antes de mi próxima desencarnación. Habíamos hecho importantes proyectos y programas que combinamos en el Espacio, pero se referían únicamente a existencias futuras.

En realidad, mi enfermedad comenzó a acentuarse a medida que se aproximaba la fecha del matrimonio. Recuerdo, que muchas veces Cidalia se dejaba dominar por una extraña melancolía, dejándome entrever cierto pesimismo de ella a nuestro respecto, sin que pudiese distinguir la "voz oculta" que le predecía la imposibilidad de nuestro matrimonio en aquella existencia.

Es cierto que, en virtud de nuestro libre albedrío, nosotros podemos aumentar como reducir en la Tierra, los encuentros y las uniones que hayamos proyectado en el Más Allá, aliviando o agravando nuestro destino kármico. La Administración Espiritual siempre se interesa por cualesquier acontecimientos que puedan proporcionar modificaciones para beneficiar a sus tutelados, así como los padres se interesan por los hijos que demuestran indicios de renovación moral. Nuestro libre albedrío es el que crea las situaciones buenas o malas, que más tarde se transforman en implacable determinismo y en el propio efecto de la causa qué generamos antes. Somos libres de sembrar y actuar, pero implacablemente obligados a cosechar el resultado de la siembra.

PREGUNTA: - A nosotros nos parece que la vida humana es un ritmo inflexible de acción y reacción donde, debido a la severidad de la Ley Kármica, no conseguimos efectuar ninguna realización individual bajo el impulso de nuestra voluntad ¿Tenemos razón al pensar así?

ATANAGILDO: – Cuando todavía nos encontramos encarnados, normalmente ignoramos el mecanismo de los planes seculares y hasta milenarios, a los cuales nos ajustamos de acuerdo a las sugestiones de nuestros mentores espirituales. No siempre la vida humana es una secuencia implacable de acción y reacción, bajo el dominio absoluto de un karma intransigente y severo; muchas veces, los acontecimientos que en el mundo material son contrarios a nuestros deseos y placeres comunes son apenas partes que constituyen un "gran plan" que elaboramos en el pretérito y al cual nos sometemos voluntariamente.

En mi caso, por ejemplo, estoy vinculado al plano de apresuramiento kármico combinado con Ramatís, hace algunos milenios, juntamente con otros millares de espíritus exilados de otros orbes, que hacen de todo para adquirir las cualidades y el modelo vibratorio que tanto necesitan reajustar para poder retornar a su planeta de origen. Delineamos un severo plan de trabajo, de estudio y cooperación para los terrenos, cuando todavía nos encontrábamos en Egipto, proyectando actividades sacrificiales que nos podrían auxiliar con más éxito para alcanzar en más breve tiempo, nuestra liberación espiritual. Si se desarrolla con todo éxito la ejecución colectiva de ese plan, creo que para alrededor del año 2300 ó 2400 podremos librarnos de las encarnaciones en la Tierra y regresar a nuestro mundo planetario del cual fuimos exilados cuando florecía en la Tierra la civilización Atlántida.

Ese gran plan de perfeccionamiento espiritual combinado por un conjunto de almas que desean apresurar su camino, también significa un plan kármico, dentro del propio karma del planeta Tierra. En virtud de haber sido exilados de otros orbes físicos por nuestro desequilibrio espiritual, la Ley Kármica nos colocó en la Tierra, que es de civilización primitiva y de clima geográfico mucho más rudo que el del mundo que perdimos.

PREGUNTA: - ¿Todos los sufrimientos, dolores o vicisitudes futuras ya están debidamente previstos en ese plan kármico que mencionasteis? En caso afirmativo, no podría ocurrir algún acontecimiento imprevisto durante la realización de ese planeamiento colectivo.

ATANAGILDO: – No podemos prever éxitos absolutos, pero sí, la esperanza de una liberación más breve para la mayoría de los exilados de nuestro planeta. Se trata del resto de un conjunto de espíritus que hace mucho tiempo emigraron obligatoriamente hacia el orbe terráqueo y ya poseen una buena preparación espiritual pura habitar en un mundo mejor, al comienzo del tercer milenio. Actualmente ellos ya se emancipan y desprenden de sectas, doctrinas o filosofías restrictivas y cada vez se vuelven más indiferentes a los preconceptos y convenciones esclavistas del mundo material. Se diferencian de los espíritus terrenos, porque éstos aún están ferozmente aferrados a sus intereses materiales, a sus postulados religiosos, espiritualistas o filosóficos, defendiendo "verdades particulares" y preocupadísimos con el trabajo doctrinario ajeno, pero muy olvidados de si mismos.

Pero no se puede garantizar que en ese apresuramiento kármico, todos sus componentes venzan las últimas seducciones tontas de la vida física, para vestir la nueva túnica del "hijo pródigo" y retornar a su patria de origen.

Nuestro plan de acción y reacción no extrapola el karma terreno; cuanto más severo es, tanto más pronto aliviaremos el fardo kármico engendrado hace tantos milenios, y conseguiremos la deseada liberación del plano terrestre. De ese modo, nuestras reencarnaciones futuras representarán un estudio incesante y el empleo de todas nuestras energías en un servicio heroico y sacrificial en favor de los espíritus de la Tierra. Aumentamos la responsabilidad del aprendizaje terreno y agravamos nuestras vidas carnales futuras, pero en compensación, podremos reducir el número de reencarnaciones que aún nos faltan para completar las últimas rectificaciones kármicas.

En vez de imitar al peregrino que viaja lentamente por los caminos del mundo terreno admirando los claros del bosque, el vergel florido, las colinas polarizadas de azul-violeta, o que se detiene a descansar bajo la sombra del árbol amigo, preferimos transformarnos en el atleta que en fatigante carrera, renuncia al encanto paisaje, para alcanzar lo más pronto posible la meta y recibir el premio. Y somos muchos en esa tarea heroica, decisiva y llena de esperanza, en busca de nuestra más breve ventura espiritual y del retorno a nuestro mundo de origen bastante afectivo; nos comparamos a muchos hilos de agua, que intentan converger armoniosamente para el mismo cauce, para formar un caudaloso río de utilidad común.

Entre esos exiliados nostálgicos de su orbe más evolucionado que la Tierra, existe un eslabón íntimo, desconocido por los terrenos y que conforme nos advierte Ramatís, los hace notar su verdadera identidad extraterrena y sentir la extraña melancolía espiritual, que les es común.

PREGUNTA: - Siempre pensamos, que el karma es de un determinismo absoluto, sin posibilidades de modificación de los efectos, después que se practica una mala acción;¿no es así?

ATANAGILDO: – Hay un solo determinismo, absoluto, creado por Dios, que es: el fatalismo del animal humano transformarse ángel!

Con la Ley del Karma, que es la Ley del Progreso Espiritual, se pueden ajustar y conciliar las buenas deliberaciones de los espíritus, quienes tienen el derecho de componer destinos agradables en su vida terrena, porque el Padre es magnánimo y concede algunos bienes anticipados a sus hijos, siempre que éstos manifiesten fidelidad con sus deberes espirituales.

La voluntad de Dios no puede compararse a un mecanismo inquisidor de rectificación espiritual; esa rectificación acaece porque sus propios hijos titubean en la jornada y necesitan retornar obligatoriamente al punto de partida de la ascensión espiritual. Si la humanidad que se agita en la superficie de todos los orbes suspendidos en el Cosmos, realizase movimientos absolutamente armoniosos y con un elevado nivel de amor y sabiduría, sin duda alguna, el Karma o la Ley de Causa y Efecto (acción y reacción) también sería un determinismo eternamente venturoso. Por lo tanto, no se justifica el excesivo dRamatísmo conque encaráis el Karma, pues no pasa de un proceso normal y continuo que lleva la centella espiritual a desarrollar la conciencia de sí misma.

A través de peripecias dolorosas, exilios planetarios y retornos felices, los espíritus terminan encuadrándose dentro de ese determinismo venturoso, que es en verdad el mecanismo que nos despierta hacia la Felicidad Eterna. Cuál es la naturaleza esencial del Karma, ese determinismo absoluto creado por Dios, sino un medio para proporcionar la Ventura Eterna a los hombres?

PREGUNTA: - Pero la verdad es que ocurre de hecho esa serie de sufrimientos, dolores y vicisitudes, que no podemos considerar como "momentos venturosos", pues la Ley Kármica es aplicable durante el reajuste espiritual. ¿No es así?

ATANAGILDO: – Es verdad que rectificaciones individuales o colectivas son así porque durante las mismas creáis movimientos irregulares o sin armonía que no se ajustan al bendito determinismo del bien ideado por Dios.

Cuando nuestras acciones comienzan a generar discordias y a dificultar el "determinismo feliz" que es nuestro karma Cósmico, surgen las reacciones rectificadoras para que la maquinaria sideral prosiga en su pulsación rítmica de Armonía y Felicidad Angélica. Ya que sois vosotros mismos los que perturbáis esa venturosa pulsación de equilibrio espiritual, porqué no podéis también intervenir en él y elaborar nuevos planes que mejoren vuestro destino kármico en el seno del propio Karma planetario? El karma del individuo está sometido al karma colectivo de la familia, al de su raza y al de su planeta; este, por su vez, está engranado en la pulsación del karma del sistema solar.

Si exorbitáis el ritmo normal venturoso y espontáneo establecido por Dios, tendréis que ser rectificados por otro ritmo severo y opresivo; ahora, si preferís anticipar el "efecto" o la "reacción" que generasteis sobre vosotros mismos en el pasado, qué importancia tiene eso para el determinismo absoluto de Dios, que siempre es Ventura? Os importa es a vosotros mismos; ¿no es verdad?

PREGUNTA: - Sabéis que todavía tenemos dificultad para distinguir con éxito lo que es el bien y lo que es el mal. ¿Podemos ser castigados por eso?

ATANAGILDO: – Vuestras vidas, a pesar de regirse por el mecanismo del dolor y del sufrimiento físico, aún aumentado por las vicisitudes morales y económicas, también tienen expresiones de alegría, de paz y de ventura y momentos de diversión y goces en común. Transcurrido el tiempo necesario para que el espíritu se liberte de la materia y se lance al vuelo definitivo hacia las regiones excelsas, él se da cuenta de que todos los sufrimientos y tropiezos registrados en sus jornadas en los mundos físicos, no significan más que etapas educativas del proceso de crecimiento angélico.

Entonces, el propio mal es comprendido por el alma como un estado de resistencia espiritual a su ascensión y deja de considerarlo como castigo por pecados cometidos contra la moral divina.

De ese modo se justifica el dicho popular, que dice: "Dios escribe derecho por medio de líneas torcidas". Cada hecho o cada acto que se registra en la trayectoria de la vida del espíritu, por más incoherente o equivocado que parezca a la moral humana, es siempre una experiencia saludable, que pasa a integrar la conciencia del espíritu eterno.

PREGUNTA: - ¿Podríamos saber cuál fue el motivo principal de vuestro acercamiento a Cidalia, del cual resultó vuestro noviazgo, interrumpido más tarde por vuestra desencarnación? Si había un cierto determinismo en ese encuentro en la Tierra, seguro que existiría también algún objetivo secundario; ¿no es así?

ATANAGILDO: – Indudablemente, mi encuentro con Cidalia en mi última existencia no fue apenas una coincidencia fortuita. Como actuábamos en la misma faja vibratoria de sentimientos e ideales, aunque con algunas diferencias, habíamos combinado antes en el Espacio conjugar nuestros destinos ya enlazados en el antiguo Egipto, con la finalidad de acelerar nuestra evolución espiritual en la Tierra. De acuerdo a su propio karma, Cidalia debería casarse en su existencia material, pero no conmigo, tanto así que de hecho se casó con otro hombre a quien ella imponía un profundo ascendiente moral desde un pasado remoto. Se trataba de un antiguo adversario de vidas anteriores, ya ahora en vías de renovación espiritual, a quien Cidalia, con provecho para sí misma, debería favorecer en sus últimos esfuerzos de redención.

Como los ascendientes biológicos de la familia de Cidalia atienden muy bien a las disposiciones orgánicas de sensibilidad nerviosa y al tipo de sistema endocrino que precisaré en una futura reencarnación en Brasil, espero ser su nieto aproximadamente por el año 1970. El esposo de Cidalia desciende de una antigua estirpe griega, que proporcionó tantos esclavos como preceptores a la orgullosa Roma de los Césares y así, en la figura de mi futuro abuelo materno, él me auxiliará en el contacto regresivo con el linaje psíquico de Grecia, que realizaré en el futuro y que se muestra fundamental en mi actual psicología.

Además, la presencia del acentuado linaje romano en la sangre y en el psiquismo del esposo de Cidalia, mi futuro abuelo, me despertará ciertos impulsos de comunicabilidad, sentido artístico y gusto por la música, tan característicos de la raza italiana. Ese plan de acción que deberá ser orientado por el Departamento "Biopsíquico" de mi actual metrópoli astral, comenzó á concretarse en el momento de mi aproximación con Cidalia en nuestro último pasaje por la Tierra...

PREGUNTA: - Al haber desencarnado por enfermedad grave, conforme nos manifestasteis, teniendo que guardar mucho tiempo en cama sometido a grandes sufrimientos físicos, no indica eso, que también debisteis liquidar algún otro débito pasado, de acuerdo a como lo señala la Ley del Karma?

ATANAGILDO: – El dolor no debe interpretarse así, tan radicalmente, pues no siempre es rescate de faltas, sino mas bien un proceso de perfeccionamiento o de técnica rectificadora, siendo que en muchos casos es apenas el efecto de la acción sobre el medio en que el espíritu actúa. Si consideramos el dolor exclusivamente como rescate de delitos pasados, tendríamos que buscar el origen del sufrimiento de los animales, como así también el de muchos misioneros e instructores religiosos que soportan sufrimientos para indicarnos la senda de la Verdad,

El perro no expía culpas del pasado v sin embalo muere bajo las ruedas de los vehículos; el buey tanto muere en los mataderos, como a causa de enfermedades, mientras que los ratones mueren acosados por la peste o cazados cruelmente en los recovecos de los viejos caserones. Si se admitiera el Karma como si fuera la Ley mosaica del "ojo por ojo y diente por diente", es evidente que tendríamos que suponer que Jesús, por el hecho de haber sido crucificado, debería estar rescatando delitos que cometió en el pasado.

El pianista que desea alcanzar éxitos en su carrera artística o el cantante que pretende alcanzar la gloria con páginas líricas, sin duda, deberá entregarse completamente a su entrenamiento y cultura musical; tendrá que fatigarse innumerables veces, viviendo entre la angustia del fracaso y la alegría del éxito, sin que todo eso signifique que se sometió a un sufrimiento para rescate de faltas. Hay un determinismo en este caso, pero es solo el efecto del arte al cual el individuo se dedicó, el cual, por ser elevado, exige sacrificio, aflicciones y aprovechamiento juicioso del tiempo.

Cuál es el sentido de la vida material, si no el de un disciplinado experimento para que el animal sea domesticado en sus pasiones primitivas, dando lugar al ángel glorioso de los planos edénicos? A través del dolor, que tanto atemoriza a los seres humanos, se alcanza un perfeccionamiento, pues las formas inferiores terminan adquiriendo cualidades superiores. En el dolor "mineral", el carbono bruto se transforma en codiciado brillante; en el dolor "vegetal" la parra podada se cubre más tarde de flores y frutos sazonados; en el dolor "animal" las especies inferiores alcanzan la figura erecta del hombre y en el dolor "humano", el hombre se transfigura en ángel eterno. En verdad, todo eso es un proceso benéfico y sublime, disciplinado por la técnica que transforma lo inferior en superior.[1]

PREGUNTA: - ¿Y sabíais, por acaso, que en la Tierra sufriríais consecuencias que sobrepasarían a las determinadas por vuestro propio compromiso kármico?

ATANAGILDO: – Conforme supe en el Espacio, mi desencarnación debería verificarse entre los 28 y 30 años de edad terrestre, para que después pudiese realizar el rápido estudio que en estos momentos realizo en el mundo astral, a fin de obtener mayores conocimientos necesarios para controlar mi retorno a la Tierra, que probablemente sucederá entre 1965 y 1970, En virtud de las modificaciones que ya se realizaron en el orbe terráqueo, determinadas por el karma del propio planeta, el próximo milenio me ofrecerá una excelente oportunidad para que pueda consolidar las últimas "rectificaciones mentales" para poder retornar más tarde al mundo de donde fui exiliado hace milenios, cuando hubo una selección espiritual semejante a la que se inicia ahora en la Tierra.

1 Nota del médium – Creo que el lector ya notó en esta digresión la influencia del espíritu de Ramatís sobre Atanagildo.

Enfrenté la muerte física muchas veces y tendré que enfrentarla dos o tres veces más, en futuras reencarnaciones. El modo en que se produjo mi deceso en mi última existencia, fue determinado por los ascendientes biológicos de la familia en la cual me reencarné y por eso adquirí aquella enfermedad de los riñones, que era más propiamente fruto de las tendencias hereditarias de la misma.

A través de un proceso desconocido por vosotros, procuré durante el período de mi enfermedad, drenar un resto de toxinas de mi vestidura peri-espiritual. Para eso, el lecho de sufrimiento me hizo demorar el tiempo suficiente para reflexionar sobre mi vida en agotamiento, auxiliándome en el reajuste de mis emociones, así como me favorecía el diapasón vibratorio para realizar un retorno más equilibrado hacia el hogar espiritual en el Más Allá.

Felizmente, no desencarné por accidente o por algún colapso cardíaco, pues la muerte por desprendimiento fulminante violenta siempre al periespíritu y causa sensaciones muy dolorosas para el alma desencarnada, por efecto del cambio brusco hacia el plano astral. Solo almas muy elevadas, que en la materia ya viven completamente afinadas con el plano astral superior, con raciocinios poderosos y voluntad bastante disciplinada, consiguen desencarnar rápidamente sin sufrir o atemorizarse ante cambio tan brusco. Por eso, la forma en que desencarnaron Jesús o Sócrates, resultaría para muchos un suceso penoso, lleno de angustia y desesperación en el plano astral; no obstante, para Jesús, cuya conciencia vivía en contacto permanente con el reino espiritual o para Sócrates, que aceptó la taza de cicuta como un inofensivo brindis de cumpleaños, es obvio que la desencarnación significó apenas una simple operación para libertarse del vestuario denso, desahogando el espíritu que ya habitaba los planos superiores.

PREGUNTA: - Es muy común decir en la Tierra, que los grandes sufrimientos o agonías lentas resultan de grandes culpas del pasado. ¿Hay fundamento en esa afirmación popular?

ATANAGILDO: – Durante una enfermedad demorada, el desencarnante tiene tiempo de ajustar mejor su patrón espiritual, examinando sus acciones, buenas o malas, ocurridas en el mundo material, enfrentándolas con calma y tiempo para extraer de ellas las mejores ilaciones sobre culpas y méritos. Esto no sería tan fácil de realizar luego en las primeras horas de la desencarnación, en virtud de la gran sensibilidad del periespíritu, que reacciona violentamente al menor pensamiento de angustia o miedo. El lecho del moribundo no es el detestado "lecho de dolor" como lo denominan los materialistas y los religiosos engañados por dogmas infantiles; él significa la "antecámara" del gran viaje, que le ofrece la última oportunidad para drenar las toxinas del psiquismo enfermo, pudiendo el espíritu librarse de mucho remordimiento y aflicción en el Espacio, por haberlos corregido a tiempo aún en la Tierra.

Aún en la esfera de los negocios humanos — tratándose de las obligaciones financieras para con la familia que queda y de la orientación espiritual a los descendientes— el alma tiene todavía tiempo de resolverlas satisfactoriamente en el transcurso de prolongadas enfermedades. Y eso sucede, para evitar las vibraciones desordenadas que la familia confusa y desprevenida emite frente a una desencarnación prematura, manifestándolas como súplicas o quejas hacia aquél que partió sin haberse armonizado con las responsabilidades del mundo.

PREGUNTA: - Podríamos saber si, en virtud de las condiciones favorables que gozáis en la metrópoli del Gran Corazón, ya eres uno de los llamados espíritus adelantados, libre de los problemas angustiosos del Más Allá?

ATANAGILDO: – Evidentemente, mi graduación espiritual es buena en relación a las situaciones angustiosas de millares de espíritus infelices que aún viven despavoridos y desamparados en el astral inferior. Sin embargo, la considero bastante precaria cuando la comparo a la situación de las almas superiores que viven más allá de mi presente morada astral. La condición de espíritu adelantado, para mí es muy relativa, pues aun estoy en grados bastante bajos si consideramos la infinita jerarquía de ángeles y arcángeles que nos preceden en la inconmensurable escala sideral.

Represento un modesto grado de conciencia en esa escala espiritual, así como entre vosotros, unos representan grados más adelantados y otros más atrasados de vuestro actual patrón evolutivo. También es cierto que ya pude alcanzar un estado de paz y de comprensión espiritual que me coloca en una posición algo venturosa, comparándola con de la mayor parte de la humanidad terrena, que aun lucha ferozmente por la posesión de tesoros precarios, de galardones dorados o poderes pasajeros, que inevitablemente tendrán que dejar al borde de la tumba. En mi última existencia terráquea no me seducían ya las quincallerías terrenas, que pesan tanto en nuestra economía angélica. Esa paz y comprensión de que os hablé es de naturaleza exclusivamente interior, que representa una incesante sustentación vigorosa y equilibra nuestro espíritu, cuyo valor indiscutible no cambiamos por ningún tesoro o placer seductor del mundo físico.

La comunidad astral del Gran Corazón a la que estoy afiliado en este momento, corresponde a los ideales y propósitos que ya poseía en la Tierra, como preámbulo de mi búsqueda definitiva meta del misterio del espíritu. El escenario exterior de la agrupación espiritual en donde vivo y las relaciones que existen entre sus moradores, son de una tónica que me causa mucha alegría y estímulos para nuevas jomadas evolutivas.

PREGUNTA: - Nos agradaría saber cuál fue vuestro modo de vida en la Tierra, con la finalidad de inspirarnos en vuestro ejemplo de actividades, pues debido a él, alcanzasteis una situación bastante agradable en el Más Allá.

ATANAGILDO: – No guardéis esa gran ilusión; no creo que mi modo de vida en la Tierra pueda serviros de mejor derrotero que aquél que nos legó el insigne Maestro Jesús. A través de su vida tan sencilla y grandiosa en amor y bondad, nos ofreció la definitiva llave que nos abrirá las puertas del cielo. Nuestro júbilo en el Más Allá depende exclusivamente de nuestro modo de pensar, sentir y actuar en el mundo material; pero en todo caso todo éxito se consigne por la mayor o menor integración viva que tengáis con el Evangelio de Jesús. Ya que mi relativa ventura en el espacio dependió exactamente de la aplicación íntima de los postulados evangélicos durante mi vida terráquea, lo más aconsejable y sabio no es que sigáis mis pasos, sino que procuréis resuelta e incondicionalmente la fuente original en la cual me inspiré, que es el admirable Evangelio, el verdadero Código Moral de nuestra evolución espiritual en la época en que vivís.

PREGUNTA: - Cuando fue realizado vuestro funeral, ¿sentisteis alguna irradiación nociva proveniente de la mente de vuestros compañeros?

ATANAGILDO: – No tuve conocimiento de mí funeral, porque perdí la conciencia de mi mismo inmediatamente después de mi desencarnación; cuando desperté ya me encontraba en aquel agradable refugio astral que describí anteriormente. En el trabajo sidéreo desempeñado por los Mentores Espirituales, siempre se evitan acontecimientos que no produzcan más influencias o modificaciones en lo íntimo de nuestra alma. Mi presencia en espíritu en el funeral de mi cuerpo físico, sólo hubiera sido provechosa si necesitara evaluar la reacción psíquica de aquellos que me rodeaban en el mundo material o si necesitara saber la posición mental que tenía para conmigo algún adversario dejado en la Tierra. Pero yo partí de la corteza terrestre sin pesar y sin tener diferencias vibratorias con nadie, exceptuando cierto resentimiento que sentía hacia mí Anastasio,

Yo ya poseía un buen entrenamiento psicológico en el contacto humano y había rescatado con paciencia la deuda kármica que tenía con mi último adversario del pasado. Aquello que yo podría aquilatar y concluir durante la realización de mi entierro corporal, ya lo había conseguido mucho antes de desencarnar.

PREGUNTA: - Aún con la idea de que nos podría ser útil conocer algo del tenor de vida terrena que os proporcionó algunos beneficios en el Más Allá, nos agradaría que nos dieseis una idea sobre vuestros propósitos generales cultivados en la Tierra. ¿No seremos indiscretos o descorteses con el hermano?

ATANAGILDO: – Yo sólo soy una centella espiritual, cuya vida está íntimamente ligada a vuestros destinos; en consecuencia, no hay descortesía al pedirme que relate aquello que es de mutuo interés y que puede servir de aprendizaje educativo. Desde muy joven ya era bastante devoto de la filosofía ocultista, profundamente interesado en saber el origen y el destino del alma, por cuyo motivo compulsaba con bastante frecuencia todas las enseñanzas oriundas de la tradición mística hindú o de los viejos conocimientos egipcios. Cuando fui recibiendo un poco de luz espiritual, comencé a vigilar todos mis pensamientos y a controlar mis juicios sobre los demás, así como el domador vigila a las fieras que pretende domesticar.

Me esforcé muchísimo para destruir el germen dañino de la maledicencia, tan común en las relaciones humanas, que constituye un mal hábito tan disfrazado, que llega a embaucarnos aún inconscientemente. Aunque tuviese razones lógicas para juzgar a alguien, prefería dejar de lado el asunto y no emitir pareceres anti fraternos; vivía despreocupado de historias pecaminosas y de comentarios sobre las imperfecciones ajenas. Solía apartarme de anécdotas indecentes evitando rebajar el lenguaje o el pensamiento hacia nuestra compañera de existencia, que es la mujer, a la que tuve sumo cuidado de tratar con elevado respeto, viendo en ella a la hija, la hermana, la esposa o a la madre. Ese respeto lo extendí inclusive a las infelices hermanas que decaen para las torpezas de la prostitución de la carne.

Era particularmente simpático y entusiasta con todo lo que tendiese a un sentido universalista y educativo, respetando el fondo espiritual de todas las religiones y doctrinas sectarias, aunque muchas veces no podía sustraerme a la necesidad de aclarar mis principios a los religiosos aún encadenados a sus dogmas. Me esforzaba por derribar la extensa maleza religiosa creada por la ignorancia humana, sin que con eso buscase ofender a sus fieles adeptos. No me preocupaba la idea de saber quién era mejor – si el pastor protestante, el sacerdote católico, el adoctrinador espirita o el instructor esotérico o el teósofo – y reconocía en todos el esfuerzo para enseñar a la humanidad a dirigirse hacia Dios.

Sin duda alguna no podía traicionar mis nuevos propósitos en el mundo, ni olvidar aquello que me beneficiara tanto con la paz y la comprensión íntima, por cuyo motivo pregonaba la Ley de la Reencarnación y la Ley del Karma de un modo positivo e insistente, transmitiendo al hombre moderno nuevos conceptos que aclaraban y valorizaban la Bondad, el Amor y la Sabiduría de Dios. Tampoco alentaba la ingenua ilusión de salvarme espiritualmente por el solo hecho de manosear compendios de elevada enseñanza espiritualista, en forma de conocimientos esotéricos, teosóficos, espiritistas, rosacruces, etc., pues, consideraba todo aquello como si fueran linternas que mucho podían auxiliarme en el encuentro de mi mismo.

Antes que nada, me interesaba el estado de armonía espiritual con todos mis hermanos, sin hacerlo directamente por sus doctrinas y preferencias. Nunca tuve tampoco pretensiones o vocación para "salvar" a profesantes de credos, sectas o religiones, o defender principios religiosos entre adversarios, con la ingenua vanidad de querer demostrar mayor conocimiento de la Verdad. Tenía la firme convicción de que al discutir con el hermano adversario de otro credo lo disgustaría, cosa que me parecía bastante anti-evangélica; por otro lado, si fuesen derrotados mis argumentos para defender el sistema religioso que me simpatiza, sin duda expondría al ridículo aquello que no supiese defender satisfactoriamente.

Entendía y entiendo que "sólo el amor salva al hombre" y no credos o filosofías, por geniales que éstas sean. Aunque era insaciable en el conocimiento e incesantemente en busca de nuevos bienes para el espíritu, acostumbraba realizar consultas íntimas con Jesús cada vez que me enfrentaba con problemas de orden fraterno, religioso, moral o desfavorables para mis hermanos. Para mí fue fácil vivir con todos y sentir placer en esa afectividad incondicional, porque evité siempre volverme sectario o intolerante, algo así como la prolongación enferma de una doctrina o religión.

PREGUNTA: - Por lo que nos decís, deducimos que preferíais ser un cristiano a ser adepto específicamente de un credo religioso, ¿no es así?

ATANAGILDO: – Exactamente; muchas veces, inspirándome en el Cristo, llegaba a tener recelo de afirmar que era cristiano y tenía el digno propósito de no querer diferenciarme de mis hermanos budistas, musulmanes, taoístas, judíos, hinduistas o confucionistas, quienes por su índole psicológica particular y atendiendo a su clima emotivo, siguen doctrinas anteriores a las que se inspiraron en los postulados dejados por Jesús.

Si los occidentales eran cristianos por seguir al Cristo-Jesús, me decía la "voz divina" que para estar con todos, debía de ser antes "crístico" y no "cristiano", pues mientras ser cristiano es integrarse exclusivamente al conjunto de los seguidores del Rabino de Galilea, ser "crístico" es fundirse con el principio del Amor, que es la esencia de todos los seres creados por Dios. Siendo el Cristo la segunda manifestación cósmica e indisoluble del propio Amor de Dios, aquel que se dice crístico está siempre listo para comunicarse amorosamente con todos los seres sin fijarse en la procedencia de los postulados religiosos cada uno. Gracias a mi incesante disposición de afecto incondicional y acentuada despreocupación por los bienes materiales o preconceptos de moda, mi desencarnación no produjo choques excesivos en la estructura de mi periespíritu, pues había logrado cierta "afinación" vibratoria que me ayudó mucho en la ascensión hacia el lugar donde obtuve reposo reconfortante. Esta fue una de las razones por las cuales también me libré de las situaciones incómodas de la ceremonia fúnebre.

PREGUNTA: - ¿No es mejor seguir el camino religioso, doctrinario o filosófico que más se afine con nuestra psicología espiritual? Decimos esto porque aún sentimos cierta resistencia para tomar parte en una fusión general de religiones, en la cual perderíamos nuestra característica de simpatizantes de determinado credo. ¿Qué nos decís al respecto?

ATANAGILDO: – No olvidéis que os estoy dando apenas noticias de mi experiencia particular y que además, es el caso personal de un espíritu. Esa fue mi índole, que me hizo incapaz psicológicamente de aislarme en un círculo religioso o doctrina particular, aunque yo siempre guardé simpatía por las corrientes espiritualistas yogas de la India, en cuya región reencarné mayor número de veces.

De modo alguno defiendo la mezcla de conjuntos religiosos, pues es obvio, que con eso se ganaría en cantidad, pero se perdería en calidad. Dentro de la ética avanzada del Espiritismo, basado en el Código Moral del Evangelio, la orden a cumplir es de amor incondicional y de respeto absoluto por cualquier doctrina o secta, sea que se encuentre más acá o más allá de los postulados espiritistas. Cuando me dediqué al estudio de la codificación de Kardec, mi coeficiente de ternura, afecto, tolerancia y fraternidad, se amplió aún más, así como la lluvia beneficia al terreno resecado y renueva la savia de la planta marchita. Todo depende, por lo tanto, del sentido en que toméis vuestro camino, porque si los credos son de los hombres, el Amor de Jesús es doctrina de Dios.

La Sobrevivencia del Espíritu

Capitulo III

Nociones sobre el periespíritu y sus delicadas funciones

PREGUNTA: - En virtud de las dificultades que en la vida física nos impiden conocer con exactitud la vida del espíritu desencarnado, nos podrías dar detalles sobre la naturaleza del periespíritu después de la muerte del cuerpo físico?

ATANAGILDO: – Desde que comprendáis que un espíritu no es ningún fantasma compungido o consagrado por leyendas fantásticas del pasado, o un producto virtual de la imaginación del médium, creo bastante conveniente que indaguéis sobre la secuencia de nuestra vida espiritual, lo que mucho os podrá auxiliar después de la desencarnación.

PREGUNTA: - A pesar de que numerosas obras espiritas ofrecen detalles minuciosos sobre la naturaleza y estructura del periespíritu, aún no pudimos formular una idea exacta de ese cuerpo astral después de desencarnados, y por ese motivo apreciaríamos que nos ayudaseis a aclarar nuestras ideas al respecto. Por ejemplo, ¿nos podríais explicar cómo sentís vuestro periespíritu, o si no, como él se os presenta en estos momentos?

ATANAGILDO: – Me siento más vivo, mucho más que cuando estaba encadenado al pesado cuerpo de carne que dejé en la sepultura. Ese cuerpo sobreviviente que denomináis "periespíritu" es mucho más complejo y más valioso que el organismo físico, pues el cuerpo denso está estructurado para que él hombre viva en la Tierra por un período que oscila de 60 a 80 años; por esa causa la técnica sideral lo proyecta en el campo de las fuerzas planetarias dentro de una resistencia prevista para ese tiempo medio de vida. El periespíritu, sin embargo, es una organización definitiva, cuya vida no está sujeta a las medidas del calendario humano; su constitución tuvo comienzo hace algunos millones de años terrenos, durante los cuales se vino plasmando a través de todos los reinos de la naturaleza y en el seno de todas las especies inferiores.

Durante ese prolongado y progresivo desarrollo, se acumularon en él las energías fundamentales, se plasmaron los órganos y los sistemas etéreo-astrales hasta alcanzar el progreso y la sensibilidad suficiente para servir como el más valioso vehículo intermediario entre el mundo invisible de los espíritus y el mundo físico de los encarnados.

Todavía son raras las criaturas que perciben la complejidad de los órganos y actividades del periespíritu, cuyo equipo tanto preexiste al nacimiento físico como sobrevive después de la muerte carnal.

PREGUNTA: - Según hemos observado, la mayoría de las personas aún piensa que el periespíritu es un cuerpo formado por éter flotante, que vaga por allí a voluntad del espíritu y no posee organización o función alguna que se parezca al cuerpo físico. ¿Qué nos decís?

ATANAGILDO: – No ignoro que algunas personas imaginan al periespíritu como si fuera una nube de humo o una masa vaporosa de aspecto informe que vaga de un lado a otro, pero que todo lo ve, oye y siente, como si un pedazo de nube tuviera inteligencia y vida propia.

Si yo fuera una de esas configuraciones etéricas volátiles, es obvio que en estos momentos no podría posar mi mano en la cintura, como lo estoy haciendo, pues sería de creer que esa mano se estaría apoyando en la masa gaseosa de la cual se supone que estoy formado. La verdad es que al apretar mi cintura etéreo-astral tengo el sentido del tacto y además, una percepción de vida mucho más viva que si estuviera en el cuerpo físico.

Actúo en un campo vibratorio excesivamente más dinámico y fenoménicamente más elástico en comparación al plano letárgico y pesado de la materia.

PREGUNTA: - ¿Por qué causa vemos entonces en las fotografías de materializaciones, a los espíritus tan deformados?

ATANAGILDO: – Tenéis algo de razón en la pregunta, pues en las fotografías de materialización de espíritus, o durante la producción de ese fenómeno, nuestras figuras aparecen borrosas, fluídicas, inestables y sin continuidad, parecería que se estuvieran moviendo en medio de una masa gaseosa, como si fueran nubes de algodón con movimientos espasmódicos y deformantes. También sé, que a veces nos veis semejantes a máscaras carnavalescas, cuyos ojos, bocas y narices horrendas no solo asustan a los neófitos como hasta a los mismos frecuentadores de sesiones de efectos físicos, que nos juzgan recién salidos de un mundo mórbido y lúgubre en el cual es posible que solo vivamos deshaciéndonos y recomponiéndonos incesantemente en media del humo lechoso del astral. Todo eso resulta de las grandes dificultades que se presentan en el trabajo, debido a los tipos de ectoplasma de ciertos médiums, pues en muchos de ellos la fluidificación es ruda y primaria, producida en centros orgánicos demasiado instintivos sin la sutilización vibratoria suficiente para conformar todos los detalles y contornos de nuestra verdadera configuración periespiritual. En verdad nuestra apariencia es otra, pues los espíritus cuanto más evolucionados son, tanto más se manifiestan bellos y rejuvenecidos en su aspecto humano; sus modos son agradables, tienen cierta gracia y liviandad, que podría compararse a los delicados movimientos de los pájaros.

PREGUNTA: - Hemos observado que aún algunos de los espiritualistas más estudiosos no disimulan su sorpresa, cuando se les dice que el periespíritu posee órganos muy parecidos a los del cuerpo físico. ¿Es razonable tanta sorpresa?

ATANAGILDO: – Es verdad que muchos espiritualistas todavía se escandalizan con esa idea, que les parece absurda, de los desencarnados poseer semejantes y más complejos que los del cuerpo grosero de carne. ¿Cómo se podría convencer a todos los ciudadanos terrenos, ante un asunto tan discutido en vuestro mundo, como es el de la naturaleza de nuestro cuerpo astral? De un lado, afirman algunos que no pasamos de masas gaseosas simulando mórbidas caricaturas humanas; del otro, existen los que no nos consideran simplemente como un vapor astral, pero que no quieren admitir la fisiología importantísima del periespíritu y su semejanza con la configuración carnal, dado que no pueden concebir la idea de corazón, pulmones o hígado funcionando dentro de un cuerpo periespiritual.

Están los religiosos dogmáticos que nos consideran como almas en pena, sufriendo el castigo de las llamas del infierno, o de lo contrario, como si fuéramos mariposas en eterno vuelo sin reposo, en medio de las "nubes" amigas, o extasiadas en el cielo contemplando la "cara" de Dios. También están aquellos que persisten en creer que detestamos a los parientes, afectos o apegos a las cosas que dejamos en el mundo terreno del pecado y que por esa causa, no abandonamos el cielo para visitarlos afectuosamente. Otros nos consideran una prolongación viva de nuestras ideas y responsabilidades, viviendo en un ambiente sensato y sin hiatos violentos, que poseemos cuerpos adecuados a las relaciones con el medio astral, pero nos temen como espantajos o figuras enfermas y caricaturales de un mundo melancólico.

PREGUNTA: - ¿No tenéis aún la sensación de estar ligado a un cuerpo con exigencias orgánicas, semejantes a la del cuerpo carnal?

ATANAGILDO: – Es necesario comprender que los órganos del cuerpo físico, como lo manifesté varias veces, son apenas copias resumidas de los moldes o matrices orgánicas esculpidas en la sustancia etéreo-astral del periespíritu y que hace muchos milenios constituyen su verdadera fisiología.

En estos momentos que me estoy comunicando con vosotros —y no tengáis la menor duda— estoy sintiendo latir mi corazón a un ritmo perfecto y fácilmente controlable por mi desarrollada fuerza mental; puedo acelerar o reducir sus movimientos de diástole y sístole. Basta imponer mi voluntad y ese magnífico órgano etéreo-astral modificará el ritmo de su pulsación común en el ambiente que vivo, cosa que aún no podéis hacer con vuestro corazón carnal, aunque os puedo asegurar que el hombre alcanzará en el futuro ese resultado tan admirable.

Actualmente los hombres terrenos aceleran inconscientemente sus órganos físicos cuando actúan sobre los originales residentes en el periespíritu, aunque infelizmente no lo hacen por madurez espiritual, sino a través de la violencia, del descontrol o de la irascibilidad, o como consecuencia de la cólera, del odio, de los celos o del amor propio ofendido.

No habéis observado, por acaso, que las criaturas que más sufren de los intestinos, del duodeno o del hígado, son las que generalmente se quejan de ser nerviosas o exageradamente sensibles? La verdad es que ellas son mental y psíquicamente descontroladas, por eso viven molestando a los órganos del periespíritu y lesionando continuamente sus contrapartes físicas.

PREGUNTA: - Pensamos que vuestro equilibrio periespiritual actual se debe en gran parte a los estudios mentalistas a que os dedicasteis cuando estabais encarnado, ¿no es verdad?

ATANAGILDO: – Insisto en recordaros que no se alcanza santificación ni se consigue genialidad como por un simple toque de magia o de ociosidad mental. Sin duda la Tierra es nuestra escuela primaria de educación espiritual, y ay de aquellos que subestiman sus valores educativos, con la ingenua creencia de que después podrán desenvolver todos los poderes en el Más Allá. Sé que muchas criaturas en vuestro mundo militan en las esferas católica, protestante, espirita y en círculos esotéricos, pero que no se interesan por ningún estudio o lectura aprovechable que les despierten otros valores además de la cómoda contemplación sectaria. Evidentemente esperan el pretendido milagro que les compense la ociosidad mental y los torne señores de la mente ni bien abandonen el cuerpo físico, que ellos creen ser la causa de su tropiezo psíquico en la Tierra. Cuando me encontraba en mi última encarnación, estudié detenidamente la ciencia de la respiración yoga; eduqué entonces la voluntad y la apliqué poderosamente sobre las zonas respiratorias, consiguiendo acentuado poder sobre mis pulmones. Con ese ejercicio disciplinado, conseguí el control mental de los pulmones originales de mi periespíritu.

Por medio de cierto método yoga, que no cabe describir en esta obra, aprendí a descarbonizar la sangre y hacerla más pura, aprovechando con éxito tanto el oxígeno de la corriente arterial, como liberando inmediatamente las cuotas de oxigeno que en la corriente venosa se reunían en forma de anhídrido carbónico.

También acostumbraba inundar completamente de aire los pulmones actuando por medio de la respiración baja, media y alta, tan familiar a los "hatha-yogas", para que la más diminuta cantidad de aire purificado por la mente y controlado por la voluntad, alcanzara el extremo del ápice pulmonar y expulsara cualquier residuo nocivo para la integridad pulmonar y la renovación sanguínea. Como los pulmones físicos son copias exactas de los pulmones periespirituales, es obvio que perseverando en ese ejercicio energético no solo activaba los órganos carnales y purificaba todo el sistema respiratorio, sino que obtenía excelentes resultados en el mejoramiento de los pulmones periespirituales, que actualmente me relacionan óptimamente con el medio astral. En consecuencia, es lógico que en el presente deba mucho de mi equilibrio periespiritual a la feliz conexión entre mis fuerzas mentales, algo desarrolladas, conjugadas de propósito con el metabolismo psico-físico respiratorio.

PREGUNTA: - ¿Nos podéis decir si los desencarnados en general, se preocupan por la salud periespiritual, tal como hacemos nosotros con el cuerpo físico?

ATANAGILDO: – Eso es natural, pues cuando fui recibido en la metrópolis del Gran Corazón, los técnicos examinaron las condiciones de mi salud etéreo-astral y me felicitaron por el excelente estado de mis pulmones, por cuya limpidez y transparencia —me aseguraron— parecían dos órganos confeccionados en láminas de cristal iluminado. No hago constar este detalle por pura vanidad, sino para recordaros que siempre recogemos los resultados de nuestra buena o mala siembra.

No debo eximirme de informaros que debo mucho de mi salud periespiritual al hecho de haber sido sistemáticamente adverso al uso del tabaco, del alcohol y a las toxinas provenientes de las gorduras de las carnes de animales abatidos. Aunque por medio del periespíritu tenga aún la sensación de poseer un cuerpo similar al físico en su metabolismo, no os puedo describir la plenitud de mi gozo sideral producido por una circulación astral exenta de cualquier estigma terreno.

Si os basáis en el peso y en la constitución grosera del cuerpo material, tenéis razón en oponer dudas a lo que estoy exponiendo; pero para el hombre del futuro, después que alcance una fuerte y esclarecida voluntad y maneje conscientemente su potencial de fuerzas mentales, ha de saber restablecerse de sus enfermedades sometiendo todos sus órganos materiales bajo la dirección inteligente del espíritu.

PREGUNTA: - ¿Tuvisteis la guía de alguna doctrina espiritualista o experimentaciones técnicas, conocidas por nosotros, para conseguir vuestro desarrollo psico-mental?

ATANAGILDO: – Examiné a fondo todas las fuentes de conocimiento espiritualistas que me pudiesen abrir caminos en la densa maraña de la vida humana; me entregué decidida y tenazmente a prácticas respiratorias y purificaciones mentales. Aprendí a absorber el magnetismo vitalizador del ambiente, el tradicional "prana" de los orientales, entrenamiento que me fue utilísimo después de la desencarnación. Adopté la alimentación vegetariana y repudié todos los alimentos tóxicos, perniciosos para la salud y que fatalmente serían también nocivos para la armonía de mi periespíritu. Evité el sometimiento fanático a cualquier tipo de secta, así como o el afincamiento incondicional de mi persona a cualquier institución religiosa, no obstante reconocer todas sus extraordinarias contribuciones en favor de la Verdad.

PREGUNTA: - ¿Queréis decir que aún siendo portadores de virtudes que nos elevarían a planos superiores, todavía tendremos que sufrir las consecuencias de ciertos descuidos con los principales órganos del cuerpo físico?

ATANAGILDO: – Si en realidad creéis que todos los órganos físicos son duplicados o copias perfectas de los originales existentes en el periespíritu, también debéis comprender que tanto el celo como el descuido humanos producen efectos duraderos en esos órganos tan delicados y valiosos. En el caso del cigarrillo, por ejemplo, aunque fumar no signifique un pecado contra Dios, debéis considerar que cuando el tabaco se carboniza desprende sustancias astrales etereo-astrales nocivas que lesionan los delicados pulmones y causan dificultades al espíritu después de la desencarnación.

PREGUNTA: - Nos habéis dicho que cuando estabais en la Tierra ya habíais aprendido a dominar vuestros órganos respiratorios, para lo cual mucho contribuyeron vuestros estudios espiritualistas. No obstante, la mayoría de los religiosos y también algunos espiritas no creen en los resultados alcanzados por vos. ¿Qué nos decís al respecto?

ATANAGILDO: – La voluntad desarrollada y la mente disciplinada con dignidad tanto pueden remover los impedimentos del cuerpo físico, como controlar las propias operaciones que realizan los órganos autónomos y desarrollarlos a satisfacción dentro de una óptica sana. Es natural que no den crédito aquellos que no alcanzaron aún el dominio espiritual sobre sí mismos, esperando que algún mago de feria les revele en plaza pública los misterios que siempre fueron guardados bajo el respeto de las instituciones iniciáticas. O los poderes conquistados por almas sensatas y heroicas. Los estudios en ese sentido siempre fueron apreciados por los orientales, porque ellos no se dejan acondicionar exclusivamente a los fenómenos transitorios de los cinco sentidos.

Vosotros sabéis que algunos faquires se han sometido a experiencias en determinados centros médicos de Europa, y aunque se trate de experiencias comunes y a veces hasta inconvenientes, han comprobado la fuerza real del pensamiento al demostrar absoluto control mental sobre el metabolismo de sus cuerpos físicos. Conviene recordar los casos de aquellos que se dejan enterrar vivos, en estado cataléptico, muy semejante a la moderna hibernación científica. Hay magos que aceleran o retardan su pulsación cardíaca, actuando deliberadamente sobre los centros térmicos de sus organismos, provocando temperatura helada o caliente; otros invierten las funciones peristálticas del intestino y apresuran la diuresis o la producción de jugos gástricos y pancreáticos. Si algunos hombres sin grandes atributos crísticos, pero tercos y tenaces en su disciplina física consiguen ejercer dominio y control en sus cuerpos carnales, dirigiéndolos a su antojo, es lógico que ese dominio aquí en el astral puede alcanzarse de modo más positivo y con amplio éxito, porque ya estamos libres de las cadenas de la carne.

Esos fenómenos se consiguen en vuestro mundo por la exitosa actuación de la voluntad entrenada sobre el periespíritu y en consecuencia, los órganos etéricos reaccionan sobre su doble físico, bloqueando funciones o incentivando el dinamismo material. Sabéis que en hipnosis, el paciente al recibir sugestiones imperiosas del hipnotizador, y actuando a través de reflejos acondicionados, actúa en sus centros térmicos y tanto puedan bajar como elevar la temperatura, bajo la voluntad de aquel que lo induce a sentir frío o calor. También sabéis que la voluntad del hipnotizador puede hacer retroceder la personalidad adulta del hipnotizado, obligándolo a escribir hasta con los garabatos que le eran propios en la infancia.

Si aún en representaciones comunes en palcos públicos, se demuestra la capacidad mental que el hombre puede alcanzar apenas por medio de perseverancia y tenacidad, imaginad entonces lo que podemos realizar con la sabiduría del espíritu, visando fines nobles.

PREGUNTA: - Lo que nos informaste sobre la existencia de órganos en vuestro periespíritu, como corazón, hígado, estómago e intestinos, nos deja algo intrigados, pues suponíamos que ya estuvieseis exento de funciones fisiológicas, ya que vuestro cuerpo es espiritual.

ATANAGILDO: – En primer lugar, os recuerdo que mi cuerpo espiritual nada tiene de excepcional con relación al vuestro, lo único que varía es su durabilidad, por ser una organización definitiva. Además, la nutrición periespiritual se ejerce por medio de osmosis magnética, por absorción y eliminación de magnetismo del medio ambiente. No obstante, según el grado de materialidad de los recién llegados de la Tierra, él exige recursos afines y más densos para atender su metabolismo astral, fuertemente condicionado todavía a las funciones pesadas del cuerpo físico. El periespíritu posee un automatismo permanente, resultante de la onda de vida que fluye por é y lo sustenta, automatismo que tuvo su impulso inicial hace muchos milenios. Debido a ese poderoso impulso, que no solo mantiene coheso el periespíritu sino que lo vuelve sensible a su memoria etérica, cimentada en la conciencia individual del espíritu, es imposible destruir esa delicada e importante organización. Aunque muchas almas delincuentes sufren horrores en la Tierra y por eso se desesperan a tal punto que pretenden eliminar definitivamente su personalidad como entidad consciente, resultándoles imposible, porque jamás podrán neutralizar la onda vital que se formó muy lejos, en la marea de la vida planetaria. El periespíritu es un organismo tan sabio, que es capaz de corregir casi todos los descuidos del espíritu y obedecer dócilmente a las leyes inmutables que le regulan el intercambio entre el mundo espiritual y el material. Este sabio e inteligente automatismo se transfiere al cuerpo físico en cada encarnación del espíritu, para que pueda controlar los fenómenos que pueden dispensar el nivel consciente.

PREGUNTA: - ¿Podríais explicarnos con más claridad ese "automatismo" del periespíritu?

ATANAGILDO: – Para comprenderlo mejor os basta notar que, bajo la acción de ese automatismo milenario el hombre no necesita pensar para dormir o andar, ni para promover la asimilación nutritiva y la producción de jugos y hormonas, dispensando también el control personal sobre los fenómenos de secreción de toxinas, sudores o sustancias peligrosas para la integridad física. Vuestro cuerpo en estos precisos momentos que me estoy comunicando con vosotros, realiza centenas de funciones, sin necesidad de que intervengáis en el fenómeno, ¿no es verdad? Gracias a esa inteligente dirección y capacidad de control automático y milenario del periespíritu, los usos y recuperaciones de energías se efectúan bajo una elogiable disciplina, para el rápido progreso y perfeccionamiento del espíritu. También podréis comprobar la existencia de ese sabio automatismo del periespíritu, durante su separación en el proceso creado por la anestesia, cuando baja la temperatura del cuerpo físico y disminuyen sus funciones orgánicas, como si el patrón se apartase del establecimiento y los empleados eludieran sus responsabilidades laborales...

Esas energías características del periespíritu desarrollan su máxima capacidad en verano, estación conocida por los astrólogos bajo la designación del "Gran Creciente", en cuya época el magnetismo periespiritual se hace más activo, y las uñas, los vellos y los cabellos crecen con más rapidez que en invierno. Existen pueblos que obedecen tan rigurosamente a esa "creciente" que poseen cabellos y uñas fuertes, porque solo los cortan al ras en invierno, en perfecta armonía con el tiempo de la poda de las plantas. Ellos saben que si los cabellos fueran cortados en verano se perderá la gran cantidad de savia que sube más vigorosamente en el creciente y después hará falta al vigor del cabello.

El conocimiento avanzado de esa maravillosa organización que es el periespíritu, cuyo alto valor la mayoría de los hombres ignora, os permitirá solucionar muchos problemas, como son las parálisis, epilepsias, dolencias extrañas y disturbios nerviosos, porque él es realmente el principal organismo donde se asienta la onda de vida que fluye por la constelación solar y se disemina después a través de los planetas y de la propia Tierra, para entonces infiltrarse por los reinos inferiores, nutriendo al reino vegetal, animal y hominal.

Conviene destacar la gran importancia y preponderancia que tiene el periespíritu sobre el cuerpo físico, puesto que es la matriz, el molde, es decir, el origen de la organización de la carne y el principal "detonador" de todos los fenómenos corporales proyectados por la mente humana. He ahí entonces por qué posee para sus funciones etéreo-astrales: corazón, hígado, bazo, páncreas, estómago e intestinos, de sustancia idéntica a la del medio astral, inclusive las reminiscencias de algunos órganos físicos ya atrofiados y algunos nuevos proyectos de accesorios orgánicos que servirán al hombre del futuro.

PREGUNTA: - Cierta vez, al tratar ligeramente este mismo asunto, empleasteis la expresión "caída específica del periespíritu". ¿Qué significa eso?

ATANAGILDO: – El periespíritu, bajo una acción mental elevada, respira magnetismo purificado, pero sometido a violencia psíquica y emotiva, se debilita e intoxica, transformándose en punto de convergencia de energías del bajo astral. Su magnetismo, cuando se densifica, aumenta de peso específico, es decir, su peso normal y natural, haciéndolo precipitarse en las regiones infernales, mientras que, actuando a través de pensamientos sublimes, se afina y purifica, elevándose hacia planos sutiles después que haya abandonado el cuerpo físico. En este fenómeno de la ciencia trascendental se comprueba la precisión de las enseñanzas de Jesús, cuando decía que: "los humildes serían exaltados y los exaltados serían humillados".

El Maestro aludió veladamente el peso específico del periespíritu, que tanto se adensa en la exaltación de la cólera y del orgullo, como se afina y se eleva en la humildad y en la bondad. La cólera pone de manifiesto la debilidad del espíritu y confirma la debilidad del carácter, pues aquel que se encoleriza pierde la dirección de su comando mental y cede al impulso del instinto animal, se oscurece la mente y se aniquila la voluntad. La irascibilidad siembra la discordia y conduce a la rebelión, transformando al hombre racional en un loco momentáneo. Por eso, cuando el periespíritu es sometido a tal proceso por el hombre exaltado y descontrolado, se llena de sombras y fulgores siniestros que lo sobrecargan del hollín gaseoso del bajo astral, para donde entonces se inclina en "caída específica" debido al aumento de su peso magnético.

PREGUNTA: - Pero es obvio que si vuestro cuerpo actual tiene intestinos, hígado, riñones, páncreas, etc., no es porque los necesitáis, ¿no es verdad? A nosotros no nos parece que debáis atender a ningún tipo de metabolismo semejante al del cuerpo carnal que dejasteis en la Tierra.

ATANAGILDO: – El haber manifestado que poseo órganos semejantes a los del cuerpo físico no implica afirmar que el metabolismo del periespíritu sea idéntico al del cuerpo carnal. Esos órganos continúan sirviéndome, pero en funciones parecidas a las de la materia, pero no iguales, pues la nutrición del periespíritu es muy diferente y condicionada al plano astral que habito.

Sería inconcebible que teniendo un cuerpo fluídico, continuase ingiriendo alimentos idénticos a los de la Tierra. Durante la absorción pránica, o sea energía magnética del astral —en la cual me había ejercitado cuando estaba encarnado— se producen en el metabolismo del periespíritu, transformaciones químicas mucho más acentuadas (y de naturaleza trascendental) que las que se elaboran para la alimentación y sustento del cuerpo físico. Los residuos de las substancias astrales consumidas por el periespíritu también tienen que desecharse al exterior, disolviéndose en el medio ambiente por un proceso que denominamos "emanaciones residuales". Hace mucho tiempo que me ajusté a esa alimentación magnética y solamente cuando desciendo a las regiones del astral inferior, es cuando consumo jugos etéricos de frutas o inclusive caldos de esencias reconfortantes, pues en los puestos de ayuda astrales, cerca de los pantanos astrales, sólo se encuentran horribles alimentos pastosos, que exhalan un olor semejante al de las carnes hervidas, ya que solo así se puede satisfacer el apetito de esos infelices desencarnados que aún recuerdan sus comestibles predilectos de la Tierra y sufren horriblemente por no adaptarse a otra alimentación.

PREGUNTA: - Y esos órganos del periespíritu, semejantes a los del cuerpo físico, permanecerán definitivamente en el cuerpo periespiritual?

ATANAGILDO: – A medida que el espíritu va ascendiendo hacia esferas más distantes de la materia, los órganos del periespíritu se van atrofiando a causa del poco uso; pero mientras necesite de encarnaciones en los mundos físicos, tendrá que mantener en actividad los órganos de su periespíritu, que son las contrapartes etéricas y exactas de los órganos físicos. En los espíritus de cierta elevación, que se acostumbraron a la nutrición astral y están ligados a la vida sutilísima del plano mental, el periespíritu se va volviendo obsoleto y se encamina entonces hacia el fenómeno de la "segunda muerte" en el mundo astral, porque tales entidades no solamente ya se inmunizaron contra las emociones humanas alimentadas por los fluidos astrales del "mundo de los deseos", sino que también ya están dispensados definitivamente de renacimientos en la carne. Pasan entonces al plano mental concreto, que les es inmediato, donde los espíritus pasan a vivir instintivamente todo aquello que crearon y pensaron.

Todo esto prueba la exactitud de la ley según la cual "la función hace al órgano", pues según ya expliqué, las matrices originales del periespíritu modelan los órganos físicos en cada nueva encarnación, pero se atrofian en el futuro por la falta de empleo en el ambiente astral. Solo entonces la alimentación del espíritu será exclusivamente mental, y él podrá dispensar el periespíritu y ahorrarse los cuidados de mantenerlo activo para usarlo en encarnaciones futuras. Claro que habiendo alcanzado tal progreso y habitando definitivamente en un plano tan sutil, el espíritu podrá dispensar el uso del hígado, estómago, intestino, riñones, dientes, y una infinidad de cuidados como los que necesitáis tener con vuestro cuerpo carnal.

Esa es la causa del porqué yo también tengo todavía un periespíritu con órganos etérico-astrales, parecidísimos a los que ejercen igual función en el cuerpo físico. Es ese organismo etérico sobreviviente y tan diestro que aún deberá servirme como bendito instrumento de vínculo con la carne en mi próxima encarnación en el Brasil, aproximadamente para el año 1970. Si más tarde alguno de vosotros me llega a identificar en la ciudad de San Pablo, les aseguro que se encontraría con un bebé robusto, pues estaré dotado de una excelente salud y principalmente de un corazón tan sano y equilibrado como éste que palpita ahora en mi pecho y que será el molde original de ese futuro órgano físico en la carne.

También os aseguro que poseeré mucho equilibrio psico-físico, porque nos materializamos en la corteza terrestre en perfecta conformidad con el producto de nuestras creaciones mentales y espirituales. Como he mantenido con disciplina y cuidado las energías de mi cuerpo periespiritual, la Ley Kármica me concede el derecho de poseer un organismo de acuerdo a esa dedicación esmerada.

Fisiología del Alma

Capitulo XX

Consideraciones sobre el origen del cáncer

PREGUNTA: - ¿Podéis decirnos si el cáncer es una enfermedad originaria del medio planetario que habitamos?

RAMATÍS: – Ya os dijimos anteriormente que el cuerpo físico es una prolongación del propio periespíritu actuando en la materia. Podéis compararlo a un vasto "papel secante" capaz de absorber todo el contenido tóxico producido durante los desequilibrios mentales y los desarreglos emotivos del alma. Cualquier desarmonía o daño físico del cuerpo carnal debe, por eso, ser examinado o estudiado teniendo en cuenta al individuo todo, o sea su conjunto psicofísico. El cuerpo humano, además de sus actividades propiamente fisiológicas, está relacionado con una vida oculta, espiritual, que se elabora primeramente en su mundo subjetivo, para después manifestarse en el mundo físico.

El espíritu es uno en su esencia inmortal, pero su manifestación se procesa en tres fases distintas: él piensa, siente y actúa. En cualquier aspecto que sea analizado o en cualquiera de sus acciones, debe ser considerado bajo esa revelación triple que abarca el pensamiento, el sentimiento y la acción. Y para mayor éxito en el verdadero conocimiento del hombre, es conveniente saber que él es también la misma unidad cuando manifiesta sus actividades morales, intelectuales, sociales y religiosas. De este modo, ya sea en la enfermedad o en la salud, no existe separación entre el pensamiento, la emoción y la acción del hombre.

En cualquier acontecimiento de su vida, ha de revelarse siempre una sola conciencia, en un sólo todo psíquico y físico; en una sola memoria forjada en el simbolismo del tiempo y del espacio.

En consecuencia, como el espíritu y el cuerpo no pueden ser estudiados separadamente, sea en la salud o en la enfermedad, es obvio que también en el caso del cáncer y de su tratamiento específico es muy sensato e importante identificar antes el tipo psíquico del enfermo y a continuación, considerar la clase de enfermedad. Aunque cierto porcentaje de incidencia del cáncer sea oriundo del choque ocurrido entre las fuerzas ocultas que descienden del plano superior y las energías astrales creadoras de los diversos reinos de la vida física, su manifestación mórbida en el hombre proviene de la toxicidad fluídica que todavía circula en el periespíritu, y que fue acumulada por los desatinos mentales y emotivos ocurridos en las distintas encarnaciones anteriores.

Ese morbo fluídico "desciende" después del periespíritu para concentrarse en un órgano o en un sistema orgánico físico, pasando a perturbar la armonía funcional de la red electrónica de sustentación atómica y a alienar el trabajo de crecimiento y de cohesión de las células.

Aunque cada cuerpo físico sea el producto específico de los ascendentes biológicos heredados de cierto linaje carnal humano, él siempre revela en el escenario del mundo físico el aspecto interior de la propia alma que lo comanda. Aun considerando las tendencias hereditarias que disciplinan las características físicas de las criaturas, hay que reconocer también la fuerza de los principios espirituales que pueden dirigir y modificar el cuerpo de carne. Cada organismo físico reacciona de acuerdo con la naturaleza íntima de cada alma encarnada y de modo diferente entre los diversos hombres; y esto ocurre tanto en la salud como en la enfermedad.

Por tanto, varían las reacciones y la gravedad de un mismo tipo de tumor canceroso en diferentes individuos, porque su mayor o menor influencia, además de la resistencia biológica, queda subordinada también a la naturaleza psíquica emotiva y aun psicológica del enfermo.

PREGUNTA: - Entonces debemos considerar que el cáncer es una enfermedad espiritual, por el hecho de que proviene de los deslices psíquicos cometidos por el hombre en el pasado?

RAMATÍS: – Es en la intimidad oculta del alma en donde realmente tiene inicio cualquier impacto mórbido que después perturba el ritmo y la cohesión de las células en el organismo carnal.

Es por eso que también se distinguen la naturaleza, la frecuencia y la calidad de sus energías, especialmente, tanto cuanto más profundamente actúan en el seno del espíritu humano. De ese modo, la fuerza mental sutilísima que modela el pensamiento es muy superior a la energía astral, más densa, que manifiesta el sentimiento o la emoción, del mismo modo que, en la materia, el médico reconoce también que la fuerza nerviosa del hombre es superior a su fuerza muscular. He ahí por qué, durante la enfermedad, ya sea una simple gastralgia o el temido cáncer, el raciocinio, la emoción y la resistencia psíquica de cada enfermo presentan considerables diferencias y varían las reacciones entre sí. Mientras el hombre predominantemente espiritual y de raciocinio esmerado puede encarar su sufrimiento bajo alguna consideración filosófica consoladora o aceptarlo como justificado a causa de su mayor sensibilidad, la criatura exclusivamente emotiva es casi siempre un infeliz aturdido que materializa el dolor bajo desesperación incontrolable, como consecuencia de su alta tensión psíquica.

Lo cierto es que las energías sutilísimas que actúan en el mundo oculto de la criatura humana y que constituyen una maravillosa red magnética de sustentación del edificio atómico de carne, sólo pueden mantenerse en cohesión y proporcionar tranquila pulsación de vida, desde que también permanezca el equilibrio armonioso del espíritu. Sólo así la salud física viene a ser un estado de magnífico ajuste orgánico; el ser no siente ni oye el pulso de su vida, porque su ritmo es suave y en cadencia con el más leve soplo de todas las piezas y funciones orgánicas. Manifestándose admirablemente compensadas en todo su metabolismo, no perturban la conciencia en vigilia, porque no provocan desánimo, inquietud o angustia, que se generan durante la desarmonía del espíritu.

El animal salvaje o el indio de la floresta, aunque sean de vida rudimentaria, son portadores de organismos bien dispuestos, como preciosas máquinas de carne estructuradas para funcionar tan ajustadas como si fueran valiosos cronómetros de precisión. Sin duda, ello sucede porque viven distantes de las inquietudes mentales de los civilizados, ajenos a cualquier disturbio psíquico que pueda alterarles la armonía de las fuerzas electrónicas responsables por la cohesión molecular de la carne.

No desconocemos la existencia de ciertas enfermedades capaces de afectar a los seres primitivos, que no son consecuencia de emociones disparatadas, pero insistimos en recordaros que es precisamente entre los civilizados, como seres pensantes en esencia, entre los que se difunden enfermedades cada vez más insidiosas. Es notorio que los salvajes sanos se enferman con facilidad cuando entran en contacto con las metrópolis y pasan a adoptar sus vicios y capciosidades más comunes.

El cáncer, que tanto se manifiesta en la forma de tumores como desvitalizando el sistema linfático, nervioso, óseo o sanguíneo, no debe ser considerado apenas como un síntoma aislado del organismo, pues su mayor o menor virulencia mantiene estrecha relación con el tipo psíquico del enfermo. El morbo canceroso crece por los desatinos mentales y emotivos, que debilitan el campo bioelectrico animal y lesionan el sistema vital de defensa, para situarse luego en el órgano o sistema más vulnerables del cuerpo carnal. En consecuencia, la "causa remota" patológica del cáncer, debe ser procurada concienzudamente en el campo original del espíritu y en la base de sus actividades mentales y emotivas. No se trata de un acontecimiento mórbido exclusivo de ninguna dependencia orgánica, que se produce sin el conocimiento subjetivo del individuo como un todo.

PREGUNTA: - ¿Cómo podríamos comprender mejor esa manifestación mórbida del cáncer, "desde el campo original del espíritu"?

RAMATÍS: – El espíritu es el comandante exclusivo y el responsable exclusivo de la armonía y del funcionamiento de todo el universo de células que constituyen su cuerpo carnal, el cual no tiene vida aparte o independiente de la voluntad de su dueño. Ni aun el sentido instintivo que regula las diversas actividades orgánicas del cuerpo físico y que se presume funcionen sin el conocimiento directo del alma, tal como el fenómeno de la nutrición, el de andar y el de respirar, no es un acontecimiento automático, pues su armonía y éxito de acción controladora, dependen siempre del mejor contacto del espíritu con la carne. El sistema respiratorio, el estómago, el intestino o el corazón, también pueden alterarse a la menor emoción o cambio del pensamiento, pues aunque sean órganos que se hallen fuera del alcance de la voluntad, son perturbados en su automatismo cuando sometidos con gran insistencia a nuestro temor, angustia, irascibilidad o melancolía.

Es de conocimiento popular que la alegría aumenta el flujo de bilis en el hígado, que la cólera lo paraliza y que la tristeza lo reduce. Los médicos afirman que se producen innumerables modificaciones y reacciones en la vesícula biliar, ante simples variaciones de nuestro pensamiento y sentimiento. Y esas alteraciones, como lo recordamos anteriormente, ocurren más comúnmente en la región hepática, porque el cuerpo astral que es el responsable de la manifestación de las emociones del espíritu, se halla ligado al de la carne justamente en el plexo solar, más conocido por plexo abdominal en la terminología médica, el cual es el principal controlador de los fenómenos digestivos. También se unen allí los nervios simpático y parasimpático, con importantes funciones en esa zona; el primero tiene por función acelerar el trabajo de los órganos digestivos y regular la producción de bilis en la vesícula, mientras que el segundo retarda todos sus movimientos fisiológicos.

Gran número de los fenómenos que ocurren en el cuerpo físico comprueban la intervención del pensamiento producido por la mente humana, que actúa a través del sistema nervioso y repercute en el sistema glandular, fácilmente afectable por nuestras emociones. El miedo, la vergüenza, la rabia o la timidez causan modificaciones en la circulación cutánea y producen la palidez o el enrojecimiento del rostro. Bajo las descargas de adrenalina y demás alteraciones hormonales, de los jugos gástricos y de los cambios en los centros térmicos, las pupilas se contraen y se dilatan, como también los vasos capilares. Muchas enfermedades propias de la región abdominal, como las del estómago, las del intestino o las del páncreas, se originan exactamente en las perturbaciones nerviosas ocasionadas por el descontrol mental y emotivo.

Siendo el cuerpo físico constituido por células que se hallan en incesante asociación con las más variadas e innumerables colectividades microbianas que viven sumergidas en los líquidos hormonales, jugos, fluidos y en otras sustancias químicas producidas por los órganos más evolucionados, es evidente que la cohesión, la armonía y la afinidad de trabajo entre esas asombrosas fuerzas vivas del mundo microscópico dependen también fundamentalmente del estado mental y de la emotividad del espíritu. Este es el verdadero responsable del equilibrio electrónico de la red atómica y de las relaciones del mundo oculto con el mundo exterior de la materia. La salud, pues, así como la enfermedad, viene de "adentro hacia afuera" y de "arriba hacia abajo", como lo definieron con mucha inteligencia los homeópatas, porque la armonía de la carne depende siempre del estado de equilibrio y de la armonía del propio espíritu encarnado.

Ya explicamos que la fuerza mental comanda la fuerza nerviosa y que ésta repercute en el organismo muscular, para efectuar después las modificaciones favorables o intervenir desordenadamente, lesionando la estructura de los órganos o del sistema orgánico. La enfermedad, pues, en vez de ser una desarmonía específica de determinado órgano o sistema de órganos, es el producto de un desorden funcional que afecta toda la estructura orgánica; es un estado mórbido que el propio espíritu hace reflejar perturbadoramente en todos sus campos de fuerzas físicas y planos de manifestación. Ya dijimos que irregularidades en el campo mental producen también sus toxinas específicas mentales, que repercuten en el cuerpo astral y carbonizan las fuerzas astralinas inferiores. Entonces, se produce el gradual rebajamiento vibratorio del contenido tóxico psíquico que se espesa y densifica, fluyendo hacia la carne y constituyendo el morbo que se sitúa después en cualquier órgano o sistema del cuerpo físico, produciendo la indeseable condición enfermiza.

Es así como la manifestación mórbida que provoca la enfermedad en el organismo humano comienza por la perturbación del espíritu "desde su campo original" de acción espiritual, y después "baja" gradualmente a través de los distintos planos intermediarios del mundo oculto.

PREGUNTA: - Ante vuestras consideraciones, deducimos que el cáncer puede provenir de distintos orígenes diferentes entre sí. ¿Estamos ciertos?

RAMATÍS: – El cáncer, en el hombre, no ofrece la posibilidad de ser identificado en el momento, como un agente infeccioso físico capaz de ser clasificado por los laboratorios del mundo, tal como se descubrieron por el microscopio los bacilos de Koch, Hansen, Kleber o la espiroqueta de Shaudin. No se trata de un microorganismo de fácil identificación por la terminología académica, pues es un bacilo psíquico, sólo identificable por ahora en el mundo astral, que se nutre mórbidamente de la energía subvertida de uno de los propios elementales primarios creadores de la vida física. Ese elemental primitivo, base de la cohesión de las células que estructuran el mundo material, se vuelve virulento e invierte los polos de su acción creadora en destructora, cuando es irritado en su naturaleza y en su manifestación normal, cosa que puede acontecer tanto por el choque de otras fuerzas que fecundan la vida, que operan en la intimidad de la creación, como por la intervención violenta, disonante y deletérea por parte de la mente y de la emoción humana.

Es cierto que algunos tipos de animales y de aves como el conejo, los ratones, el sapo, el pato, la rana, la gallina y el pavo, pueden denunciar la transmisión y la contaminación del cáncer, testificando la existencia de un virus o agente infeccioso cuando son inoculados con el filtrado activo del tejido canceroso, cuyas células hayan quedado retenidas en el filtro. Pero esa experiencia no sirve ya de paradigma para poder verificar el cáncer en el hombre, por ser éste un ser más complejo y evolucionado que el animal y por revelar una vida psíquica superior. Pero como en el fondo de cualquier cáncer permanece dominando mórbidamente una energía primaria creadora que fue perturbada, capaz de alimentar el virus de naturaleza predominante astral o psíquica, en el animal ella sufre esa alteración para empeorar en un nivel magnético más denso, más periférico en el campo de las fuerzas instintivas. De este modo, el virus astral carcinógeno que se nutre de ella, se manifiesta más a la superficie de la materia en el reptil, en el animal, en el ave y aun en la vegetación, con posibilidad de poder ser entrevisto en el futuro, cuando la Ciencia venga a conocer el microscopio "electro-etéreo".

Como esa alteración de la energía primaria creadora en el hombre, que es criatura más evolucionada, se procesa en su campo mental y emotivo más profundo, el virus astral no adquiere la condensación necesaria para que pueda ser presentido a la luz del laboratorio físico o conjeturado en cualquier otra experiencia de orden material.

Deseamos aclararos —aunque luchemos con la falta de palabras adecuadas— que en la vegetación, en las aves, en los reptiles o en los animales, el virus del cáncer puede aun ser auscultado por instrumentos materiales, porque la energía creadora subvertida lo fecunda en la frecuencia más baja, en un campo bio-magnético más denso e inferior; mientras que en el hombre el mismo fenómeno se procesa en nivel superior mental y emotivo, lo que lo hace inaccesible a su auscultación por instrumentos físicos. En ambos casos, ese elemental primario perturbado durante la simbiosis de las energías creadoras o por la intervención nefasta de la mente o de la emoción humanas, actúa después desordenadamente en el encadenamiento normal de las células físicas, originando el tan temido cáncer.

PREGUNTA: - ¿Cómo podríamos entender mejor ese choque de fuerzas creadoras que perturban el elemental primario, dando oportunidad al cáncer en los animales o produciéndolo en el hombre debido a la irritación mental y emotiva?

RAMATÍS: – Se trata de una de las energías primarias fecundantes de la propia vida física que, al ser desviada de su acción específica creadora, se convierte en un fluido morboso que circula por el periespíritu o se adhiere a él en forma de manchas, equimosis o excrecencias de aspecto lodoso. Se transforma en un miasma de naturaleza agresiva, asediando ocultamente al hombre e minándole la aglutinación normal de las células físicas. Su vida astral mórbida e intensamente destructiva, en una perfecta antítesis de su antigua acción creadora, escapa a la intervención propiamente física procesada de "afuera hacia adentro"; de ahí, pues, el motivo por el cual es inmune a la radioterapia, a la cirugía y a la quimioterapia del mundo material, permaneciendo activa como una capa compacta de virus interfiriendo en la circulación astral del periespíritu, capaz de producir las reincidencias como la proliferación de neoplasmas malignos en los tejidos adyacentes a los operados o cauterizados.

Si la Medicina pudiese establecer una patogenia psico-astral y clasificar minuciosamente todas las expresiones de vida y de fuerzas que se manifiestan en el mundo astralino micro cósmico y permean toda la estructura atómica del globo terrestre, nutriendo los reinos vegetal, mineral y animal, ciertamente podría también identificar ese elemento primario y creador que, al ser irritado por fuerzas adversas en eclosión o por la mente humana, perturba la base electrónica de las células constructoras del organismo físico. Cuando es violentado en el campo de las fuerzas más densas, que caldean las configuraciones vivas más rústicas, origina los efectos cancerosos que afectan los vegetales, las aves, los insectos, los reptiles y los animales; sin embargo, si es alcanzado por alteraciones energéticas más profundas, producidas por las fuerzas mental y emotiva, produce el cáncer en el hombre.

Siendo una de las energías que participan de la extensa cadena de fuerzas vivas ocultas y creadoras de las fuerzas del mundo físico, es semejante al cimiento de piedra que, aunque permanezca oculto en suelo pantanoso o en terreno rocoso, garantiza la estabilidad del rascacielos. No obstante, desde que ese cimiento se arruine por infiltración de humedad, por alguna deficiencia en la liga de la argamasa o por cualquier erosión del suelo, es evidente que todo el edificio sufrirá en su verticalización y seguridad, por cuanto su garantía y su base sólida se transforman en un elemento peligroso para la sustentación arquitectónica.

Lo mismo sucede con el elemental primario oculto que provoca el cáncer, que es también uno de los cimientos sustentadores del edificio atómico de las formas vivas del mundo físico, mientras no sea subvertido por cualquier intervención perturbadora. Si lo desvían de su acción creadora o lo irritan por el uso delictuoso, él se transforma en una energía perjudicial a las mismas cosas y a los mismos seres que antes servía de modo bienhechor. Se revela, pues, una fuerza nociva y destructora cuando lo convocan de su mundo oculto, para fines contrarios a su energética normal.

PREGUNTA: - Con el fin de que podamos percibir mejor cuál es la acción exacta de esa energía, que tanto puede sustentar la vida física como puede perturbarla causando el cáncer, ¿podríais darnos algún ejemplo comparativo con cualquier otra energía conocida en nuestro mundo?

RAMATÍS: – Creemos que la naturaleza y la acción de la electricidad podrían ayudaros a comprender mejor la naturaleza y la acción de ese elemental primario que, al ser irritado, produce el terreno mórbido propicio para el cáncer. La electricidad es una energía pacífica en el mundo oculto e integrante de todos los intersticios de la vida planetaria, y también solo se manifiesta en la periferia de la materia después de haber sido excitada o irritada, ya sea por el roce o fricción mecánica e irritación de las escobillas de metal sobre el dorso de los dínamos en movimiento, ya sea por la simple fricción entre dos paños de lana. La energía eléctrica, pues, se encuentra también en estado latente en su mundo natural, en la forma de un elemental primario, atendiendo a cierta necesidad de la vida física. Pero, cuando la irritan, baja su vibración normal y pasa a actuar vigorosa e intempestivamente en la superficie material.

El hombre, a través de la máquina eléctrica, produce la electricidad por la fricción de ese elemental energético y natural del mundo astral, que permea toda la vida física. Es evidente, pues, que la energía eléctrica existe tanto en la dínamo como en sus escobillas de metal, pero su revelación sólo se hace mediante la fricción, que el hombre consigue controlar hábilmente. Cuando el relámpago surca el cielo y el rayo hiende el espacio carbonizando la atmósfera, partiendo árboles o fundiendo objetos en su atracción hacia la tierra, es la misma energía primaria que se transforma en electricidad, materializándose por efecto de la fricción o de la "irritación" producida por los choques de las nubes.

Aunque la electricidad se convierta después en fuerza agresiva y peligrosa, al aflorar del mundo oculto al exterior, el hombre dispone de aparatos capaces de transformarla y almacenarla para aprovechamiento útil y adecuado en vuestro mundo. Pero como de la nada no se puede obtener nada, la electricidad no puede provenir de la nada, y sí derivarse de un elemental oculto en el seno de la propia materia integrante de todas las formas y de todos los seres.

La electricidad es conocida por el hombre, porque él la produce por fricción o por otros métodos modernos; pero es evidente que aun ignora cuál es la especie exacta de fuerza oculta dispersa por el Cosmos que, después de ser excitada, "baja" del mundo invisible en su frecuencia vibratoria y se convierte en algo sensible a los aparatos terrestres. Es una fuerza que necesita ser convenientemente controlada para evitar su acción ofensiva y destructora, pues hay mucha diferencia entre el transformador de alta tensión que soporta 10.000 ó 50.000 voltios, y el modesto transformador del radio doméstico que sólo resiste 120 voltios.

Análogamente a la electricidad, también podéis evaluar la existencia de un elemental primitivo o energía primaria oculta en todas las cosas y seres vivos, que los sustenta en el proceso de cohesión y sustitución de las células responsables por los fundamentos de los reinos vegetal, mineral y animal. La poderosa red electrónica de fuerza primitiva del mundo invisible, que es constituida por entidades vivas astralinas e inaccesibles a los instrumentos del mundo físico, cuando es perturbada puede invertir los polos de su función coordinadora específica, provocando las rebeliones de las células y los consecuentes tumores cancerosos o la leucemia.

Así como la electricidad se produce por la fricción que irrita su elemental primario oculto, el cáncer se manifiesta también por la irritación que altera el curso normal de la acción pacífica y constructiva del elemental responsable de la cohesión y de la labor sinérgica de las células materiales, las cuales, aunque sean unidades con vida propia, tanto anatómicas como fisiológicas, fundamentan su sustentación armónica en la energía que el espíritu distribuye en su vestimenta inmortal.

Ese elemental, que tanto forma parte integrante del periespíritu como del organismo físico, es capaz, por eso, de reaccionar conforme sea la disposición mental y emotiva del hombre. Cuando el hombre piensa emite ondas cerebrales electrodinámicas que afectan todo el campo de sus energías ocultas, y cuando se emociona puede alterar la frecuencia vibratoria de su propio sistema electrónico de sustentación atómica. Es natural, pues, que un elemental carcinógeno se venga irritando en su intimidad desde hace decenios, siglos o milenios, por fuerza de las vibraciones de pensamientos desordenados y de emociones violentas del espíritu encarnado, y esa carga nociva, una vez alcanzada su fase de saturación, debe converger profilácticamente en la carne. La mente funciona ahí en distonía proyectando dardos mentales que desorganizan las aglomeraciones celulares, densificándose el magnetismo hasta obstruir el trabajo creador del cosmos orgánico; imponiéndose entonces la enfermedad cancerosa, a través de la desarmonía psicofísica.

PREGUNTA: - ¿Cómo podríamos entender mejor esa irritación o mal uso del elemental primario, que después produce el cáncer?

RAMATÍS: – Sabéis que la electricidad es energía dinámica y el magnetismo es energía estática; la primera interviene de modo súbito y por descargas súbitas, mientras que la segunda ejerce su efecto más suavemente, por fuerza de la atracción o de la imantación. Eso sucede también con el elemental primitivo que, invirtiendo su acción bienhechora, produce el cáncer; él tanto puede actuar de inmediato, alterando la intimidad celular de los vegetales o animales, en virtud del conflicto entre las demás fuerzas creadoras, como también ser violentado por la mente o irritado por las emociones perniciosas del hombre producidas por las pasiones indomables.

Cualquier energía potencializada a rigor tanto puede producir beneficios como efectos nocivos y el hombre, por su fuerza mental desordenada y sus emociones en desequilibrio, puede provocar irritaciones en ese elemental primario, que después lo perjudican promoviendo la rebelión de las células. La misma radioterapia que bajo aplicación bienhechora será capaz de desintegrar ciertos neoplasmas malignos, se transforma en fuerza maléfica cuando se aplica sobre algunas zonas delicadas del sistema nervioso.

PREGUNTA: - ¿Podéis explicarnos cómo es que el elemental primario en cuestión puede provocar cáncer en los animales, debido al "conflicto de energías" operantes en la intimidad de los mismos?

RAMATÍS: – Como ya sabéis, el cáncer no afecta solamente al hombre, sino también a ciertos peces, reptiles, animales y hasta vegetales, aunque sea muy raro en los animales salvajes o en los indígenas que viven todavía en perfecta armonía con la naturaleza. Como ya os hemos explicado, es una enfermedad que puede provenir de las circunstancias del medio y del conflicto entre las propias fuerzas creadoras de la vida, porque cercenándoles su actividad dinámica, actúa también en el elemental primitivo que, después de perturbado se vuelve virulento y carcinógeno.

Ese conflicto puede producirse durante el apareamiento sinérgico entre las fuerzas ocultas y creadoras del mundo instintivo inferior y las energías vitales directoras que bajan del plano del psiquismo superior. No siempre esa simbiosis de vida se realiza de modo armonioso en la intimidad de las plantas y árboles o de los animales; entonces se origina el choque energético, desorganizando la composición de las células vegetales o animales.

PREGUNTA: - En virtud de la complejidad del asunto, apreciaríamos que nos ayudaseis a comprender mejor la naturaleza de ese conflicto energético, y cómo él se procesa entre las fuerzas de la vida instintiva y las energías psíquicas que descienden de los planos superiores.

RAMATÍS: – Del mismo modo que el choque entre las corrientes de aire frío y caliente en la atmósfera produce el conflicto motivado por la diferencia de presión y de temperatura, resultando los vórtices o turbonadas más conocidos como remolinos y que a veces alcanzan la violencia del huracán, las fuerzas creadoras del astral inferior cuando se enfrentan con las energías directoras del astral superior, provocan a veces conflictos en el campo magnético o electro-biológico de los seres vivos, perturbando la aglutinación de las células y favoreciendo las excrecencias anómalas. Entonces, se altera el crecimiento normal del cosmos celular del animal o del vegetal sin que haya posibilidad de ser reprimida la acción desordenada y corregido ese desvío biológico, porque la irritación se procesa justamente en uno de los propios elementos energéticos sustentadores de la vida.

De ahí el motivo por el cual no debemos considerar esas manifestaciones carcinógenas de los animales como consecuencias de culpas kármicas del pasado, sino apenas como consecuencia natural de la desarmonía en los intercambios energéticos del medio hostil en que precisan generarse las especies inferiores. La Tierra es todavía un inmenso laboratorio de ensayos biológicos destinados a fijar los tipos definitivos del futuro y a tejer los trajes orgánicos más evolucionados que deben vestir nuevas expresiones del psiquismo adormecido. Es crisol de fuerzas en donde el Creador ensaya, tempera y plasma las envolturas para que el espíritu pueda adquirir la conciencia de existir y de saber.

No siempre las adaptaciones para mejor pueden hacerse bajo la deseada armonía celular. Es el caso de los animales domesticados que, por eso, debilitan su sentido instintivo de adaptación y de sobrevivencia al medio, toda vez que pasan a depender directamente del hombre, que les modifica hasta la alimentación tradicional. Se hacen más vulnerables al cáncer, porque sus hábitos milenarios son perturbados, irritando la energía primaria de su sustentación biológica natural. Es lo que sucede con el perro, el caballo, el buey, el carnero y hasta con los ratones de las ciudades que, para sobrevivir debidamente deben adaptarse apresuradamente a las condiciones de vida del civilizado, aunque su contextura biológica les grite todavía el condicionamiento salvaje de milenios. Por eso es que los más débiles pagan también el tributo al cáncer cuando son sometidos a esas urgentes mutaciones, sin ninguna culpa kármica de vidas anteriores, sino como consecuencia del paso algo violento de la vida salvaje a la vida domesticada. No obstante, el animal salvaje y libre solo muy raras veces se convierte en canceroso, porque permanece en sano equilibrio su red de sustentación y cohesión molecular, sin la irritación del elemental primario y la consecuente desviación en el crecimiento de las células.

A pesar de parecer injusto ese porcentaje de sacrificio entre los animales a causa del cáncer, el perfeccionamiento prosigue y compensa después los accidentes naturales e imprevisibles que durante la sutilísima simbiosis energética, conducen hacia lo mejor a los seres y a las cosas. Entre tanto, el cáncer en el hombre es esencialmente de naturaleza kármica, pues su predisposición mórbida resulta de la expulsión de la carga miasmática elaborada por sus actos dañinos del pasado, en perjuicio del semejante.

PREGUNTA: - ¿Podrías exponernos con mayores detalles cómo se produce la intervención o la acción del hombre sobre el elemental primario que le produce el cáncer?

RAMATÍS: – Ya os explicamos antes que el hombre, en su condición de criatura que piensa, siente, actúa y puede examinar sus propios actos, es tan responsable por las "virtudes" que lo benefician, como por los "pecados" que lo perjudican espiritualmente. En el primer caso, él se sensibiliza afinando su indumentaria peri-espiritual; en el segundo, se perturba por la mente y por la emoción descontrolada, alterando la armonía electrónica de las energías ocultas que le sustentan el equilibrio bio-psíquico. De acuerdo con la naturaleza del pecado o la de la violencia mental que ejerce en oposición espiritual, también perturbará el tipo de elemental primario o energía básica primitiva del mundo astral que, en el conocido choque de retorno, produce una reacción lesiva idéntica en el periespíritu y luego se transfiere del mundo oculto al de la carne, produciendo el estado enfermizo que la medicina clasifica entonces en su terminología patológica.

De conformidad con la naturaleza del pecado, el conflicto mental o emotivo que el individuo crea para con la armonía de su espíritu, irrita también el tipo de elemental específico que le sustenta la energía biológica, estableciendo el terreno mórbido propicio a alguna invasión microbiana. Es así como se producen la nefritis, la tuberculosis, el asma, la lepra, la sífilis, la amebiasis, el pénfigo o el cáncer y de acuerdo como sea la devastación orgánica, puede llegarse a la alienación mental, la esquizofrenia o la epilepsia. El proceso morboso que reacciona del mundo oculto a través del propio elemental creador que es perturbado, ataca el sistema linfático, el sanguíneo, el óseo, el endocrino o el muscular, produciendo enfermedades características y diferentes entre sí, desarmonizando las relaciones entre el periespíritu y la carne.

La mayoría de los casos de cáncer que afectan al hombre se produce por la disfunción de la base psíquica-electrónica de la organización de las células, debido a que el elemental que fecunda la vida material se vuelve virulento. Entonces esa modificación morbosa se convierte en el alimento predilecto de ciertos bacilos psíquicos todavía inaccesibles a cualquier percepción por parte de los instrumentos de los laboratorios terrestres, pues el origen mórbido sólo puede ser considerado en el campo de las conjeturas patológicas. El residual enfermizo se va acumulando en el periespíritu en las sucesivas reencarnaciones, formando la indeseable estasis, saturándose el organismo físico hasta quedar excesivamente sensibilizado. Es suficiente una sencilla contusión mal cuidada, una estenosis insoluble, una enfermedad demorada en un órgano debilitado, una irritación por agentes químicos, el abuso excesivo del tabaco, del alcohol, de la carne de cerdo, de los narcóticos o de los sedantes a granel, intoxicación medicamentosa, hemorragia incontrolable, intervención quirúrgica inoportuna o excrecencia parasitaria, para que se inicie la desarmonía celular con el afloramiento del morbo fluido en la carne y la consecuente anomalía en el crecimiento y yuxtaposición de las células.

Pocos médicos saben que algunas veces es suficiente algunas veces un estado de irascibilidad, de odio, de violencia, de disgusto o de insidiosa melancolía, para que se inicie el drenaje tóxico y la incidencia cancerosa, que se manifiesta como si hubiese sido accionada por un fuerte detonador psíquico.

La virulencia fluídica en descenso del periespíritu rompe el equilibrio entre la energía biológica del hombre y las colectividades microscópicas que garantizan la estabilidad de la vida física, dependiente siempre de la armonía psicosomática. Entonces, la carne es la gran sacrificada por los neoplasmas que la terminología académica distingue como sarcomas, epiteliomas, etc., o la implacable leucemia.

PREGUNTA: - ¿Podríais explicarnos de modo más comprensible, cómo se procesa el acometimiento carcinógeno en el cuerpo de la criatura humana, a través de la subversión del elemental primario de la función creadora? ¿Os sería posible darnos una idea del motivo por el cual es tan difícil la curación del cáncer, no obstante contar la Medicina con instrumentos y medios tan eficientes?

RAMATÍS: – Bajo nuestra visión espiritual hemos observado que el elemental fluídico primitivo y creador, después de haber sido subvertido o irritado por vibraciones violentas o mórbidas de la mente humana, se vuelve denso como un fuerte visco astral que se adhiere al delicado tejido del periespíritu, amenazando peligrosa petrificación que exige al alma un pesado tributo. Verificamos que en el fondo de todas las tumoraciones físicas cancerosas él se acumula en forma de manchas, emplastos o excrecencias astralinas que se asemejan mucho a lama adherente a las contrapartes etéreo-astrales, manteniendo allí una vida parasitaria e independiente, como si fuesen manchas negras sobre una vestidura de lino blanco.

A través del fenómeno de osmosis, el fluido contaminado del elemental alterado es absorbido por el periespíritu y sobresale como huésped indeseable en el proceso mórbido del vampirismo fluídico que, por la ley de la vida sideral, precisa ser expulsado de la vestimenta inmortal del espíritu, toda vez que se trata de energía nociva que no pertenece a su circulación normal. En el caso de la leucemia o cáncer sanguíneo, ese elemental lodoso, primario y posteriormente agresivo, circula por la contextura del periespíritu polarizándose más fuertemente en las contrapartes etéreo-astrales, que son las matrices ajustadas a la médula ósea, al hígado y al bazo, proporcionando perturbaciones perniciosas al conocido proceso de la hematopoyesis, o sea, de la formación de los glóbulos de la sangre, constituyendo, a nuestra vista, verdadera "infección fluídica".

Si el médico terrestre pudiese examinar esa esencia primaria alterada por el propio espíritu del hombre, como excrecencia lodosa adherida a la organización peri-espiritual, sin duda la asociaría a las formas características y repugnantes de los lipomas que a veces deforman grotescamente el rostro de las criaturas. Uno de los hechos más significativos es que ella aumenta su fuerza y su vibración agresiva en perfecta sintonía con los residuos de otras energías deletéreas que el hombre pone en acción por la imprudencia de nuevos desequilibrios mentales y emotivos. Se nutre y se fortalece en su virulencia cuando recibe nuevo combustible fluídico producido por el psiquismo humano durante los estados de odio, cólera, celos, envidia, crueldad, miedo, lujuria u orgullo. He ahí por qué los médicos modernos han verificado que las crisis de los cancerosos, mantienen estrecha relación con sus estados psíquicos.

El hombre, como centella emanada del Creador, foco de luz oscurecido por la personalidad carnal transitoria, debería mantenerse por encima de las pasiones e intereses inferiores del mundo material, con el fin de que, concentrando las energías que activan su luminosidad espiritual interior, pueda proyectar las fuerzas que disuelven las adherencias y las petrificaciones astrales de su periespíritu, librándolo de los procesos morbosos que oscurecen su transparencia sideral. Y en el caso del cáncer, solamente la dinamización vigorosa de fuerzas generadas en el mundo interior del espíritu, son las que podrán disminuir la acción agresiva del elemental primario que, después de perturbado, es el causante del cáncer.

PREGUNTA: - ¿Podéis extenderos algo más sobre la forma de ese elemental primario responsable del cáncer, informándonos cómo obra él sobre el periespíritu, en su invasión morbosa?

RAMATÍS: – Para nuestra vista de desencarnados, ese elemental después subvertido pierde su apariencia común de fluido centelleante, que recuerda el flujo de la luz de luna sobre el lago sereno, para tornarse oscuro, denso, repugnante, agresivo e insaciable en su acción invasora. Invertido en su función creadora, asume forma destructora y ataca la sustancia translúcida y delicadísima del periespíritu. Intenta, además, combinar su naturaleza inhóspita y deletérea con la contextura evolucionada de aquél, procurando rebajarlo a una forma y condición astralina turbia, oscura, que recuerda la mancha de tinta extendiéndose sobre un blanco tejido.

Su configuración más común adherida al periespíritu, recuerda gigantesca ameba fluídica que emite tentáculos con movimientos larvales incesantes o asume la forma de exótica langosta o reptil arácnido, interceptando el curso nutritivo de las corrientes "vitales-magnéticas", con el fin de alimentar su vida parasitaria y vampira. Su acción permea la vestimenta peri-espiritual y condensa fácilmente toda sustancia mental que, por efecto del mal uso de los dones del espíritu, baja en su frecuencia vibratoria; actúa también fuertemente al nivel de las emociones descontroladas, e interfiere principalmente en la función del "chacra esplénico", que es el centro controlador y revitalizante de las fuerzas magnéticas que se relacionan a través del bazo. En el periespíritu, que es la matriz de la organización carnal, se puede observar ya, entonces la caracterización subversiva de las células neoplásicas del cáncer, cuya proliferación anárquica repercute poco a poco en dirección al cuerpo físico, en concomitancia con el fluido pernicioso que opera subrepticiamente en un incesante rebajamiento vibratorio. Por desgracia, es el propio espíritu del hombre el que debilita su comando biológico y colabora, con sus desatinos mentales y pasiones violentas, a que la manifestación cancerosa se produzca con mayor rapidez.

Ante la desarmonía verificada en ese comando electrónico, responsable de la aglutinación atómica que edifica la carne, el miasma astralino intercepta el flujo vital y se perturban las líneas de fuerzas magnéticas que predisponen la armonía orgánica, resultando de ello la rebelión incontrolable de las células.

Los clarividentes encarnados pueden observar con cierta claridad que ese miasma cancerígeno, emite una serie de tentáculos o pseudópodos que, emergiendo del periespíritu, se infiltran después invisiblemente por la piel y por los órganos físicos, a los cuales se aferran con vigor, trazando anticipadamente el curso anárquico de las formaciones celulares. Otras veces se extienden por el interior de la médula ósea, del hígado o del bazo, vampirizan los glóbulos rojos y caracterizan la hiperplasia del tejido formador de los glóbulos blancos.

Las células físicas embebidas por esa esencia infame y parasitaria, se perturban y se atropellan en su genética, materializándose en la carne bajo la conformación heterogénea y nociva de los neoplasmas malignos.

Mediumnismo

Capitulo VIII

Dificultades en las comunicaciones mediúmnicas con lo alto

PREGUNTA: - ¿Hay fundamento en la afirmación de que los espíritus elevados encuentran serias dificultades para entrar en contacto con los médiums o con el plano material?

RAMATÍS: – Por causa la vibración sutilísima de los espíritus superiores, que ya se distanciaron bastante del padrón espiritual común de vuestra humanidad, ellos se ven obligados a movilizar todos sus esfuerzos y energías para que los encarnados logren percibirlos. Solamente a través de los médiums sublimados en el servicio del Cristo, es como esas entidades angélicas se manifiestan a gusto, por encontrar fluidos sutiles y balsámicos para revestir a sus periespíritus en el contacto con la materia. En general, esos espíritus necesitan extraer gran cantidad de fluidos de los médiums, pero solo aprovechan una mínima parte, la menos animalizada y más susceptible a la "eterización" angélica.

Aunque son seres sublimes, cuya presencia es agradable y tonificante para las percepciones de las criaturas sensibles, ellos no pueden prescindir de las energías densas del plano carnal cuando desean sintonizarse con el periespíritu de los médiums. De ahí resulta el mayor éxito de los médiums en ese elevado intercambio, cuando se dedican incesantemente al Bien y viven alejados de vicios y pasiones degradantes, puesto que eso les sublima los fluidos animalizados, debido a la constante conexión con la frecuencia vibratoria de las regiones edénicas.

PREGUNTA: - ¿Nos podéis explicar cuál es el tipo de sufrimiento que afecta a esos espíritus elevados durante su contacto terreno?

RAMATÍS: – No se trata propiamente de sufrimiento a semejanza de lo que sucede con vosotros en el mundo físico, pues las vibraciones espirituales de esas entidades sublimes superan la mediocridad de la frecuencia vibratoria de la materia, así como el rayo del Sol no se perturba cuando incide sobre la vasija de barro.

Los espíritus sabios y angélicos sólo se afligen cuando necesitan mantener un contacto más directo con vosotros y actuar más positivamente en la materia. Cuando ellos se sirven de médiums para comunicarse con los encarnados, se sumergen en medio de energías primarias de la vida animal y por eso sufren la fatiga producida por el magnetismo opresivo del medio, el que actúa en sus periespíritus oprimiéndoles sus delicadas composiciones fluídicas. Realizan hercúleos esfuerzos para reducir su dinámica angélica y poder así sintonizarse con los fluidos inferiores y hacerse perceptibles en el escenario material.

Aunque no podamos describir con los vocablos del lenguaje humano el estado fluídico incómodo, angustioso y opresivo que ataca a esos seres cuando se ajustan a los fluidos coercitivos del mundo físico, os recordamos el caso similar de un hombre sano y jovial, que al estar habituado al oxígeno y al perfume embriagador de las flores, se viese casi privado de su respiración natural, al tener que absorber las emanaciones sulfhídricas de los pantanos. Esa dificultad en el contacto más directo de las entidades angélicas con los fluidos ásperos y animalizados del mundo terreno, nos recuerda también el caso de la criatura que, vistiendo blanquísimo traje de lino, necesita penetrar con urgencia en el lodo frío y repugnante para socorrer a alguien en peligro.

PREGUNTA: - ¿Las elevadas vibraciones propias de los espíritus angélicos, no sobrepasan las frecuencias vibratorias de las fajas inferiores de la materia, inmunizándolos contra cualquier actuación de orden opresivo? Entonces esos espíritus elevados, para no perturbar su ventura paradisíaca, no deberían aproximarse de nuestro mundo material?

RAMATÍS: – Os reiteramos que el rayo del Sol no se perturba cuando incide sobre la vasija de barro. Las altas entidades espirituales solo padecen por las vibraciones angustiosas cuando necesitan entrar en "contacto directo" con los médiums para accionarlos en su ambiente físico. En ese caso necesitan hacerse perceptibles en la pantalla del mundo de la materia y por eso deben revestirse de fluidos terráqueos opresivos, a los que vosotros estáis acostumbrados por ser una condición normal de vuestra vida física. Es verdad que por fuerza de la misma ley que Dios creó para conducir a sus hijos hacia la ventura eterna espiritual, todos los espíritus angélicos también ya cursaron la escuela terrena, y por fuerza de su ignorancia, natural al comienzo de su conciencia en el seno del Cosmos, también incidieron en las mismas equivocaciones y experimentaron las pasiones y vicios que aún son comunes en la humanidad terrena.

Después de haber recorrido las etapas planetarias que los liberó definitivamente de la carne, sólo entonces se despojaron de los trajes de fluidos animalizados para integrarse definitivamente en el seno de las comunidades angélicas. En sus memorias siderales no olvidan sus dolores atávicos, padecidos en la vida educativa de la materia, lo que les permite apiadarse de sus hermanos encarnados que todavía gimen a la retaguardia, y aprovechan todos los caminos posibles para ayudarlos.

Por eso no temen enfrentar la masa pegajosa y opresiva producida por las pasiones y vicios de la humanidad, así como ciertas veces renuncian a su paz y ventura en las moradas celestes para renacer en la materia, con el fin de suministrar directamente sus lecciones espirituales en el seno de la familia consanguínea. Eso lo han probado los sacrificios de los grandes líderes de la vida espiritual como Antulio, Hermes, Krishna, Buda y otros, con el particular destaque del amoroso Jesús, que dejó sus esferas celestiales para habitar la carne terrena y exponer personalmente los avanzados programas de salvación para el hombre imperfecto.

***PREGUNTA:** – Ante la gran dificultad que tienen los espíritus sublimes para comunicarse con nuestro mundo físico, no sería posible y aconsejable que se higienizara anticipa-*

damente el lugar donde pretenden actuar? Esa providencia profiláctica no los ayudaría a hacerse mejor comprendidos o por lo menos no los favorecería para tener mejor éxito en lo espiritual?

RAMATÍS: – No tenemos la menor duda sobre lo que decís, pues para tener un mejor contacto mediúmnico con vosotros, los espíritus superiores tanto requieren la cooperación de los técnicos siderales para la necesaria higienización fluídica o "ionización' del ambiente donde deben manifestarse, como necesitan aún ejercer una acción profiláctica sobre los propios médiums. Éstos acostumbran en su generalidad participar en los trabajos mediúmnicos envueltos por su aura psíquica que conserva los residuos mentales de los pensamientos, palabras, objetivos y hábitos usados durante el día. Esa emanación residual de la mente del médium es una densa cortina de fluidos inferiores, que se interponen entre los espíritus elevados que deben comunicarse, requiriendo su dispersión y la limpieza del halo mental.

Aunque esta saludable providencia se realice con bastante anticipación, en general las entidades elevadas necesitan adaptarse durante un espacio de tiempo que dura de tres a seis horas en medio de los fluidos densos y de las sustancias espesas en que operan, para solo después poder actuar en medio del mundo material.

El mensaje espiritual transmitido desde las esferas elevadas hacia el mundo físico exige anticipadamente un delicado planeamiento, y además de eso los mensajeros responsables por su divulgación bienhechora deben ser ayudados técnicamente en su descenso gradual a través de capas fluidicas cada vez más bajas. La reducción vibratoria a causa de la densificación gradual del periespíritu debe realizarse en perfecta correspondencia con el tiempo de trabajo y el "quantum" de energía disponible en el ambiente donde las entidades deberán actuar. La entidad superior que voluntariamente se dedica al servicio espiritual junto a los encarnados, debe ser preservada al máximo ante la opresión angustiosa de los fluidos densos sobre su delicada vestidura peri-espiritual.

Aún en el mundo terrestre no se exige la permanencia de alguien por largas horas en lugares inapropiados para la organización física o de emanaciones agresivas sino por el tiempo exacto para cumplir una tarea determinada. Sería absurdo, por ejemplo, exigirle al encargado de alimentar animales en el zoológico que permanezca largas horas en cada jaula infecta, para cumplir una tarea que dura apenas algunos minutos.

El servicio sideral junto a la Tierra es supervisado matemáticamente por lo Alto, siendo previstos todos los acontecimientos favorables o no, durante el descenso vibratorio de las entidades angélicas, cuyo plazo es cuidadosamente determinado para no oprimir en exceso las energías periespirituales de tan excelsas almas. Cuando se proponen ayudar a los encarnados, necesitan revestirse de una coraza protectora de fluidos densos que les estorban los mínimos movimientos, tal como sucedía con los buzos antiguos, cuya escafandra les cohibía sus movimientos en el fondo del mar y solo después de abandonar la escafandra en la superficie del agua era cuando podían moverse libremente.

PREGUNTA: - En ese planeamiento tan meticuloso que los espíritus superiores elaboran para "bajar" hasta nuestro mundo, ¿alcanzan siempre el éxito esperado en sus proyectos benefactores?

RAMATÍS: – Solo muy raras veces consiguen alcanzar el éxito deseado en el contacto con el mundo material, y ya se consideran muy satisfechos cuando en sus heroicas empresas logran la vigésima parte de lo previsto. Aunque necesitan movilizar todas sus energías periespirituales en conexión con su inteligencia, perseverancia y tenacidad espiritual, no ignoran que los resultados son aún bastante precarios en el sentido de esclarecer al hombre terreno.

PREGUNTA: - ¿Podéis indicarnos cuáles son los factores adversos que neutralizan los esfuerzos y la dedicación de esas entidades superiores en su tarea sacrificial para esclarecer la humanidad a través de los médiums?

RAMATÍS: – Los principales factores adversos resultan de la deficiencia del material humano, que en este caso es el propio médium encargado de recibir los pensamientos e interpretar las orientaciones angélicas transmitidas para la comprensión del hombre encarnado. Muchas veces un programa espiritual de orden superior, elaborado cuidadosamente y bajado de lo Alto en ritmo difícil, es echado a perder en su culminación por causa del médium perturbado, que vive preso a pasiones peligrosas y vicios del mundo terreno, atrayendo a los espíritus infelices y vampirizadores que lo desvían fácilmente de su tarea benemérita.

La irresponsabilidad, la comodidad, los placeres efímeros y los intereses indirectos pueden aniquilar a última hora un programa sideral que necesitó voluminosas energías empleadas por almas especiales. Esto sucede porque los intérpretes humanos se niegan a cumplir exactamente la etapa final que les cabe efectuar en el servicio de propagar el mensaje espiritual educativo en la materia. Es algo semejante a la construcción de un gran edificio con fines culturales, que después de haber sido planeado con inmenso cariño por ingenieros competentes, después de adquiridos con suma dificultad el terreno y todo el material necesario, los operarios resolvieran, en acto de condenable irresponsabilidad, negarse a trabajar.

PREGUNTA: - ¿Cómo podríamos comprender más claramente esa irresponsabilidad de los médiums ante ese plan de trabajo sacrificial de ayuda a la Tierra, emprendido por los espíritus superiores?

RAMATÍS: – No debe pareceros dudoso que la conclusión de un programa superior, elaborado en el mundo oculto del espíritu angélico, dependa de la última pieza, que en este caso es el médium encargado de materializarlo en el escenario físico. A pesar de ser un proyecto organizado en las regiones superiores y muy por encima de las imperfecciones humanas, su revelación a la luz de los sentidos humanos exige el concurso indispensable del médium, como último eslabón situado en la materia.

Aunque sea él la pieza menos valiosa en el esquema sideral, es no obstante imprescindible para ejecutar el trabajo. Es la ventana viva relativamente importante, pero tan responsable por la eficacia del mensaje benefactor que debe entregarse al mundo físico, así como la victoria del ejército beligerante depende a veces del plan d batalla que envía apresuradamente el comando general, por medio de algún mensajero ignorante.

Como espíritu encarnado, con sensibilidad psíquica avanzada para unificar los dos polos, el del mundo material y el espiritual, el médium representa la etapa final de los objetivos idealizados por los espíritus superiores.

Por eso, muy grave es su responsabilidad en ese servicio auxiliar con lo Alto, pues además de su deficiencia espiritual y de la dádiva de la mediumnidad para su redención moral, él es todavía agraciado por la confianza angélica que lo asocia a sublimes tareas de esclarecimiento humano. Lastimosamente, algunos proyectos siderales descienden hasta la superficie terrena, con la renuncia y sacrificio heroico de sus elevados ejecutores, pero dependen en su elaboración final, de la voluntad frágil, indócil y caprichosa de ciertos médiums que aún son esclavos de pasiones deletéreas y devotos de ingenuas ilusiones de la vida física.

Sin embargo, gracias a los esfuerzos conjugados de todas las entidades experimentadas en el trabajo educativo de las diversas esferas intermedias entre la Tierra y el mundo angélico, los principios esclarecedores de la vida inmortal descienden hasta el nivel común de los médiums localizados en la Tierra, pues algunos de ellos, por su abnegación y criterio superior, compensan la irresponsabilidad y el desinterés de los compañeros descuidados.

PREGUNTA: - Podríamos creer que el esclarecimiento de lo Alto hacia la Tierra siempre se ha efectuado de esa forma, debiendo el éxito depender únicamente de médiums negligentes e irresponsables?

RAMATÍS: – No existe ninguna duda de que el esclarecimiento espiritual del hombre debe hacerse a través del propio hombre, pues siendo un espíritu encarnado, también es un médium en potencial ligado al mundo invisible. Algunos hombres son médiums inconscientes de su función y tanto pueden transmitir el bien como el mal. Otros, que ya son capaces de visualizar el fenómeno mediúmnico, se transforman entonces en instrumentos eficaces y disciplinados de la revelación de la vida oculta.

Pero debemos concordar en que lo Alto no queda dependiendo exclusivamente de hombres imperfectos para transmitir su mensaje salvador al mundo físico, pues mientras millares de hombres o médiums convocados para ese servicio dejan de ejecutarlo, basta un puñado de otros seres conscientes y sublimes intuitivos, sintonizados con la Mente Divina, para compensarlos en forma loable. Todas las vacilaciones en el intercambio mediúmnico, las revelaciones contradictorias, los fracasos de misiones espirituales y demoras en las orientaciones para los humanos, fueron compensadas satisfactoriamente por la presencia de un Rama, Hermes, Antulio, Buda, Krishna, Kardec, Ramakrishna, Maharishi y el Maestro Jesús, que restablecieron las bases indestructibles de la Verdad Inmortal.

PREGUNTA: – ¿Los médiums de "prueba" también están comprometidos con tareas elevadas? ¿Cómo distinguiremos a los que se ligan a compromisos severos con lo Alto, de aquellos que solo rescatan su fardo kármico a través del servicio mediúmnico? Los médiums, en general, ofrecen condiciones morales tan diversas y varían tanto en su capacidad intelectual, que difícilmente se podrían identificar los más acreditados para un servicio espiritual especial, no es verdad?

RAMATÍS: – Nuestro principal objetivo en estos relatos, es resaltar la responsabilidad de los médiums en el desempeño de su tarea mediúmnica y exhortarlos para su actividad en el mundo de las formas. Reiteramos que el médium es el hombre directamente comprometido con la dirección espiritual del planeta, para realizar un servicio definido junto a la humanidad, como así también en favor de su propia renovación moral superior.

Como no pueden eximirse de su obligación pre-encarnatoria asumida en el Espacio, deben perfeccionar su carácter, controlar sus emociones y mejorar su intelecto, en el contacto incesante con los preciosos valores de la espiritualidad.

En consecuencia, no es muy importante preocuparse por distinguir cuáles son los médiums comprometidos con los espíritus sublimes, destinados a ejercer trabajos poco comunes en el mundo físico. Lo seguro y provechoso es que todos los médiums cultiven dignamente la vida humana y renuncien definitivamente a las ilusiones del mundo, protegiéndose así contra las perfidias del astral inferior y acreditándose electivamente para cumplir íntegramente cualquier mandato bajo el comando de las falanges angélicas.

PREGUNTA: - ¿Podéis indicarnos los principales motivos o hechos que generalmente inducen a los médiums a abandonar sus compromisos de última hora, imposibilitando a sus mentores terminar en la materia su programa sideral manifestado después de un proceso tan difícil?

RAMATÍS: – Los médiums, en su mayoría, y antes de encarnar en la Tierra, prometieron cumplir puntualmente determinados programas con objetivos espirituales, que les fueron expuestos en el Más Allá, a fin de estimular a ciertas criaturas para su renovación crística. Sin embargo, a última hora una gran parte de ellos desiste o desatiende su compromiso espiritual, mientras que otros viven de forma tan ambigua que se tornan impermeables para recibir sus elevados mentores. En general ellos se dejan influir por espíritus maquiavélicos de las sombras, que hacen lo imposible para interceptar los nobles mensajes de lo Alto y operan contra los saludables objetivos de la vida crística.

A veces, después de la asidua y benefactora asistencia del Guía junto a su médium, incitándolo a participar de determinados trabajos mediúmnicos a fin de eliminar las convicciones erradas de algunas criaturas, el médium desiste de su tarea por la noche, prefiriendo realizar visitas triviales, demorarse en comidas exageradas, detenerse en conversaciones fútiles o entregarse a aventuras pecaminosas.

Como el éxito del intercambio mediúmnico superior depende muchísimo del estado vibratorio del espíritu del médium, eso solamente se logra cuando él se dedica a una vida sana de cuerpo y alma, a fin de mantenerse listo a cualquier momento, para una convocación al servicio espiritual. Pero a veces el médium se presenta a cumplir con sus obligaciones solamente después de abandonar la mesa opípara, con el estómago y los intestinos saturados por los miasmas de la carne embebida en alcohol, mal pudiendo disimular los eructos de la fermentación hostil producida por la digestión descontrolada.

Cuando no, gasta los últimos minutos que lo separan del trabajo mediúmnico en el humorismo capcioso de frases perniciosas o anécdotas indecentes, cuyos asuntos gravitan sin pudor contra la figura delicada de la mujer. Y así se presentan para cumplir su tarea en la "mesa espirita", con los fluidos corrompidos, a pesar del esfuerzo profiláctico de sus guías para higienizarlo de las impurezas comunes. Todavía quedan aquellos que buscan la concentración mediumnica, después de violenta discusión conyugal o de altercados insultantes con el vecino caprichoso. Se debilita aún la práctica de la mediumnidad en aquellos que destrozan sus nervios con emociones tontas de los juegos de naipes clandestinos, por la avidez de ganar en apuestas imprudentes, o por la pasión fanática con que comenta encolerizado lances dudosos de su club favorito de fútbol en competencias poco afortunadas.

Así, loables iniciativas programadas en el Espacio para esclarecer a la humanidad terrena, quedan bajo la exclusiva dependencia de médiums imprudentes e indiferentes, que no aprovechan integralmente "suplemento" de la mediumnidad concedida generosamente para su propia redención espiritual.

PREGUNTA: - ¿Qué es lo que caracteriza al médium adecuado y digno de ejercer el intercambio con los espíritus superiores?

RAMATÍS: – El médium ya caracterizado definitivamente por el despertar de su sensibilidad mediúmnica, y que puede ser llamado al servicio activo del Bien, se asemeja al mensajero enviado hacia una ruidosa ciudad repleta de vicios e ilusiones peligrosas, donde debe permanecer para divulgar el mensaje sublime de sus superiores. Tiene derecho a cambiar su vestido empolvado por un traje limpio, disfrutar de una alimentación adecuada, de sueño reparador y permanecer junto a sus familiares o seres queridos. Sin embargo, se comprometió a evitar todo contacto vicioso e indigno que pudiera manchar el trabajo superior y traicionar la confianza de aquellos que lo acreditaron para proseguir con los elevados objetivos.

El médium, en su contacto espiritual, se obligó a repeler cualquier iniciativa que fuera capaz de subvertirle la sensibilidad mediúmnica o afectarle el carácter espiritual, como son aventuras condenables, donde la malicia, el irrespeto, la pasión descontrolada o el vicio deletéreo terminan atrofiando las mentes fútiles e indisciplinadas. El debe ser un esposo digno, padre amoroso, ciudadano honesto, hijo generoso, así como un amigo fiel para aquellos que lo aceptan en el círculo de su amistad, o un hombre tolerante y benévolo con sus adversarios.

Aunque no desprecie a los viciados e infelices que caen bajo el manto de pasiones pecaminosas, jamás debe pactar con el vicio y la corrupción. Jesús halagaba a los pecadores, pero de modo alguno era condescendiente con el vicio y las impurezas del mundo. Amaba a los hombres aunque fueran pervertidos o débiles de espíritu, pero no se asociaba a sus tramas deshonestas ni admitía sus abusos morales.

El médium, como espíritu que aceptó espontáneamente la tarea de servir a los encarnados, necesita evitar las prácticas viciosas que le agraven el karma pretérito, para usufructuar del aura bienhechora que se nutre solo de fluidos sanos, pensamientos elevados y sentimientos benevolentes. Aunque él sea también un espíritu encarnado actuando en el agitado seno de la vida física y así participando de ambientes infelices y de los sufrimientos humanos, le cabe aún el deber de orientar al prójimo entre el enmarañado contradictorio de la vida humana, ofreciéndole las enseñanzas confortadoras que recibe de sus amigos desencarnados. Pero no debe olvidar que por encima de todas sus obligaciones mediúmnicas, todavía necesita cuidar cariñosamente de su propia redención espiritual.

Si aún existe un contacto provechoso de los planos superiores con la humanidad encarnada, eso se debe mucho más al heroísmo de espíritus bondadosos que abdican de su ambiente paradisíaco para socorrer a sus hermanos aún comprometidos con la carne, que al trabajo de los médiums existentes en la Tierra.

PREGUNTA: - Esas frustraciones comunes en el intercambio de los espíritus bienhechores con la Tierra ¿ocurren únicamente con los denominados "médiums de prueba", o suceden también con aquellos cuya mediumnidad es fruto de su evolución espiritual?

RAMATÍS: – Conforme manifestamos anteriormente, existe una perfecta distinción entre la mediumnidad de "prueba" y la mediumnidad "natural", siendo la última una facultad intrínseca y espontánea del espíritu ya sublimado, o sea que es una resultante o corolario de su propia graduación espiritual. Aquel que disfruta de la Intuición Pura, como percepción angélica, fruto bendito de milenios de sacrificio, renuncia y renovación moral en la escala espiritual, se pone fácilmente en contacto con la conciencia crística del Creador, pues ya vive en su intimidad el estado de Paz y euforia de las almas santificadas.

El no puede sufrir alteraciones espirituales que lo contradigan en su faja vibratoria espiritual ya alcanzada; es inmune influencias menos dignas, pues no vibra con las modulaciones inferiores de los vicios, pasiones o seducciones de la materia. El no entra en desacuerdo con el comando angélico del orbe. Su alma filtra los pensamientos y revelaciones angélicas, tal como brilla la diamantífera lámina expuesta a la luz del Sol, sin empañar su brillo natural.

El médium natural no exige a los elevados dignatarios de la Vida Oculta que desciendan vibratoriamente hasta su organización humana para efectuar el trabajo mediúmnico, ya que él se encuentra ligado permanentemente a la fuente angélica y representa en la Tierra su prolongación viva. Es el ciudadano sideral que bajó de su morada sublime, pero sin desconectarse del plano Divino, cuya mente vibra siempre distante de cualquier pensamiento o residuo moral menos dignos. Queriendo daros un ejemplo aclaratorio, diríamos, que el médium en prueba es cual lámpara de color que da a la luz que él filtra, el color del que también está constituida, mientras que el médium natural, como foco luminoso cristalino, irradia siempre la luz en su pureza original.

Como en la intimidad del espíritu no hay retrogradación, el médium natural nunca presenta contradicciones en su mediumnidad, la cual es solamente emanación de su propio grado espiritual. La facultad mediúmnica es intrínseca a su propia índole superior y no puede mancharse con las imperfecciones del medio donde vive, porque tampoco hay decadencia en su nivel superior ya consolidado. En consecuencia, jamás decepciona a las almas que lo inspiran por la "vía interior" y lo inducen a elevar el patrón espiritual del mundo físico.

Jamás precisa ser accionado para comportarse correctamente, a causa de su permanente conexión con el pensamiento crístico de la vida sublime y en cualquier momento se constituye en centinela avanzado de lo Alto sobre la Tierra. Cuando él piensa, desea o actúa, reproduce vivamente el alto nivel del mensaje angélico, porque siendo íntegro en el trato evangélico con todos los seres, refleja siempre en sus actos la voluntad definitiva del Creador. Así fueron Francisco de Asís, Antonio de Padua, Krishna, Teresa de Jesús, Pitágoras, Buda, Jesús y muchos otros anónimos que el mundo desconoce, por su gran renuncia y humildad.

PREGUNTA: - Los médiums desentendidos de sus compromisos espirituales, ¿deberán sufrir severamente una vez desencarnados, las pena impuestas por el Tribunal Divino?

RAMATÍS: – Innecesario es deciros que el sufrimiento de los médiums que no cumplen su mandato espiritual con dignidad en la Tierra – y que ellos mismos solicitaron para su propia redención mucho antes de reencarnar – no es impuesto a semejanza de los juicios de la justicia humana. Aunque no les sea aplicado deliberadamente castigo alguno determinado por las autoridades siderales, sus condiciones vibratorias de angustia y el remordimiento doloroso, por la falta de respeto a la confianza angélica, son suficientes para oprimirles la conciencia y maltratarles el alma angustiada.

Después que despiertan en el Más Allá y reconocen a la luz meridiana de su conciencia espiritual los enormes perjuicios que causaron al elevado programa organizado por los espíritus benefactores, los médiums infractores sufren aún más, comprobando necesidad de recomenzar la misma tarea en la Tierra, no solamente en condiciones peores, sino desprovistos del endoso angélico del cual abusaron negligentemente. Y como es muy extensa la fila de espíritus desencarnados que esperan nuevos cuerpos físicos para una rehabilitación espiritual que les amaine los dolores periespirituales y les permita olvidar el remordimiento de vidas pasadas mal vividas, esos médiums perdularios y errados tendrán que permanecer muchos años en el astral, meditando sus desdichas y sufriendo el efecto de sus heridas íntimas.

Mediumnidad de Cura

Capitulo VI

Los pases mediúmnicos y el recetario de agua fluidificada

PREGUNTA: - ¿Qué podéis decirnos acerca de las cualidades terapéuticas del agua fluidificada por los médiums?

RAMATÍS: – El agua fluidificada es la medicina ideal para los espiritas y médiums recetadores, pues aunque sea destinada a fines terapéuticos, su aplicación no debe ser censurada por los médicos, dado que no infringe las normas del Código Penal del mundo, y su prescripción no constituye práctica ilegal de la medicina. Cuando el agua es fluidificada por los médiums o personas sanas física y psíquicamente, ella se potencializa extraordinariamente en su energía etérico natural, volviéndose un medicamento saludable, capaz de re-vitalizar los órganos físicos debilitados y restablecer funciones orgánicas comprometidas.

El agua es elemento energético y óptimo vehículo para transmitir fluidos benéficos al organismo humano. Ella es sensible a los principios radiactivos emanados del Sol y también al magnetismo áurico del periespíritu humano.[1]

---

1 Nota del Revisor: Como elucidación acerca de los beneficios del agua magnetizada, transcribimos lo que dice el esclarecido espíritu de Emmanuel: “El agua es uno de los elementos más receptivos de la Tierra, y en el cual los medicamentos del Cielo pueden ser impresos a través de los recursos sustanciales de asistencia para el cuerpo y el alma.

La oración intercesora, como vehículo de bondad, emite irradiaciones de fluidos que son invisibles a los ojos humanos, y que escapan al análisis de vuestras investigaciones comunes.

El agua recibe la influencia activa de la fuerza magnética y principios terapéuticos que alivian, sustentan, ayudan y curan.

Por consiguiente, si el individuo que le transfunde sus fluidos es de físico enfermizo, debilitado, o que en su mente se encuentren en efervescencia emociones nocivas, en ese caso, el agua se transformará en un elemento deletéreo.

Pero no ha de deducirse por eso que el donador de fluidos deba ser un santo, sino que su espíritu tenga "buena salud", pues si, por ejemplo, en su mente se encuentran todavía en ebullición toxinas de una explosión de celos ocurrida la víspera, es evidente que sus fluidos no pueden ser benéficos.

El agua fluidificada es un medicamento eficaz, sin la toxicidad de las drogas y productos de la farmacología moderna, los cuales muchas veces son fabricados por industriales, que en su avidez por mayores lucros, no atienden a las correctas características de las fórmulas. Aunque esto no es frecuente, sucede a veces que el agua potencializada o fluidificada por médiums poderosos y de sana vitalidad, llega a alcanzar el "quantum" energético y bienhechor de la homeopatía con dinamización 100.000.

Los médiums vegetarianos, sin vicios deprimentes y liberados de pasiones esclavizadoras, son capaces de producir curas prodigiosas por el empleo de agua fluidificada, la que, a su vez, es súper-activada por las energías movilizadas por los espíritus desencarnados en servicio de ayuda a los encarnados.

PREGUNTA: - ¿Cuál es en realidad el verdadero proceso que torna el agua fluidificada superior al agua común, a punto de transformarla en medicamento con propiedades curativas?

RAMATÍS: – En realidad, es el propio organismo del hombre el que ofrece las condiciones electivas para que se manifieste en su intimidad orgánica la acción terapéutica del agua fluidificada.

De acuerdo con los conceptos modernos, afirmados por la ciencia terrena, el cuerpo humano es apenas un aspecto ilusorio

---

La súplica que fluye desde lo íntimo del alma y la linfa que procede del interior de la Tierra, unidas en función del bien, operan milagros. Cuando el Maestro advirtió que el donador de un simple vaso de agua ofrecido en su memoria era merecedor de su bendición, El se refería al valor real de la providencia, en beneficio del cuerpo y del espíritu, siempre que se encuentren enfermos.

de "materia", predominando un número inconcebible de espacios vacíos denominados "interatómicos" que prevalecen sobre una cantidad microscópica de masa realmente absoluta. Si fuera posible comprimir todos esos espacios vacíos que existen en la intimidad de la sustancia material del cuerpo físico, se obtendría lo que los científicos llaman "pasta nuclear", resultaría de esa desagregación químico-física apenas un puñado de polvo compacto que representaría la masa real y existente del hombre, que cabría en una caja de fósforos, pero que continúa manteniendo el mismo peso conocido. Se comprueba así, que un hombre cuyo peso normal es de 60 kilos, caso pudiera reducirse a la condición de esa pasta nuclear compacta, pesaría exactamente igual.

En consecuencia, el organismo humano constituye en realidad un portentoso acumulador o red de energía, que la precariedad de los sentidos humanos distingue apenas bajo la forma de un cuerpo de carne o materia. No obstante, su individualidad intrínseca y preexistente es el espíritu eterno, cuyo "hábitat" adecuado es el plano espiritual, donde él utiliza sus atributos de pensar y actuar sin necesitar de un cuerpo físico.

Cuando el hombre se alimenta, apenas ingiere masa ilusoria, llena de espacios vacíos o interatómicos, en donde prevalece la energía cósmica, sustentando la figura provisional del ser. Aunque la alimentación común del hombre esté compuesta por sustancia material, ella se destina esencialmente a nutrir los espacios vacíos del "campo magnético" del hombre. El cuerpo físico funciona como en verdad como un desintegrador atómico que extrae toda la energía existente en la sustancia que absorbe en su nutrición.

El libera completamente la energía atómica que existe en su propia alimentación, o en los remedios que la medicina terrena prescribe para defensa de su salud orgánica. En verdad todo se resume a la "revitalización magnética", es decir adquisición de energía y no de sustancia propiamente dicha. Los alimentos, el aire, la energía solar y los demás fluidos ocultos del orbe terráqueo, están saturados de principios similares a los de la electricidad, que son los que aseguran la estabilidad de la forma humana en su apariencia física.

El médium es un ser humano y, por lo tanto, un receptáculo de esa electricidad biológica, transformándose en un acumulador vivo que absorbe las energías de todos los tipos y frecuencias vibratorias, para proveer las necesidades de su propio metabolismo carnal. Si puede potencializar esas energías y conjugarlas en una sola dirección, comandándolas con su voluntad despierta y activa, podrá fluidificar y dinamizar el agua y transformarla en líquido vitalizador, capaz de producir curas milagrosas. Es evidente que el cuerpo humano de los enfermos, al igual que otros acumuladores, aunque debilitados, absorbe cuanto le es posible el "quantum" de energía que le provee el agua fluidificada por los médiums. Y así esa energía proveniente de la ayuda mediúmnica penetra en la organización periespiritual del enfermo, distribuyéndose por todos los espacios interatómicos y eleva el "tono-vital" por la dinamización de su estructura electro-biológica.

PREGUNTA: - ¿Cómo podremos entender que el agua potencializada por los fluidos magnéticos de médiums especiales puede hasta superar ciertos medicamentos poderosos de nuestra medicina?

RAMATÍS: – Hemos manifestado en varias oportunidades, que tanto el médium como el enfermo no pasan de acumuladores vivos con diferente carga energética en común, cuyos cuerpos reducidos en su estructura y espacios interatómicos caben perfectamente en una caja de fósforos. Al ingerir agua fluidificada, o sea un contenido potencializado en forma extraordinaria en su energía, el hombre absorbe directamente y en estado de pureza, esa carga de fuerzas vitalizadoras. Pero en el caso de los medicamentos industrializados, él extrae el "quantum" de energía que necesita, pero también absorbe de esos elementos las impurezas y sustancias tóxicas de su composición química natural.

Los médicos saben perfectamente que eliminar los síntomas de enfermedades del cuerpo físico no siempre significa la cura de esa enfermedad, porque neutralizar los efectos mórbidos no lleva a la extinción de su causa. No obstante, esas drogas excitantes, antiespasmódicas, dilatadoras, sedantes o antitérmicas, aunque son útiles para eliminar dolorosos síntomas, están compuestas generalmente por tinturas de vegetales agresivos, minerales cáusticos, sustancias tóxicas extraídas de insectos y reptiles y que, si fuesen suministradas en su forma química natural, causarían la muerte inmediata. Esa es la gran diferencia entre el agua fluidificada y el remedio recetado. Mientras que la primera es energía pura transmitida por medio de un vehículo inofensivo, como lo es el agua común, la segunda, aunque ofrezca también provechosas energías para el campo magnético del hombre, utiliza sustancias nocivas que obligan al periespíritu a realizar agotadoras reacciones defensivas contra su toxicidad. Mientras tales drogas eliminan síntomas enfermizos del cuerpo carnal, su eterismo oculto y desconocido para la ciencia común ataca al periespíritu, porque ese eterismo se origina en el doble etérico de los minerales, vegetales, insectos y reptiles del mundo astral primario, propio de los reinos inferiores del orbe.

El agua es naturalmente buena conductora de la electricidad, y una vez fluidificada eleva aún más su nivel energético común hacia un nivel vibratorio superior. De esa forma se producen verdaderos milagros[2] en su uso terapéutico adecuado, si-

2 Nota del Revisor: Como ejemplo y prueba de tales "milagros" obtenidos mediante la aplicación del agua fluidificada y pases magnéticos, Ramatís nos permitió dejar consignado en la presente obra el siguiente hecho: Hace muchos años, una joven pareja amiga se quejaba y se consideraba infeliz porque, a pesar de estar casados hacía 6 años, aún no habían recibido la gracia de tener un hijo.

Inconformes con ese estado de cosas, el marido decidió llevar a su esposa a un especialista, para que identificara la causa y tomara las medidas necesarias. Una vez realizado el examen ginecológico, quedó constatado que además del disturbio específico causante de la omisión y escasez del flujo menstrual, la infecundidad era provocada por el debilitamiento de las trompas uterinas, de origen congénito. El médico aconsejó el recurso de una intervención quirúrgica y se fijó el día para que se realizara la operación.

No obstante, dicho matrimonio tomó conocimiento de un caso idéntico, cuya operación no dio el resultado previsto, quedando recelosos y terminaron desistiendo de la operación.

En esa emergencia nos recordaron y vinieron a pedirnos que hiciéramos una "consulta a los espíritus". En virtud de la angustia que los dominaba, decidimos efectuar dicha consulta. Y la respuesta fue la siguiente: "Durante veinte días aplicar pases magnéticos (resolutivos y de dispersión), en el bajo vientre; y en seguida un lavado interno con agua fría fluidificada. Después de ese tratamiento, la paciente quedaría curada y en condiciones de concebir".

El tratamiento prescrito fue efectuado rigurosamente. Pero, transcurridos tres meses, el esposo al ver que su esposa estaba con el vientre bastante hinchado, quedó bastante aprehensivo y atribuyó el caso a una inflamación interna producida (según su convicción), por los lavados de agua fría. Y lamentaba grandemente haber concordado con tal tratamiento.

Al informarnos nuevamente de esa nueva angustia doméstica, decidimos ir hasta su casa y decirle apenas lo siguiente; "Mi hermano", el guía o espíritu que indicó

milar al pase mediúmnico o magnético, que siendo aplicado por médiums o personas sanas y de fe, se transforma en vehículo de energías provechosas para la contextura atómica del cuerpo físico. La materia, conforme explicó Einstein, es "energía condensada", lo cual pudo comprobarse por la desintegración atómica lograda por la ciencia moderna, que transformó nuevamente la materia en energía. De ese modo, lo que nos parece sustancia sólida, absoluta, es un campo dinámico en continua ebullición, cuya forma es apenas una apariencia resultante de ese fenómeno admirable del movimiento vibratorio. No hay estática absoluta en el Cosmos, ya que hasta en el seno de la piedra hay vida dinámica, incesante, acondicionada a alcanzar frecuencias cada vez más elevadas y perfectas.

Es así como en la intimidad del cuerpo físico, el perfecto equilibrio gravitacional de las órbitas microelectrónicas, gobernadas por las fuerzas de atracción y repulsión, es lo que da la apariencia ilusoria de materia compacta. La anulación recíproca de la ley de gravedad en el mundo infinitesimal, que permite a cada electrón mantenerse en órbita alrededor de su núcleo, se obtiene también por su mayor o menor velocidad, tal como sucede con los satélites artificiales lanzados por los científicos terrenos, los cuales conforme a su velocidad, se mantienen en rotación alrededor de la tierra entre determinado apogeo y perigeo.

PREGUNTA: - ¿Toda agua fluidificada por los médiums produce siempre resultados terapéuticos benéficos para los enfermos?

RAMATÍS: – No es suficiente que los médiums fluidifiquen el agua, den pases mediúmnicos u obtengan recetas, para que se logren resultados positivos. Ellos necesitan mejorar su salud física y sanar sus desequilibrios morales. La simple operación de extender las manos sobre un recipiente lleno de agua y fluidi-

---

el tratamiento, aseguró conforme le dijimos, que "después de veinte días, su esposa quedaría en condiciones de concebir". Por lo tanto, con el fin de identificar la causa de esa hinchazón en el vientre, aconsejo que la lleven a un ginecólogo.
Así se hizo, y el diagnóstico fue el siguiente: "Su esposa está embarazada". Efectivamente, en el plazo fijado por la naturaleza nació el primer hijo, y en los cinco años siguientes nacieron otros tantos. Pero, por desgracia, dicha señora enviudó, y como era pobre, tuvo que trabar una gran lucha para mantenerse con sus seis hijos.

ficarla para que se vuelva un vehículo de magnetismo curativo, exige también del médium el fiel cumplimiento de las leyes de higiene física y espiritual, para elevar el patrón cualitativo de sus irradiaciones vitales.

Aunque las fuerzas del espíritu sean autónomas y se manifiesten en forma independiente de las condiciones físicas o de salud corporal, el éxito mediúmnico de pases y fluidificación del agua es afectado cuando los médiums o pasistas descuidan su higiene física y mental.

PREGUNTA: - ¿Qué nos podéis decir respecto a las particularidades profilácticas de esa higiene que debe ser observada por los médiums pasistas?

RAMATÍS: – En muchos centros espiritas aún faltan la llave de agua y el jabón, para que ciertos médiums pasistas eliminen la mugre de uñas y manos, cuando llegan a última hora para atender los trabajos mediúmnicos. A pesar de la buena voluntad de esos médiums en el servicio caritativo por "vía espiritual", sus manos entran en contacto con centenas de objetos, personas enfermas, animales, líquidos, sustancias químicas agresivas, medicamentos, polvo, tóxicos varios, cigarrillos, bebidas alcohólicas, dinero, etc., que por falta de limpieza previa se transforman, a la hora de los pases, en desagradable ducha de fluidos contaminados por los gérmenes y partículas nocivas que transmiten a los enfermos.

Jesús era pobre, pero muy aseado; sus manos siempre estaban limpias y él evitaba toda alimentación tóxica o indigesta.

PREGUNTA: - Los espiritas kardecistas afirman que el mandato mediúmnico es una tarea puramente espiritual, pudiendo dispensar rituales, preocupaciones preventivas o recursos del mundo material para alcanzar un buen éxito. Aseveran que la buena intención y la conducta impecable son suficientes para atraer a los buenos espíritus, que se encuentran siempre listos para ayudar en los servicios de socorro bajo la égida del Espiritismo.

RAMATÍS: – Nos parece que los médiums no deben confundir "rituales" con "preceptos de higiene". El principal objetivo de la práctica de los rituales en el mundo terreno es exaltar la voluntad humana por la focalización en los símbolos y recursos sugestivos que impresionan la mente, para producir un estado de "fe" o de confianza excepcional, capaz de acelerar las energías espirituales del ser, para lograr realizaciones psíquicas excepcionales.

Pero la higiene corporal y el aseo en los vestidos de los médiums durante sus tareas mediúmnicas terapéuticas nada tienen que ver con rituales, prácticas ortodoxas o cualquier ceremonia de exaltación de la fe humana. El uso de agua y jabón para limpieza del cuerpo físico es una necesidad esencial para eliminar la mugre, el mal olor y los gérmenes contagiosos que puedan afectar a los pacientes.

No tenemos duda de que Francisco de Asís o Jesús podrían inclusive exceptuarse de cualquier recurso profiláctico del mundo material para alcanzar éxito en su misión en la humanidad terrena. La luz que irradiaba continuamente de sus auras, impregnada de fotones profilácticos, era suficiente para proveerlos de fuerzas terapéuticas o para preservarlos de focos virulentos. Las oraciones y bendiciones de tales almas sublimes eran suficientes para transformar el agua común en medicamento poderoso.

Es obvio que los médiums aún no pueden alimentar esa presunción, puesto que todavía son espíritus en prueba sacrificial en el mundo terreno, emprendiendo su redención espiritual por medio de intensa lucha contra las heridas y culpas de existencias anteriores. Ante la falta de credenciales de elevada espiritualidad, ellos no deben olvidar los recursos profilácticos del mundo físico para obtener el máximo de eficiencia en la terapia mediúmnica, en beneficio del prójimo.

PREGUNTA: - Considerando la necesidad de que el médium preste serio cuidado a la higiene del cuerpo para dar pases o fluidificar agua, podríamos suponer que su facultad magnética, de por sí, no es fundamental?

RAMATÍS: – Nuestras presentes consideraciones no tienen por fin dogmatizar sobre el ejercicio de la mediumnidad, pues somos partidarios del viejo concepto de que "la verdad siempre está en el medio". Sin duda, el médium que ya posee más entrenamiento y regular experiencia en su oficio, tal como una herramienta que se afila por su propio uso, también ha de conseguir mejores resultados que los obtenidos por los neófitos con todos sus recursos profilácticos del mundo material.

Desgraciadamente, entre muchos médiums y espiritas aún es dogma el viejo y erróneo concepto de que la "materia no vale nada". Ese concepto tomó alto vuelo en las primeras horas del entusiasmo espirita, al revelarse por las pruebas mediúmnicas, que lo "real" es el espíritu y lo "transitorio" es la carne. De ahí la tácita negligencia que se observa entre muchos neófitos y aún entre veteranos de la doctrina espirita, cuando olvidan que la materia es una proyección de la propia Divinidad y que el cuerpo carnal es la prolongación fiel del espíritu que lo dirige. El cuerpo físico es tan importante para la manifestación de la entidad espiritual, como el violín es el instrumento valioso que expresa el genio y el talento del artista sensato y celoso de su arte.

Aunque existen personas que no sufren ninguna alteración en su sensibilidad psíquica cuando son sometidas a los pases de médiums descuidados y desaseados, también os hemos recordado que los pacientes se vuelven más receptivos a los fluidos terapéuticos mediúmnicos cuando los reciben de pasistas que se imponen por su aspecto moral, aseo y delicadeza. Si el médium se despreocupa de los preceptos comunes de su higiene y presentación personal, dará lugar a cierta antipatía entre los consultantes.

PREGUNTA: - ¿Podéis explicarnos cuáles son los factores principales que, durante la aplicación de pases, pueden despertar esa antipatía entre el médium y sus pacientes?

RAMATÍS: – Entre los pacientes sometidos a pases mediúmnicos, serán muy pocos los que se sentirán atraídos y confiando en un médium que actúa cual fuelle vivo soplándole en el rostro su mal aliento y salpicándole saliva, y que además los impregna con la exhalación fétida del cuerpo o de los pies mal aseados. Otros médiums todavía acrecientan a tales negligencias el olor húmedo del cuerpo sudoroso, de la brillantina barata en el cabello y de la ropa polvorienta. Pese a que nuestras consideraciones puedan parecer un poco exageradas, repetimos una vez más: el éxito de la terapia mediúmnica depende fundamentalmente del estado de receptividad psíquica de los enfermos. En consecuencia, todos los motivos o aspectos desagradables en el servicio mediúmnico, aún los de orden material, reducen considerablemente el éxito deseado.

PREGUNTA: - ¿Existen otras organizaciones de asistencia terapéutica que se preocupen en la adopción obligatoria de los preceptos de la higiene física, para obtener mayor éxito de orden espiritual?

RAMATÍS: – En las tradicionales instituciones y fraternidades iniciáticas, antes de las ceremonias rituales y antes que sus adeptos ejerzan el culto exotérico o trabajo terapéutico, tenían que someterse al baño de cuerpo entero en agua perfumada, o por lo menos efectuar la ablución de las manos en líquido profiláctico. Comúnmente cambiaban las ropas de uso cotidiano por otras limpias y tratadas con incienso, sustituían los zapatos empolvados por sandalias de paño blanco muy aseadas. Frente a los elementos electromagnéticos que forman la esencia del agua, tomar un baño después de un día agotador proporciona a la criatura un bienestar saludable y reconfortante.

Ciertos movimientos espiritualistas como los esotéricos, los teósofos, los rosacruces, los yogas, los esenios y los fraternistas, acostumbraban quemar incienso en sus reuniones de estudio, meditación o irradiación. Pero lo hacen así independientemente de rituales ridículos o de la intención de neutralizar la acción de espíritus malhechores, como aún suponen ciertos críticos que desconocen esa realidad. Esa práctica obedece más propiamente a un sentido de pulcritud espiritual y sensibilidad olfativa, donde sus componentes tratan de eliminar olores y exhalaciones desagradables del ambiente, sustituyéndolos por aromas agradables y de inspiración psíquica, que provienen de la emanación delicada del incienso. Es un recurso natural usado en el mundo físico y que condice con la naturaleza de un trabajo espiritual elevado, pero sin superstición mística o providencias de magia.

Por lo tanto, no debe confundirse la limpieza de las manos, el cambio de las ropas empolvadas y sudadas, por los trajes limpios, el baño preventivo o el aroma agradable en el ambiente de trabajo psíquico, con los preceptos paganos del ritualismo supersticioso o ceremonias tontas y vanas. Así como es censurable el fanatismo del ritual, también debe censurarse la falta de higiene corporal y la ortodoxia ciega contra los recursos naturales del mundo en que vivís y que ayudan a mejorar la sensibilidad psíquica.

No recomendamos una profilaxis fanática y exagerada, capaz de transformar la simple limpieza del cuerpo o del ambiente, en implacable formalismo de objetos y rituales. Tampoco concordamos con algunos médiums espiritas y curanderos que se presentan en los centros con las manos grasosas por el manoseo de los alimentos, mientras guardan la ingenua presunción de donar emanaciones agradables y sanas a los enfermos.

PREGUNTA: - La ayuda de guías de elevada vibración espiritual para los médiums, ¿no es suficiente para neutralizar el efecto de las emanaciones u olores que son propios del cuerpo humano y no del espíritu inmortal?

RAMATÍS: – Otras veces hemos dicho que si bastase únicamente la presencia de buenos guías para eliminar cualquier surto de enfermedad u olores desagradables de los médiums o del ambiente, es obvio que éstos serían prescindibles, puesto que resultarían simples estorbos interponiéndose al libre flujo de las energías donadas por los desencarnados. Las criaturas ya santificadas pueden prescindir de cualquier rito o recursos profilácticos del mundo físico en la tarea de curar al prójimo, porque son verdaderos condensadores de las vibraciones del Cristo. En general, los médiums son hombres defectuosos, enfermos, y algunos hasta son viciosos y antihigiénicos, además de perezosos que dejan a cargo de sus guías los problemas y obstáculos naturales del mundo físico.

Muchos de ellos, presuntuosos de su poder mediumnico y convencidos de que viven totalmente asistidos por espíritus de elevada jerarquía espiritual, dejan de movilizar los recursos propios del plano en que actúan, teniendo la esperanza de que el milagro se ha de realizar a última hora.

PREGUNTA: - Suponemos que no todos los médiums dis-

ponen del tiempo y circunstancias favorables para cumplir integralmente con sus tareas mediúmnicas, pues en general, el hombre terreno vive encadenado al reloj, y mal consigue atender sus obligaciones comunes. El médium pobre, por ejemplo, dispone de muy pocos minutos para su alimentación y descanso, pesándole aún en la vida la función asistencial de la mediumnidad. ¿Qué nos decís?

RAMATÍS: – Considerando el viejo proverbio de que "el agua no cuesta dinero", entonces no la usa quien no quiere, mientras que la mayor parte de los médiums que alegan falta de tiempo para leer un libro, para el aseo personal o el de sus ropas, gastan la mayor parte de su tiempo en dormir, en la lectura de periódicos, revistas o en visitas inoportunas.

Actualmente existen en el mundo los más variados compendios de enseñanzas esotéricas y derroteros educativos de otros movimientos espiritualistas, además del Espiritismo, que ayudan a los médiums a disciplinar su voluntad, mejorar su higiene mental y física, así como el control emotivo, tan necesario para el éxito de la práctica terapéutica. Aquéllos que supieren aprovechar algunos minutos disponibles entre sus obligaciones terrenas en ese estudio, han de adquirir conocimientos que tanto les perfeccionarán las condiciones psíquicas cuanto los recursos físicos.

Esas obras exponen pormenores y experiencias que Allan Kardec no pudo detallar en su época, pero sirven de esclarecimiento para todo cuanto dejó el codificador como base definitiva de la doctrina. Los médiums del futuro serán criaturas disciplinadas por cursos técnicos y conocimientos científicos, efectuando un mayor aprovechamiento de las energías psíquicas en el servicio mediúmnico de transfusión de fluidos terapéuticos, y todo eso se alcanzará gracias a su dominio mental sobre los movimientos instintivos del cuerpo y a la práctica de la respiración yoga, que purifica la circulación sanguínea y aumenta la vitalidad magnética del cuerpo.

Aunque sean pocos los médiums que disponen de algún tiempo para estudiar provechosamente la doctrina espirita o la técnica de la mediumnidad, ellos serán siempre los verdaderos beneficiados en la tarea de ayuda al prójimo. En consecuencia, que procuren alcanzar el mejor provecho en el ejercicio de su facultad mediúmnica en el mundo material y que la sepan cumplir por encima de todas las futilidades y desperdicios de tiempo, si desean sinceramente el beneficio redentor de amortizar sus faltas pasadas.

El médium recoge exactamente lo que sembró otrora, y aunque la Ley Kármica se manifieste bajo diferentes esquemas de compromisos individuales y de acuerdo con la necesidad cada criatura, en verdad los conceptos superiores y definitivos que fundamentan la evolución del espíritu en la Tierra, todavía son aquellos que enunciaba el Maestro Jesús: "Haz a los otros lo mismo que quieres que te hagan" y "ama a tu prójimo como a ti mismo".

PREGUNTA: - Volviendo al asunto del aseo personal y del mejor aspecto de los médiums en sus tareas de pases o fluidificación del agua, recordamos el caso de ciertos curanderos que se hicieron célebres por sus tratamientos y curas impresionantes, y sin embargo fueron hombres de aspecto desprolijo y sin cualquier principio de higiene corporal. ¿Qué nos decís?

RAMATÍS: – La fe que en ciertos casos los enfermos depositan sinceramente en los curanderos rústicos y desaseados, es precisamente el detonador psíquico que les desata las propias fuerzas vitales latentes, desentorpece los músculos atrofiados o renueva los tejidos enfermos, así como la corriente eléctrica activa las funciones de las células nerviosas en la conocida neuroterapia de los "choques eléctricos". Fue de esa forma como se produjeron las curas de Fátima y Lourdes y los milagros de las promesas al Señor de Bonfim, de Iguape, de Nuestra Señora de la Peña, de Guadalupe o del Rocío, inclusive en los tradicionales lugares santos, imágenes que lloran y estampas que parpadean o se mueven.

Por esa causa, delante de las estatuas, de las imágenes mudas o en los lugares santos y milagrosos, los paralíticos abandonan sus muletas, los ciegos ven, los sordos oyen y desaparecen atroces enfermedades mentales, aunque los enfermos no entren en contacto directo con criatura viva alguna. Ellos alimentan en sí mismos el clima energético espiritual que los vuelve hipersensibles y dinámicos; o entonces, absorben los fluidos curativos de los espíritus terapeutas que actúan allí en favor de la salud humana.

Además, la verdadera fuente oculta y sublime de las energías curativas se encuentra en la intimidad espiritual de la criatura, restándole apenas saber movilizar esas fuerzas a través de voluntad y confianza intensas, para que suceda la cura, que después es atribuida a admirable milagro que contraría hasta las propias leyes del mundo. En consecuencia, desde que existan estampas, fuentes de agua, tumbas, imágenes o reliquias sagradas que puedan servir de estímulo para la fe humana y producir curas asombrosas, por qué entonces el curandero sucio e ignorante no puede servir también de punto de apoyo para que esa misma fe despierte las energías curativas del espíritu inmortal? Acaso el cuerpo físico, como uno de los más impresionantes reservatorios de fuerzas creadoras, ya no es un auténtico milagro de la vida?

Su capacidad de generarse y desarrollarse en el vientre materno, y en seguida venir a la luz del mundo y consolidarse como bendito instrumento de trabajo y perfeccionamiento del espíritu, es la prueba más evidente del milagro estupendo que realiza la naturaleza. Ya sea proveyéndose de alimentos o bajo la acción de los medicamentos de la medicina del mundo, el organismo físico es quien realmente sustituye las células agotadas por otras revitalizadas, modifica los tejidos decrépitos, consolida fracturas óseas, cicatriza lesiones y recompone cabellos y uñas, mientras fabrica toda especie de jugos, hormonas y líquidos necesarios para las diversas funciones del metabolismo vital.

En su capacidad e inteligencia instintiva y oculta, el cuerpo mantiene la presión, la circulación, la temperatura o el "tonus" cardíaco, necesarios para mantener en equilibrio al ser en el medio donde se manifiesta. Apenas el hombre se hiere en la falange de su dedo meñique, ya su prodigiosa maquinaria de huesos, nervios y músculos moviliza "cemento, cola", minerales y antisépticos, llevándolos hacia el lugar accidentado para evitar la hemorragia fatal o debelar la posible infección.

En los primeros meses de vida el niño es alimentado preferencialmente con leche materna o leche en polvo, pero para espanto de los observadores, a cambio del líquido blanco, milagrosamente él produce cabellos dorados o negros, sangre roja, bilis verdosa, ojos azules, marrones, verdes o negros; las uñas rosadas, la piel morena, negra o blanca; carne, huesos, nervios y dientes. Sin duda no es la sustancia alimenticia, propiamente dicha, lo que permite tal milagro, sino la energía atómica, la fuerza nuclear de las moléculas y de los átomos que la componen, los recursos de los cuales se sirve el niño para construir su edificio celular y vivo.

En la intimidad del hombre, por lo tanto, la sabiduría divina trabaja movilizando todas las fuerzas ocultas de la vida superior y materializa a la luz del mundo planetario, al espíritu lanzado en la corriente evolutiva de la angelitud.

PREGUNTA: - ¿Podríais darnos algún ejemplo más objetivo, con respecto a esa dinamización de las fuerzas ocultas que laten en la propia intimidad del hombre y se transforman en recursos de efectos milagrosos?

RAMATÍS: – Cuando la criatura humana, aún instintivamente, es capaz de concentrar todas sus fuerzas mentales y vitales, agrupándolas y proyectándolas en un solo impacto curativo sobre su cuerpo enfermo, ella entonces consigue realizar la cura, ya sea dinamizada por su fe y confianza en el médico, curandero, médiums, santo milagroso o imagen de una virgen.

En rápido ejemplo comparativo, os recordamos lo que sucede cuando el vehículo sobrecargado se atasca en el barro o se detiene ante la subida pronunciada por exceso de peso y el conductor, hábil y experimentado, conjuga todas las energías de sus caballos y los anima, ajustándolos gradualmente hasta lograr la perfecta sintonía de sus fuerzas. En el momento exacto de la más vigorosa tensión, en un solo grito e ímpetu vigoroso de acción, fustiga los caballos, los cuales en un solo arranque uniforme y coheso, mueven el carruaje gracias a la coordinación mutua de las fuerzas en una sola dirección. De la misma forma, existen criaturas que por una disposición mental, intuitiva o inclusive instintiva, dinamizan sus energías por la fe o confianza incondicional en alguien o alguna cosa, para después aprovecharlas en un solo impacto energético sobre sí mismas, logrando el milagro de su recuperación orgánica instantánea.

Pero no todos los seres son capaces de potencializar en sí mismos el "quantum" de sus energías curativas latentes en lo íntimo de su alma, por causa de su voluntad débil y falta de confianza en sus propias fuerzas. Bajo tal aspecto, los médiums también pueden conjugar todos sus esfuerzos espirituales en sus tareas curativas, inclusive los recursos profilácticos del mundo físico, así como por su simpatía, ánimo y confianza espiritual para influir favorablemente en la potencialización energética de los enfermos.

PREGUNTA: - ¿Se justifica la actitud de algunos médiums y espíritas que durante los pases advierten a los pacientes que no deben cruzar los pies o las manos? ¿No se trata de superstición o de reminiscencias de algún rito de práctica de magia antigua?

RAMATÍS: – Si tal práctica fuera el resultado de cualquier superstición o rito de magia, también deberíais subestimar los movimientos que los médiums ejecutan con sus manos durante los pases, que forman parte de la técnica de la magnetoterapia para lograr distribuir equitativamente las fuerzas vitalizadoras del mundo oculto sobre los plexos nerviosos de los enfermos.

Por cierto, aún son pocos los médiums que poseen una noción satisfactoria de las leyes ocultas que disciplinan los polos positivo y negativo de las corrientes electromagnéticas o electrobiológicas, que circulan a través de los seres vivos. Los más ignorantes confunden la técnica de los pases curativos con escobazos para arriba y para abajo sobre los enfermos, mezclando fluidos perniciosos con los efluvios vitales benéficos. No saben practicar la "descarga fluídica" antes de los pases; no conocen las leyes de dispersión, de fuga o polarización de los fluidos periespirituales, practicando así toda clase de equívocos y tonterías con respecto a la técnica sana en su función de pasistas, cuyos resultados todavía resultan algo provechosos debido a la interferencia continua de las entidades experimentadas del "lado de acá".

Aquí, esos médiums condensan fluidos revitalizantes sobre los órganos congestionados; allí, dispersan las fuerzas vitalizadoras de las regiones anémicas de los pacientes; acullá, efectúan pases longitudinales en zonas orgánicas que piden apenas una polarización fluídica. En su ciego fanatismo, muchos médiums repudian las valiosas enseñanzas de un tratado esotérico o de cualquier compendio teosófico o yoga, que les daría un conocimiento sabio para manosear las fuerzas ocultas.

A través de las oscilaciones de los péndulos radiestésicos se podría comprobar fácilmente que en el cuerpo humano circulan corrientes electromagnéticas de naturaleza positiva o negativa, ya sea moviéndose en sentido longitudinal, transversal u horizontal, y polarizándose alrededor de los sistemas de los órganos físicos. Aunque esas fuerzas ocultas escapen de la apreciación de los sentidos humanos, pueden identificarse a través de médiums entrenados o por las criaturas de psiquismo muy sensible y agudizado.

Ellas interpenetran y vitalizan órganos y sistemas de sustentación anatómico-fisiológica del hombre, mientras transportan impurezas fluídicas y procesan las transfusiones "etéreo astrales" tan necesarias para el metabolismo periespiritual. En consecuencia, si se cruzan las manos o los pies durante los pases mediúmnicos y magnéticos, lógicamente que se cierra el circuito etéreo magnético de los fluidos en circulación, los cuales necesitan recuperarse en la fuente terapéutica del mundo espiritual, retornando después a las mismas zonas del cuerpo humano desvitalizado. Cuando se cierra el circuito magnético se produce la polarización, es decir, refluye la energía y cesa el contacto directo entre el paciente y el pasista, bajando también el tono del magnetismo del periespíritu.

Reduciéndose la absorción periespiritual del enfermo, a causa de la polarización de los fluidos en efusión, él deja de recibir las fuerzas donadas por el pasista, que no penetran en el metabolismo psicofísico y terminan por disolverse en el medio ambiente.

El Sublime Peregrino

Capitulo V

Jesus de nazaret y el cristo planetario

PREGUNTA: - Conforme deducimos de vuestras palabras, ¿Jesús es una entidad y el Cristo otra? Tal concepción no crea más confusión entre los católicos, protestantes y espiritas, puesto que están convencidos de que Jesús y el Cristo son la misma persona?

RAMATÍS: – En nuestras sencillas actividades espirituales, transmitimos mensajes basados en instrucciones recibidas de los altos mentores del orbe. Por lo tanto, ya es tiempo de afirmaros que el Cristo Planetario es una entidad arcangélica, mientras que Jesús de Nazaret, espíritu sublime y angélico, fue su médium más perfecto en la Tierra. El excesivo apego a los ídolos y a las fórmulas religiosas de vuestro mundo termina por cristalizar la creencia humana, bajo la cadena de dogmas impermeables a raciocinios nuevos y para no chocar el sentimentalismo de la tradición. Las criaturas estratifican en el subconsciente una creencia religiosa, simpática, cómoda o tradicional y obviamente tendrán que sufrir cuando, bajo el imperativo del progreso espiritual, deban reemplazar su devoción primitiva y sentimental por otras revelaciones avanzadas sobre la Divinidad. Los religiosos de tradición, herederos y repetidores de la creencia de sus abolengos y preferida por la familia, habituados a "adorar" y jamás a "pensar", se sienten amargados cuando tienen que abandonar las imágenes preferidas de su devoción y sustituirlas por otras más extrañas.

Correspondiendo a la asimilación progresiva humana, Dios primeramente fue reverenciado por los hombres primitivos a través de los fenómenos principales de la Naturaleza, como el trueno, la lluvia, el viento, el mar y el Sol. Enseguida evolucionaron para la figura de los múltiples dioses del culto pagano. Más tarde, esas pequeñas divinidades se fundieron, convergiendo para la idea unitaria de Dios. En la India se honraba a Brahma y a Osiris en Egipto; Júpiter en Olimpia; mientras que los Druidas en su culto a la Naturaleza, veneraban también una sola unidad. Moisés expresa en Jehová la unidad de Dios, aunque aún lo hacía bastante humanizado y temperamental, pues todos los sentimientos y emociones de los hebreos en el culto religioso, se fundían con las actividades del mundo profano. Con la aparición de Jesús, la misma idea unitaria de Dios evolucionó hacia el concepto de un Padre pletórico de Amor y Sabiduría, que enseñaba por encima de las menudencias humanas, aunque los hombres lo considerasen un donador de gracias para sus simpatizantes y un juez inexorable para sus contrarios.

Tales ideas se expresan conforme a la psicología, sentimiento y cultura de cada pueblo. Osiris, en Egipto, inspiró el culto a la muerte, mientras que Brahma, en la India, recibía homenajes fabulosos como el primero de la Trinidad divina del credo hindú. Pero también estaba Moloc que exigía el sacrificio de niños tiernos, y finalmente Jehová, entre los hebreos, era loado con el sacrificio de animales y aves, además de los valiosos presentes de sus devotos. Más tarde, el Catolicismo se definió por la idea del Creador en la figura de un viejito de barbas blancas, responsable por la creación del mundo en seis días, pontificando desde los cielos detrás de las nubes, pero aún sensible a ofrendas de las velas, flores, incienso, reliquias y la ayuda necesaria para mantener el servicio divino en el mundo terreno. Actualmente, la doctrina espirita enseña que "Dios es la Inteligencia Suprema, causa primaria de todas las cosas", descentralizando la Divinidad del antropomorfismo.

No hay duda de que ya es bastante grande la diferencia entre la concepción espirita y los dioses mitológicos que presidían los fenómenos de la Naturaleza o se inmiscuían en la vida de sus devotos; no obstante, aún existe diversidad en la propia fórmula espírita, confrontadas con otras explicaciones iniciáticas del ocultismo oriental. En verdad, esa idea de la pluralidad divina se fue atenuando con la evolución del hombre en la esfera de la Filosofía y en el campo de la Ciencia; pero, si esto le facultó para una mayor asimilación de la Realidad del Creador, también le aumentó su responsabilidad espiritual. Cuando el religioso tradicional tiene que abandonar su viejo mito o modificar su idea formal de la Divinidad, acariciada hace tanto tiempo infantilmente bajo la protección del sacerdocio organizado, entonces sufre en su alma; y de la misma forma sufren los adeptos de una doctrina como el espiritismo, ante la concepción de que Jesús es una entidad aparte del Cristo, el Logos, el Espíritu planetario de la Tierra.

Sin embargo, lo más importante no está propiamente en las convicciones de la creencia de cada uno, en el camino de su evolución mental o espiritual, sino en su comportamiento humano, cuando el hombre alcanza un discernimiento exacto y real respecto a sus responsabilidades y a la forma de conducirse delante del Dios único, cuya Ley Divina bendice a quienes practican el Bien y juzga a los que practican el Mal. Los hombres se aproximan más a la realidad conforme se liberan de las creencias, pues éstas, ya sean políticas, nacionales o religiosas, separan a los hombres y los dejan intolerantes, como en las refriegas suscitadas por los fans de un determinado club deportivo. Vale el hombre por lo que es, lo que piensa y lo que hace, pues en general, la creencia resulta ser una fuga de la realidad.[1]

1 Transcribimos de la obra de Krishnamurti, ***La Primera y la Última Libertad***, en el capítulo XVI, "Sobre la Creencia en Dios", el siguiente texto que coincide bastante con el pensamiento de Ramatís: –"Existen muchas personas que creen; millones creen en Dios y en eso encuentran consuelo. En primer lugar, ¿por qué creéis? Creéis porque eso os da satisfacción, consuelo y esperanzas; y decís que esas cosas dan sentido a la vida. Actualmente vuestra creencia tiene muy poco significado porque creéis y explotáis, creéis y matáis, creéis en un Dios Universal y os asesináis los unos a los otros. El rico también cree en Dios, pero explota impiadosamente, acumula dinero y después manda construir una iglesia y se vuelve filántropo. Los hombres que lanzaron la bomba atómica sobre Hiroshima, dijeron que Dios los acompañaba; los que volaban desde Inglaterra para destruir a Alemania, decían que Dios era su copiloto. Los dictadores, los primeros ministros, los generales, los presidentes, todos hablan de Dios y tienen una fe inmensa en Él. ¿Están prestando algún servicio, están haciendo mejor la vida del hombre? Las mismas personas que dicen creer en Dios devastaron la mitad del mundo, dejándolo en completa miseria. La intolerancia religiosa, dividiendo a los hombres en fieles e infieles, conduce a

La mayoría de los espiritas, aunque ya posean nociones avanzadas de la realidad espiritual, aún se afectan cuando se les dice que el Cristo es un Arcángel Planetario y Jesús el Ángel gobernador de la tierra. El ángel es una entidad que todavía puede actuar en el mundo de la materia, posibilidad que la misma Biblia lo simboliza por medio de los siete escalones de la escalera de Jacob; pero el Arcángel ya no puede dejar su mundo divino para tomar contacto directo con la materia, pues abandonó definitivamente los vehículos intermediarios que le facultarían tal posibilidad. El mismo Jesús, Espíritu que todavía podía actuar en las formas físicas, tuvo que reconstruir las matrices periespirituales usadas en otros mundos materiales, hoy ya extinguidos, para poder encarnar en la Tierra.

PREGUNTA: - Frente a esa distinción de ser Jesús el intermediario del Cristo Planetario de la Tierra, nos gustaría que nos dieseis mayores esclarecimientos sobre el asunto.

RAMATÍS: – Jesús, como dijimos, no es el Cristo, sino la conciencia angélica más capacitada para recibir y cumplir su voluntad en cada plano decreciente desde el reino angélico hasta la Tierra. En su misión sublime, Jesús fue la "ventana abierta" hacia el mundo material, recibiendo del Cristo sugestiones e inspiraciones elevadas para atender la salvación de las almas en educación en la corteza terrestre. No obstante, Jesús también asciende ininterrumpidamente por la expansión ilimitada de su Conciencia y liberación definitiva de las formas de los mundos planetarios transitorios. Por lo tanto, es muy probable que en el próximo "Manvantara" o "Gran Plano" él también se gradúe en la escala arcangélica, y entonces participará directamente en la creación de los mundos bajo la inspiración del Arcángel, del Logos o del Cristo de vuestro sistema solar.

Es el Arcángel, el Logos o Cristo planetario de la Tierra, cuya Luz y Esencia Vital están en perfecta sintonía con la voluntad y el plano de Dios, quien alimenta el alma de la humanidad terrícola. Los hombres viven embebidos en su esencia sublime, y por eso sienten en lo íntimo de su ser una dirección que los orienta constantemente hacia mejores adquisiciones espiritua-

guerras religiosas. Eso muestra nuestro extraño sentido político".

les en el mundo educativo de la materia. Las criaturas más sensibles, los intuitivos y los inspirados, a veces identifican esa "voz oculta" que les habla silenciosa y dulcemente sobre las bellezas edénicas que les espera una vez que dejen el cuerpo carnal. Así, el Logos, el Verbo o el Cristo del planeta Tierra, en determinado momento pasó a actuar directamente por su intermediario Jesús, ángel corporificado en figura humana, que trasmitiendo a la humanidad la Luz redentora del Evangelio.

No obstante, el Cristo planetario no podía reducirse al punto de vibrar al nivel de la mentalidad humana o habitar la precariedad de un cuerpo carnal. ¿Alguien podría colocar toda la luz del Sol dentro de una botella?

PREGUNTA: - Los teósofos dicen que los Arcángeles son entidades oriundas de un linaje aparte y que jamás vivieron la etapa material, cuya evolución sigue directrices diferentes a las de los hombres. ¿Esto es exacto?[2]

RAMATÍS: – Jamás existen dos medidas diferentes en el plano de la Creación y de la manifestación del Espíritu en peregrinación para adquirir su conciencia individual. La centella espiritual surge simple e ignorante en todas las latitudes del Cosmos, adquiere su límite conciencial situándose en las formas efímeras de los mundos planetarios, y después evoluciona a través del transformismo de las especies. El esquema evolutivo es absolutamente uno solo; sensación a través del animal, emoción a través del hombre, sabiduría a través del ángel, y el poder y la gloria a través del arcángel. Son condiciones inherentes a todos los espíritus, porque Dios no modifica el proceso de su Creación fuera del tiempo y el espacio. No existen dos especies de procesos evolutivos, donde una parte de los espíritus progresa exclusivamente en el "mundo interno" y la otra iniciándose por el "mundo externo". La materia, conforme prueba la ciencia moderna, es "energía condensada"; en consecuencia, no tiene mérito alguno para el ser evolucionar apenas en el seno de la "energía libre" o demérito al someterse a la disciplina letárgica de la "energía condensada". La evolución es fruto de una opera-

---

2 Ver la obra *La Fraternidad de los Ángeles y de los Hombres*, de George Hogdson. Obra editada por la Editorial O Pensamento.

ción espontánea, un impulso ascendente que existe en el seno de la propia centella por fuerza de su origen divino. A medida que se consolida el núcleo conciencial, aun en el mundo del Espíritu, la tendencia expansiva de esa conciencia primaria es abarcar todas las cosas y formas, por cuyo motivo ella no estaciona, en un momento dado, en los límites de las formas físicas, sino que las impregna impelidas por el impulso creador de Dios. Así, el más insignificante átomo de conciencia espiritual creado en el seno del Cosmos, jamás podrá cercenar el ímpetu divino que lo acciona hacia la angelitud, y consecuentemente para la condición arcangélica. Eso nos comprueba la Justicia, la Bondad y la Sabiduría de Dios, sin privilegios o diferenciaciones en la escala evolutiva del Espíritu en busca de su eterna ventura. Todo Arcángel ya fue hombre; todo hombre será Arcángel, esa es la Ley.

Por cierto, la importancia de la vida del Espíritu no está en la contextura de la instrumentación provisional usada para despertar su conciencia, sino en aquello que despierta, acumula y desarrolla en sí mismo, habitando la Tierra o el Espacio. No hay milagros ni subterfugios por parte de Dios; ninguna entidad espiritual, aunque sea un Logos Solar, podrá enseñar, orientar y alimentar humanidades encarnadas, si no se trata de una conciencia absolutamente experimentada en aquello que pretende realizar. No habiendo "gracias" inmerecidas ni privilegios divinos, obviamente los arcángeles también hicieron su escalada sideral bajo el mismo proceso extensible a todas las almas o espíritus impelidos hacia su perfeccionamiento. Si un Arcángel o Logos Planetario puede ligarse al Espíritu de un mediador, como el Cristo lo hizo con Jesús, y siendo constante el progreso espiritual, más tarde o más temprano el propio Jesús alcanzará la graduación arcangélica. Y cuando el espíritu del hombre alcanza la condición beatífica de un Arcángel, entonces es llamado "el Hijo Sideral"; es un Cristo, cuyo estado espiritual absoluto es el Amor, como la "Segunda Manifestación de Dios" o la "Segunda Persona de la Santísima Trinidad", aun tan mal comprendida entre los católicos y los protestantes, e injustamente criticada por los espiritas ortodoxos.

Así, el Logos o Cristo planetario de la Tierra es realmente la Entidad Espiritual, que actuando en la conciencia global de toda la humanidad terrícola, alimenta y atiende los sueños e ideales de los hombres. Es la Fuente Sublime, el Legado Sideral de Dios donando la Luz que vivifica; el "Camino, la Verdad y la Vida" en constante acción a través de la "vía interna" de nuestra alma. ¿No es evidente que la luz de vuestro hogar busca su luz y fuerza en el transformador más próximo, en vez de recurrir a una Usina distante? Dios, como "Usina Cósmica" y alimentador del Universo, legó a sus Arcángeles, transformadores divinos de Luz y de Vida, el derecho y la capacidad de atender a las necesidades humanas en las cortezas planetarias, ofreciéndoles la energía debidamente dosificada según la capacidad de cada ser para su beneficio espiritual. No existe desperdicio energético en el Cosmos; jamás la Divinidad ofrece un tonel de agua para el que sólo puede soportar el contenido de una copa.

Los hombres suelen perderse por los laberintos de raciocinios oscuros buscando la Verdad y la Gloria a través de procesos complejos y esclavizando la Razón a las formas transitorias, mientras a su lado se encuentra la copa de agua fresca del Evangelio, capaz de saciar toda la sed humana. Mal comprenden ellos que Jesús codificó en lenguaje simple y de fácil ejecución, el Pensamiento y la Gloria del propio Cristo Planetario.

PREGUNTA: - ¿Existe alguna referencia bíblica que nos indique que el Cristo es realmente un espíritu planetario, y no el propio Jesús de Nazaret?

RAMATÍS: – Conforme hemos dicho, cada mundo tiene su Logos o Cristo planetario, sea la Tierra, Marte, Júpiter, Saturno o Venus. De acuerdo a la graduación espiritual de sus humanidades, también habrá mayor o menor absorción del aura de su Cristo, que a veces es señalado con bastante acierto por los astrólogos en el estudio de sus cartas zodiacales colectivas.

Cuanto más evolucionada es la humanidad de un orbe, ella también es más sensible o receptiva a la vibración espiritual de su Arcángel planetario; siente más íntimamente su influencia bienhechora y tiende hacia las realizaciones superiores.

Pero cuando llega la época tradicional de "Fin de los Tiempos" o de la selección espiritual en los planetas promovidos para un mejor nivel evolutivo, se hace la separación en el simbolismo de las ovejas y los lobos, de la cizaña y el trigo. Entonces, los espíritus reprobados son considerados como a la izquierda de su Cristo planetario, o sea, a la izquierda del Amor. En seguida son exilados hacia otros orbes inferiores, cuya vida inhóspita se afina con sus contenidos espirituales violentos, agresivos y despóticos, propios de su graduación inferior. Esa emigración constante de un mundo hacia otro generó la leyenda bíblica de la "caída de los ángeles", o sea espíritus talentosos, astutos y orgullosos que socaban las actividades del Bien por el abuso del poder y de privilegios en sus existencias planetarias.

Y es Juan Evangelista, en el Apocalipsis, quien deja entrever sibilinamente y sin ambigüedad, que Jesús es una entidad y el Cristo otra, cuando dice: "Y oí una gran voz en el cielo que decía: Ahora ha venido la salvación, y la fortaleza, y el reino de nuestro Dios, y el poder de su Cristo; porque el acusador de nuestros hermanos ha sido arrojado, el cual los acusaba delante de nuestro Dios día y noche", XII -10. Juan se refiere, indirectamente, al Cristo Planetario de vuestro orbe de donde es arrojado Satanás, después de la profética selección espiritual, o sea, simbolizando la comunidad de espíritus rebeldes al Amor de su Cristo.

Cuando llega la época de "Fin de los Tiempos" o de limpieza astralina de un orbe, entonces emigran los espíritus tenebrosos y rebeldes que infestan el aura y reducen la frecuencia vibratoria de la luz crística proveniente del interior. Una vez apartados del aura del planeta higienizado, es obvio que el planeta se muestra menos denso en su contextura astralina y por eso aflora mayor cantidad de Luz de su Cristo planetario en el ambiente seleccionado. Esa operación dirigida por la Técnica sideral, Juan la enuncia en el Apocalipsis, cuando dice: "el poder de su Cristo fue restablecido después de la expulsión de Satanás". Usando un ejemplo rudimentario, diríamos, que la simple providencia de limpiar el polvo acumulado sobre la pantalla de una lámpara, le permite proyectar mejor luz a su alrededor. Por eso, la "Segunda venida del Cristo" ha de ser realizada por la vía interna del espíritu del hombre, y no como lo describe la mitología religiosa, pues cuanto más se sensibiliza el ser, mejor puede asimilar la luz espiritual de su Cristo.

Por consecuencia, el divino Logos o Cristo planetario ya actuó a través de Moisés, Krishna, Isaías, Zaratustra, Zoroastro, Buda, Mahoma, Confucio, Fo-Hi, Anfión, Numú y otros tantos instrumentos humanos. Pero Jesús fue el más fiel intérprete del Cristo planetario en la Tierra; al completar los 30 años de edad física, cuando bajó sobre su cabeza la paloma simbólica del Espíritu Santo durante el bautismo efectuado por Juan Bautista, Jesús pasó a vivir minuto a minuto, las fases mesiánicas del plano espiritual, trazado por su elevado mentor, el Cristo o Arcángel del orbe.

PREGUNTA: - ¿Podéis indicarnos algún pasaje bíblico cuya claridad no permita dudas y en donde se distinga perfectamente al Cristo y a Jesús?

RAMATÍS: – Es muy significativo el diálogo ocurrido entre Jesús, Simón Pedro y los demás apóstoles, cuando les PREGUNTA: – "Y vosotros, ¿quién decís que soy yo? Y Pedro le respondió: "Tú eres el Cristo, el hijo de Dios vivo". Finalmente, después de cierta reflexión, Jesús ordenó a sus discípulos que no dijeran a nadie que él era Jesús el Cristo (Lucas, IX-20 y 21; Mateo, XVL-15, 16 y 20).

En ese relato, Jesús admitió que representaba a otro ser, el Cristo, además de sí, y que hacía mucho tiempo lo inspiraba y que Pedro intuitivamente había percibido. Hablando más tarde al pueblo y a los apóstoles, el Maestro Jesús esclareció perfectamente su condición excepcional de mediador del Cristo, no. habiendo dudas al expresarse de la siguiente forma: "Mas vosotros no queráis ser llamados Maestro; porque uno es vuestro Maestro y vosotros todos sois hermanos. Ni os llaméis Maestros, porque uno es vuestro Maestro, el Cristo! (Mateo, XXIII-8 y 10). Es evidente que Jesús hablaba en primera persona y se refería al Cristo en la segunda persona, pues tenía el propósito de destacarlo de su propia identidad, porque en virtud de su reconocida humildad, jamás se habría intitulado un Maestro. Por cierto, innumerables pasajes del Nuevo Testamento hacen referencia a Jesús y lo llaman el Cristo (Mateo, XXVII-I7 y 22), suponemos que más tarde llegó a admitirse como el Cristo, el "Ungido" o "Enviado".

Y si Jesús no aclaró mejor el asunto, fue a causa de que sus apóstoles no podían comprender la realidad de que él fuese una entidad y el Cristo otra; así como la falta de cultura, propia de la época, no les permitía raciocinios tan profundos como la idea de un arcángel planetario.[3]

3 Nota del Revisor: Recomendamos la lectura del cap. "Los Ingenieros Siderales y el Plan de la Creación" de la obra ***Mensajes del Astral***, de Ramatís, donde explica minuciosamente las particularidades de los Cristos Planetarios y Constelatorios, y en particular, la excelente obra de Huberto Rohden: Así decía Jesús, en el capítulo "Ninguno va al Padre si no es por Mí", en donde el autor hace un profundo estudio sobre la diferencia entre el Cristo y Jesús. (Esta obra se halla publicada en portugués. Editorial Freitas Bastos - R. de Janeiro - Brasil.)

Esclarecimientos del Más Allá

Capitulo XIX

El doble etérico y sus funciones

PREGUNTA: - ¿Qué podéis decirnos acerca del doble etérico, como vehículo intermediario entre el cuerpo carnal y el periespíritu del hombre?

RAMATÍS: – El doble etérico es un cuerpo o vehículo provisional, una especie de mediador plástico o elemento de unión entre el periespíritu y el cuerpo físico del hombre. Está constituido por el éter físico emanado de la propia Tierra;[1] y conforme ya dijimos, se disuelve en la tumba después de la muerte física. Recibe los impulsos del periespíritu y los transfiere a la carne, actuando también en sentido inverso.

En tosca analogía, citamos la función valiosa del cable eléctrico, que recibe la carga de electricidad enviada por la usina o fuente productora, que después ilumina la lámpara o mueve el motor. Sin ese modesto hilo, aparentemente sin importancia, el mundo oculto de la electricidad no podría actuar sobre el mundo visible de la materia. El doble etérico, por lo tanto, a semejanza del hilo eléctrico, cumple la función de ser un mensajero

1 Nota del Revisor: De acuerdo con la concepción oriental, el Éter Cósmico es la esencia virgen que interpenetra y sustenta el Universo; es la sustancia "Virgen" de la escolástica hindú. El Éter Físico es más bien una especie de exudación o radiación del citado Éter Cósmico, que fluye a través de los poros de la Tierra, la cual funciona a manera de condensador del Éter. Bajo tal aspecto, el Éter Cósmico pierde su característica de esencia "virgen" o "pura" para volverse una sustancia impregnada de las impurezas del planeta durante su exudación. Si consideramos al Éter Cósmico semejante al agua pura, en su estado natural, el éter físico entonces será el agua con impurezas después de usada por el hombre.

sumiso, que transmite al cuerpo lo que siente el espíritu en su mundo oculto, es decir, las emociones que el alma plasma en su mente espiritual imponderable.

EL DOBLE ETERICO DEL HOMBRE

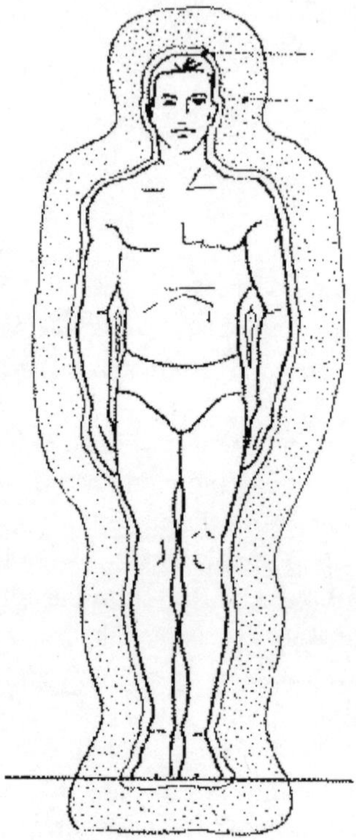

A – El doble etérico que envuelve al hombre como un cartucho de gas vaporoso.

B – El aura de la salud, que se expande del propio doble etérico.

PREGUNTA: - Nos habéis dicho en otras oportunidades que el doble etérico era muy conocido y estudiado hace muchos siglos por otras doctrinas espiritualistas. ¿Podéis extenderos al respecto?

RAMATÍS: – El doble etérico con su sistema de "chakras" o centros de fuerzas etéricas situados en la periferia[2] del cuer-

2 Ver el capítulo "Los Chakras" de la obra *Esclarecimientos del Más Allá*.

po humano, es realmente conocido hace muchos siglos por los viejos ocultistas e iniciados hindúes, egipcios, esenios, caldeos, asirios y chinos, aunque por disposición de los Mentores Espirituales, apenas ahora decidieron hacerlo popular entre los espiritualistas de Occidente. A los espiritas les cabe conocer y divulgar la anatomía y fisiología del periespíritu, principal vehículo de relación entre el Espíritu y la materia; y también necesitan estudiar el doble etérico, conocidísimo por los Rosacruces, Teósofos, esotéricos y yogas. Eso no contraría ni perturba los objetivos de los postulados espiritas, pues conociendo bien el doble etérico, los médiums podrán mejorar su tarea mediúmnica y dinamizar las fuerzas magnéticas; y los espiritas adoctrinadores esclarecerán innumerables incógnitas y percances de los trabajos de materialización, voz directa, levitaciones, transportes y operaciones fluídicas. En todos esos fenómenos el doble etérico es el principal responsable por la elaboración del ectoplasma y de la coordinación de los fluidos nerviosos de los médiums de efectos físicos.

Por eso insistimos en este asunto en el área espírita, pues se trata de materia de suma para los adeptos. El Espiritismo es doctrina evolutiva y de constantes investigaciones en el campo de la espiritualidad. Ya es tiempo de abandonar la vieja fórmula del médium "analfabeto", de muy "buena intención" y que por eso compensa las tonterías y ridiculeces, por el solo hecho de ser humilde! La humildad es una virtud muy discutida entre los hombres, pues casi siempre se confunde con el servilismo, que es el fruto de las circunstancias, que obliga a la persona a un comportamiento mejor pero accidental, no siendo, por tanto, una actitud resultante de la evolución espiritual.

*PREGUNTA: - **El doble etérico aún es materia bastante desconocida para nosotros, estudiosos del Espiritismo, dado que no hemos sido orientados hacia tales enseñanzas.***[3]

3 Nota del Revisor: Exceptuando la pregunta, creemos que la Federación Espirita de San Pablo, desde hace mucho tiempo estudia asiduamente ese tema, gracias a la óptima escuela de médiums y a la orientación progresista de Edgar Armond. Leer ***Puntos de la Escuela de Médiums***, y ***Mediumnidad, Pases e Irradiaciones***, donde la cuestión del doble etérico, chakras y demás conocimientos de los viejos ocultistas, son tratados con eficiente sistema didáctico.

RAMATÍS: – La estructura, el mecanismo, la fisiología del doble etérico y su funcionamiento, todavía es materia desconocida para la mayoría de los médiums, y por eso casi todos se aventuran en realizaciones imprudentes, sin el mínimo conocimiento de las funciones primarias de los diversos vehículos que conforman el periespíritu y sirven al Espíritu inmortal, para acondicionar la fenomenología mediúmnica en la Tierra. Ignoran hasta su verdadera composición fisiológica, cuando actúa en un campo vibratorio superior al de la vida material.

El doble etérico, en virtud de la pronunciada influencia que el espiritismo irá ejerciendo de ahora en adelante en la humanidad, debe ser investigado y divulgado en todos sus aspectos.

Ciertos mentores invisibles ya están transmitiendo conocimientos superiores respecto al periespíritu y al doble etérico.4 También es verdad que en este asunto todavía falta mucha receptividad a los espiritas ortodoxos, presos dogmáticamente a aquello que Kardec "dijo o dejó de decir". Pero en virtud de las exigencias impuestas por el progreso actual, los movimientos espiritualistas tienden a desarrollarse continuamente en el seno de la masa común.

Así, cualquier doctrina que se obstine en una ortodoxia sectaria, de postulados exclusivos, tenidos como superiores respecto a los demás sectores espiritualistas, será como pieza de museo, incapaz de explicar los múltiples aspectos o realidades de la Vida Inmortal.

PREGUNTA: - ¿Cuál es la naturaleza del doble etérico?

RAMATÍS: – El doble etérico es un vehículo invisible para la vista del hombre común, y desconocido para la medicina terrena, pues los anatomistas y fisiólogos sólo se preocupan del cuerpo físico, en donde efectúan sus exámenes "positivos", alejados de cualquier conjetura metafísica. Se trata de un cuerpo etéreo, cuya contextura, repetimos, es un producto específico

4 Nota del Revisor: Realmente, esa materia está siendo tratada con cierto afecto en el ambiente espirita codificado por A. Kardec. Ver las obras ***Entre la Tierra y el Cielo***, págs. 126 y 127, cap. "Conflictos del Alma"; ***Evolución en dos Mundos***, págs. 26 y 27, ambas obras de André Luiz; la obra ***Roteiro*** de Emmanuel, cap. VI, "El Periespiritu", todas psicografiadas por Chico C. Xavier. Ver ***Mediumnidad, y Pases y Radiaciones***, capítulo "Los Chakras", de Edgar Armond, edición Lake.

del éter físico, es decir, del éter impuro exhalado a través del orbe terráqueo. De esa forma, el doble etérico puede funcionar con éxito en las fronteras del mundo astral y las del físico, pues mientras su composición exterior es del terreno, su base íntima y oculta es la del Éter Cósmico.

A pesar de ser el doble etérico un cuerpo invisible para los ojos carnales, se presenta a nuestra vista espiritual como una capa densa medio física, sensible al perfume, al frío, al calor, al magnetismo y también afectado por los condimentos, ácidos, sustancias hipnóticas, sedantes o narcóticos y por el contacto humano en los momentos de mayor condensación. Los médiums deberían tener el máximo cuidado de evitar alimentos que puedan lesionar su doble etérico, dado que de él dependen los fenómenos medianímicos de naturaleza más física.

PREGUNTA: - Cuando el doble etérico se aleja del cuerpo físico, ¿puede ocurrir algún accidente?

RAMATÍS: – El doble etérico, al separarse del cuerpo físico, ya sea durante la anestesia o en trance mediúmnico, o cuando el espíritu de noche vaga fuera del cuerpo carnal, eso provoca en el hombre una considerable reducción de vitalidad física, y una caída de temperatura. En tal condición también adquiere más libertad de acción, aumenta sus energías y se vuelve hipersensible, porque al estar el cuerpo adormecido o en trance, se mantiene con una reducida cuota de Prana para sustentarse. No es difícil, pues, que el cuerpo físico después manifieste en su contextura material los efectos de cualquier acontecimiento lesivo ocurrido durante la separación de su vehículo etérico.

PREGUNTA: - Si pudiéramos observar el doble etérico a través de nuestra visión física, ¿cómo lo veríamos en su realidad imponderable?

RAMATÍS: – Los clarividentes entrenados ven al doble etérico como un vehículo vaporoso, que cubre al cuerpo en todos los sentidos y le interpenetra los poros físicos y periespirituales. Su configuración es transparente y su emanación etéreo física sobrepasa el cuerpo del hombre en 1/4 de pulgada en todos los sentidos. Además de su configuración, se forma un aura radiactiva semejante a un inmenso huevo, que despide a veces unas chispas plateadas. Es el "aura de la salud" muy conocida por los ocultistas y magos, y que alcanza de cinco a diez centímetros más allá del cuerpo físico. También lo vemos de un color rosa blanquecino, débilmente luminoso, impregnado de tonos azules y emitiendo fulguraciones violáceas. Hay casos donde su color se inclina hacia los matices del aluminio transparente o del vidrio opaco, dependiendo todo eso de la salud del hombre y de su menor o mayor capacidad de absorción del Prana. La contextura del doble etérico varía conforme al tipo biológico humano, siendo más sutil y delicada en los seres superiores y más densa en las personas primitivas.

El éter físico que nutre al doble etérico se irradia de él en todas las direcciones. Cuando el médium o el magnetizador extienden las manos para dar pases a los enfermos, el éter físico converge febrilmente hacia las extremidades de las mismas, fluyendo en forma tan intensa y pródiga para el enfermo, conforme sea la capacidad pránica vital del pasista.

PREGUNTA: - ¿Cuál es la función principal del doble etérico?

RAMATÍS: – Su función más importante es transmitir para la pantalla del cerebro del hombre todas las vibraciones que emiten las emociones e impulsos que el periespíritu recibe del Espíritu o Alma Inmortal. Y él también absorbe el Prana o vitalidad del mundo oculto, emanado del Sol, conjugándolo a las fuerzas exhaladas del medio físico; y enseguida las distribuye por el sistema nervioso y demás partes del organismo carnal. Aunque sea un intermediario entre los centros sensoriales de la conciencia periespiritual y los centros de conciencia cerebral física, el doble etérico es el resultado de las emanaciones radiactivas del cuerpo físico de la Tierra. No es un vehículo consciente, dado que es incapaz de actuar por sí o en forma inteligente, cuando está desconectado del hombre. Aunque realice ciertos ajustes y tome providencias defensivas, esto sucede por el automatismo instintivo y biológico del propio organismo carnal, pues éste, cuando se mueve en forma independiente de la dirección del espíritu, revela un sentido fisiológico inteligente y disciplinado, nutriendo y reparando las células gastadas o enfermas, sustituyéndolas por otras sanas, para recuperarse de todas las pérdidas materiales.

El doble etérico, además de sus importantes funciones de intercambiar las reacciones del periespíritu y del cuerpo carnal, es también una reserva vital indispensable.

PREGUNTA: - ***¿Qué diferencia existe entre un hombre común y un médium, respecto de la naturaleza y función de su doble etérico?***

RAMATÍS: – Los médiums de "prueba", es decir, aquellos que encarnan en la Tierra con la obligación primordial de cumplir un servicio mediúmnico y especialmente los de fenómenos físicos, que elaboran y consumen ectoplasma, ya nacen con cierto desvío en la línea magnética vertical de los polos positivo y negativo de su periespíritu. Debido a una intervención deliberada que los técnicos siderales realizan en su periespíritu antes de reencarnar, esa línea magnética perpendicular que baja desde lo alto de la cabeza, pasa por el ombligo y cruza entre los dos pies del hombre, dividiéndolo hipotéticamente en dos mitades iguales, se desvía hacia la izquierda, en diagonal, atravesando la zona del bazo.

El periespíritu, con esa desviación magnética, inclinado algunos grados a su izquierda, cuya línea debería cruzarle las cejas y de allí en adelante pasa sobre el ojo izquierdo terminando entre los pies, acaba por modelar también en el útero femenino un doble etérico con la misma desviación a la izquierda del cuerpo físico. Así, en obediencia a esas líneas de fuerza que obligan a esa desviación, el doble etérico se transforma en una ventana viva constantemente abierta hacia el mundo oculto, poniendo al hombre en contacto más íntimo con los fenómenos extraterrenos. Por consecuencia, ese hombre es un médium, un individuo que presiente y ausculta la vida invisible mediante fenómenos que no son comunes.

Repetimos: el doble etérico durante el nacimiento y crecimiento del hombre con la prueba de la mediumnidad, también se modela obedeciendo a la misma inclinación de la línea magnética del periespíritu, quedando así algo desplazado a la altura del bazo físico y del chacra esplénico, facilitando el transe mediúmnico con más frecuencia. El epiléptico también es una criatura cuyo doble etérico se aparta con cierta frecuencia de su cuerpo físico, pero en vez de tratarse de un fenómeno disciplinado por la intervención de la Técnica Sideral antes de reencarnarse, ocurre con violencia y absoluta imprevisión de su portador.

Por eso el trance del médium de fenómenos físicos y el ataque del epiléptico tienen cierta semejanza entre sí. La diferencia está en que el médium entra en trance en forma espontánea y en el momento oportuno para cumplir con su trabajo, y el epiléptico cae al suelo ni bien su doble etérico se satura de los venenos expurgados por el periespíritu, apartándolo violentamente, para después disolverlos en el medio ambiente. En ciertos casos, se comprueba que el epiléptico también es un médium de fenómenos físicos en potencial, pues la incesante salida de su doble etérico del cuerpo físico termina por abrirle una brecha mediúmnica que lo sensibiliza para la fenomenología citada.

Sin embargo esa doble inclinación del periespíritu y del doble etérico, que hace posible la mediumnidad de efectos físicos, la psicografía mecánica o la incorporación completa, nada tiene que ver con las facultades espirituales innatas del hombre superior, como el poder de la Intuición Pura o de la Clarividencia Espiritual, cualidades sublimes que dependen fundamentalmente de la formación moral y del grado sideral del alma, en vez de una simple intervención técnica extemporánea.

A través de esa "fisura" etérica abierta para el más allá resultante de la desviación de la línea periespiritual magnética, el médium es entonces el hombre hipersensible en contacto más estrecho con los fenómenos del mundo oculto. Sin embargo eso también le resulta un cuchillo de doble filo, pues caso venga a falsear sus costumbres, dedicarse a pasiones violentas o cultivar vicios degradantes, se arriesga al fracaso espiritual en la vida física, como ya ha sucedido con innumerables médiums imprudentes.

PREGUNTA: - ¿Podríais darnos un ejemplo más concreto de esa desviación magnética del periespíritu y del doble etérico, que ocurre a la izquierda del hombre y a la altura del bazo, proporcionándole un contacto más frecuente o de mayor intercambio con lo invisible?

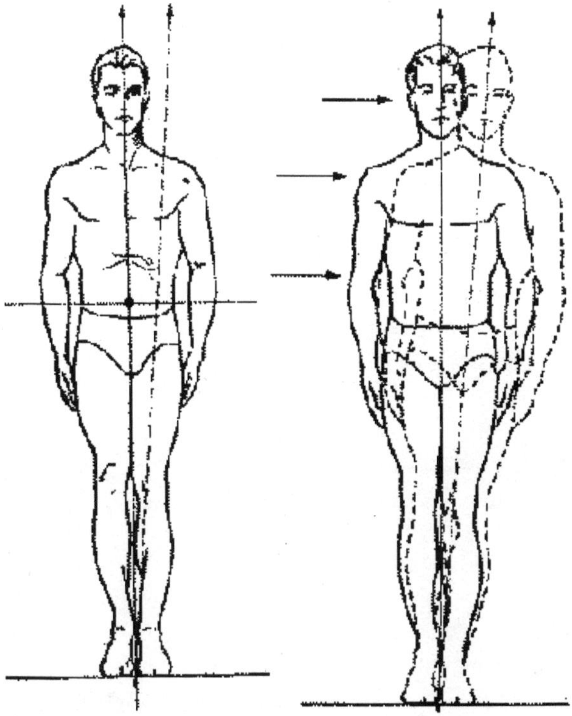

Línea AB, la perpendicular que pasa entre las cejas del hombre y lo divide en dos mitades, pasando entre los pies.

Línea 1-2 (punteada), la misma perpendicular desviada a la izquierda, sobre la altura del bazo, lo "abre" a la mediumnidad prematura, pues el periespíritu y el doble etérico quedan algo desviados a la izquierda del cuerpo físico, como ventanas vivas abiertas hacia el Más Allá.

RAMATÍS: – Tratándose de un asunto trascendental, que no podemos ejemplificar en forma más contundente por falta de vocablos adecuados o ejemplos técnicos familiares, solo podemos compararlo al fenómeno, aún no explicado por la ciencia del mundo, de la diferencia que también existe entre los polos geográficos y los polos magnéticos de la Tierra. Es evidente que la Tierra también posee su doble etérico, compuesto por la suma del éter físico de todos los cuerpos etéricos y seres existentes en su superficie. Considerando que el doble etérico de la Tierra la interpenetra por todos sus poros e intersticios físicos, transbordando en una aura radiactiva gigantesca que se irradia hasta algunos kilómetros de su contorno esférico, lo cierto es que en el orbe tampoco coinciden su línea vertical magnética con la línea geográfica norte-sur.

Se comprueba así que también existe una diferencia entre la línea perpendicular de los polos geográficos con la perpendicular de los polos magnéticos, cosa que fácilmente se puede comprobar por la desviación de la aguja magnética de la brújula, que apunta al polo norte magnético, más a la izquierda de lo que está el polo geográfico. Aunque esto sea un hecho común y explicable para los iniciados y quede en el terreno de las conjeturas para los científicos terrenos, lo cierto es que esa desviación del doble etérico de la Tierra, también es una hipersensibilidad natural del orbe en su progreso hacia aspiraciones superiores.

No obstante, si la mayor abertura etérica del orbe terráqueo para el mundo oculto sólo trae beneficios para su humanidad, en el caso de los médiums ellos necesitan una constante vigilancia de sus actos en el mundo físico, pues las entidades malhechoras del Invisible los acechan en todos los momentos a través de ese portal psíquico vulnerable. Raros médiums de efectos físicos pudieron llegar hasta el final de su existencia terrena de forma lisonjera, pues en general, los maquiavélicos de las sombras consiguieron perturbarles el mandato sideral exponiéndoles el orgullo, la vanidad, la codicia y despertándoles intereses mercenarios en la especulación censurable de su mediumnidad.[5]

PREGUNTA: - Alguien nos explicó que los médiums son individuos más vulnerables a los efectos tóxicos secundarios de las medicinas sedantes, drogas hipnóticas, anestesias y narcóticos, porque son también más sensibles que el hombre común. ¿Eso es verdad?

RAMATÍS: – Los médiums, en general, son nerviosos y enfermizos, fácilmente afectados por los fenómenos materiales del medio donde viven, de las reacciones morales, emotivas y

---

5 Nota del Revisor – Corroborando las palabras de Ramatís, recomendamos la lectura de las obras ***Instrucciones Psicofónicas***, pag. 101 y 161 y ***Voces del gran Más Allá***, pag.192, donde se ve que algunos médiums de efectos físicos, por cierto muy conocidos en vuestro país, terminaron sus existencias en condiciones espirituales precarias, conforme ellos mismos narran a través de la psicografía de Chico Xavier.

mentales de los demás seres que los rodean en el mundo. Viven superexcitados por las preocupaciones comunes, mientras que las cosas más simples se les agigantan y los aflige debido a la mente hipersensible y al contacto frecuente de su doble etérico con el mundo oculto. La desviación parcial del doble etérico y del periespíritu, bastante acentuada en los médiums de efectos físicos que en los otros medianeros, los mantiene en sintonía frecuente con la humanidad desencarnada, haciéndoles sufrir la influencia de sentimientos y emociones buenas o malas, proyectadas de aquí por los espíritus desencarnados.

Debemos acrecentar todavía, que las sustancias alopáticas, tóxicas y narcóticas, dejan pesados residuos en el éter físico que fluye por el sistema nervioso de los médiums, como también presiona al periespíritu y al doble etérico, aumentando la "fisura" o "ventana viva" que se entreabre para el lado de acá.

Eso exige del médium vigilancia constante sobre sus emociones, pensamientos y actos, aconsejándolo a huir de pasiones y vicios lesivos, caso desee resistir a la voluntad subvertida, a desmedidas ambiciones y a los proyectos siniestros de espíritus malévolos y mistificadores.

Pero la verdad es que los mentores siderales sólo conceden la facultad mediúmnica a los espíritus que se ofrecen para cumplir, leal y correctamente en la Tierra, todos los preceptos y las normas necesarias para un aprovechamiento espiritual a su favor y el de la humanidad. Sin embargo ellos no pueden prever la ambición, la vanidad, la perversión o deshonestidad de sus pupilos cuando, después de encarnados, se dejan fascinar por las tentaciones, vicios y tentaciones pecaminosas que los hacen fracasar en la prueba de la mediumnidad.

Los espíritus endeudados piden a los técnicos siderales su hipersensibilización periespiritual, para poder desempeñar un trabajo mediúmnico que les permita resarcirse de sus clamorosos débitos del pasado. En general, después de encarnados se dejan influir por las voces melifluas de los habitantes de las tinieblas, pasando a comerciar su mediumnidad, como si fuera mercancía de fácil colocación. Cuando perciben su caótica situación espiritual, les falta la condición moral y la fuerza de voluntad para su resurgimiento ante el peligroso abismo.

PREGUNTA: - ¿De qué modo las drogas hipnóticas, los narcóticos y anestésicos son perjudiciales a los médiums de fenómenos físicos, mecánicos, psicográficos o de incorporación total?

RAMATÍS: – Las anestesias utilizadas en las operaciones, los antiespasmódicos, los gases volátiles, los sedantes hipnóticos, los barbitúricos, el monóxido de carbono, el tabaco y ciertos alcaloides como la mezcalina, el ácido lisérgico y otros, son sustancias que actúan violentamente en los intersticios del doble etérico, pues la catalepsia, el trance mediúmnico, la anestesia total, la hipnosis y el ataque epiléptico, resultan más propiamente de la separación súbita de ese cuerpo delicado y responsable por la absorción vital del medio. Aunque la necesidad obligue al médium a utilizar tales sustancias, en momentos imprescindibles, resulta siempre imprudente abusar de las mismas bajo cualquier pretexto o motivo.

Las drogas y los gases anestésicos, en general, retiran el doble etérico por el lado izquierdo, a la altura del bazo físico y sobre el cual funciona el chacra esplénico; eso provoca trances, hipersensibilizaciones e inconvenientes, bajando la temperatura del cuerpo y reduciendo la vitalidad orgánica.

Durante la materialización, la hipnosis, la anestesia y el sueño, se reduce la cuota del Prana o Vitalidad que es absorbida comúnmente a través del medio ambiente, por el chacra o centro esplénico. El doble etérico, en esa ocasión, tiende a proyectarse hacia el mundo oculto, en donde se siente a voluntad y se muestra muy sensible y eufórico, mientras se revigoriza de Prana, sin necesidad de alimentar al cuerpo físico adormecido.[6]

PREGUNTA: - Hace algunos instantes, habéis dicho que las drogas hipnóticas, los barbitúricos, el tabaco y ciertos gases causan graves perjuicios a los médiums porque son hombres que tienen su doble etérico algo apartado del cuerpo físico. ¿Nos podéis dar algún ejemplo de ese asunto?

6 Nota del Médium: El doble etérico a veces se proyecta a la hora de la muerte hasta los parientes distantes o amigos del agonizante, haciéndose sentir por repercusión vibratoria de los golpes o ruidos, que se asemejan a arena arrojada sobre el techo de la casa o a lija frotada sobre el piso.

RAMATÍS: – Hace poco tiempo, ocurrió en vuestro mundo un acontecimiento que dio lugar a los más divergentes comentarios y despertó enconadas censuras en las esferas médicas y científicas. Nos referimos al uso imprudente de la talidomida, o "droga maldita", por las mujeres en gestación. La talidomida, conforme asegura la ciencia terrena, provoca el nacimiento teratológico de niños, cuyas manos nacen directamente en los hombros, pendiendo como hojas atrofiadas. Indudablemente que esa droga puede actuar en los genes formadores del feto y alterarle las líneas de fuerzas que dirigen el proceso normal de los cromosomas, generando criaturas deformadas. Sin embargo, los científicos, anatomistas y fisiólogos ignoran que el impacto tóxico y deformante de dicha droga, se ejerce a través del doble etérico en formación en el feto. En su acción anestesica o aislante, la droga se interpone entre la contextura del doble etérico del feto y la matriz periespiritual, principalmente en la región formadora de los miembros superiores. Por otra parte, bajo el mismo proceso, tóxicos perniciosos como los barbitúricos, narcóticos y anestésicos, también actúan y producen alteraciones nocivas en la estructura vital etérea de los médiums, llevándolos a deformaciones de orden psíquico.

El médium que abusa de narcóticos que actúan frecuentemente sobre su doble etérico y en su sistema nervioso, puede volverse un mutilado psíquico, dado que se transforma en un blanco accesible al asedio del mundo inferior. Así como la talidomida actúa en la contextura del feto en crecimiento en el vientre materno, deformándolo, ciertas drogas cuando se usan en exceso por los médiums, pueden perturbarles los hábitos comunes y debilitarles sus defensas psíquicas, dejándolos desamparados en sus relaciones con el mundo físico y el oculto.

PREGUNTA: - ¿Qué función desempeña el doble etérico durante los trabajos de materialización?

RAMATÍS: – En general, en los trabajos de efectos físicos, el doble etérico al apartarse por la izquierda del médium, a la altura del bazo, se vuelve un punto de apoyo para los espíritus desencarnados actuar con más eficiencia en la frontera entre los dos mundos. Es el responsable por la exudación del ectoplasma del médium y por la transferencia de fluidos nerviosos que sirven para la materialización, voz directa, levitaciones o transportes. Es el mediador plástico y el catalizador de las energías mediúmnicas, aglutinándolas para servir al mismo tiempo entre el plano espiritual y el mundo físico.

Los espíritus desencarnados no pueden materializarse utilizando únicamente su periespíritu y por eso lo revisten e interpenetran con la sustancia plástica ectoplásmica que se exuda del doble etérico proyectado por el médium o por las personas presentes. Algunas veces se producen materializaciones algo deformadas, una especie de nubes blanquecinas y vaporosas que recuerdan una figura humana recortada sobre una niebla lechosa y pastosa.

Eso sucede porque los espíritus sólo pueden impresionar a los sentidos de los "vivos" por el empleo y uso de esa masa lechosa, etéreo-física, movediza e inestable, formada por el ectoplasma del médium y producida a través de su doble etérico. Por eso, muchas veces los encarnados se extrañan de las figuras deformadas que a veces se manifiestan en los trabajos de fenómenos físicos y se decepcionan, creyendo que los espíritus son de hecho esas criaturas lúgubres, deformes y fantasmagóricas.[7]

Cuando se trata de buenos espíritus, los llamados muertos tienen mucha mejor apariencia que los vivos más bellos de la Tierra, pues su periespíritu es un organismo de contextura anatómico-fisiológica muy superior a la configuración letárgica del cuerpo físico, sujeto a trasmutaciones celulares y envejecimiento precoz. Pero sucede que en las materializaciones, los espíritus al servirse del doble etérico de los médiums, tienen que adaptarlos a su plástica periespiritual, tal como se infla un globo de gas, donde la menor deficiencia del aire o presión exterior lo deforma.

En virtud de la indocilidad del éter físico, que es difícil de someterse completamente al dominio del "lado de acá", a veces los espíritus se ven obligados a mostrarse a los encarnados en forma grotesca, ora recortando nítidamente su cabeza pero deformando el resto de su figura periespiritual, ora completando

7 Nota del Médium: Leer las obras *Trabajo de los Muertos* y *Materializaciones del Padre Zabeu*, donde se comprueba ese aspecto amorfo en algunas materializaciones.

perfectamente las manos pero sacrificando la delicadeza de la fisonomía. No obstante, a pesar de su deformación a la vista física de los encarnados, los espíritus evolucionados se presentan como focos de radiaciones de luces deslumbrantes. Pero cuando se trata de seres primitivos o diabólicos, surgen bajo una espesa niebla o aura sombría.

Los santos, tan consagrados en la Tierra en los lugares donde acostumbran aparecerse a los campesinos simples o a los niños, como el caso de N. S. de Fátima, Aparecida, de las Gracias o en Lourdes, no pasan de espíritus de intensa luminosidad y belleza angelical confundidos con "La Virgen" o el "Señor de Bonfim", que más tarde inspiran la fuente rentable de especulaciones religiosas. En ese caso el ectoplasma exudado por los niños y personas humildes, simples y buenas, se combina con la misma sustancia existente en el doble etérico de la propia Tierra, que aun siendo rudimentario es sobrecargado de magnetismo virgen y así se presta magníficamente para enmarcar la proyección de espíritus hermosos, dando pretexto a las tradicionales santas a las que rinde culto la Iglesia Católica. Esos fenómenos de apariciones sublimes se dan con frecuencia en las proximidades de arroyuelos, bosques encantadores, zonas libres de malos fluidos como grutas o praderas de intenso verdor.

PREGUNTA: - Ya que el médium, en virtud de la fuerte separación congénita de su doble etérico, es propenso a enfermedades y más vulnerable a ataques de espíritus inferiores, eso no representa un sacrificio exagerado e incompatible con el sentido de Justicia de lo Alto?

RAMATÍS: – Ningún espíritu se encarna en la tierra con la tarea obligatoria de ser médium psicográfico, mecánico, de incorporación o de efectos físicos, sino que cada uno lo hace por su libre y espontánea voluntad, dado que solicitó a lo Alto la oportunidad bendita para redimirse espiritualmente, en un servicio en beneficio del prójimo, ya que en el pasado también usó y abusó de sus poderes intelectuales o aptitudes psíquicas en detrimento ajeno. Aun en la Tierra, las tareas más peligrosas deben aceptarse en forma espontánea, para que el responsable no venga a escaparse posteriormente de cumplirlas por abandono personal. Sin duda la escogencia para servicio peligroso siempre recae sobre el hombre más apto y capacitado, a fin de alcanzar buen éxito. La mediumnidad de fenómenos físicos es por lo tanto un servicio poco común, difícil y peligroso, cuyos grandes obstáculos y sorpresas exigen el máximo de prudencia, humildad, heroísmo y seguridad moral.

El médium antes de encarnar sabe de eso; si más tarde él comercia con los bienes espirituales y fracasa en el desempeño contradictorio de su elevada función, no debe culparse de eso a lo Alto, solo porque le proporcionó una oportunidad de redención. La culpa, no cabe dudas, cabe al fracasado ante la imprudencia de aceptar tareas mediúmnicas que están más allá de su capacidad normal de resistencia espiritual. Las oportunidades mediúmnicas redentoras se conceden a espíritus que han fallado, pero la responsabilidad del éxito o fracaso, sólo a ellos les debe ser atribuida. Conforme dijéramos, el médium es quien produce las condiciones gravosas o favorables en el desempeño de su tarea mediúmnica.

Cuando hace uso indiscriminado de anestésicos, narcóticos, tabaco, alcohol y carne, esas sustancias tóxicas expulsan violentamente al doble etérico del cuerpo físico; si se entrega descaradamente a pasiones violentas, a vicios y placeres condenables, entonces se aísla imprudentemente de los guías responsables por su seguridad mediúmnica en el mundo terreno. La verdad es que Jesús, Buda, Francisco de Asís, Ramakrishna, Teresa de Jesús, Antonio de Padua, Vicente de Paul y otras almas de elevada estructura espiritual, fueron médiums poderosos y se colocaban en contacto frecuente con entidades desencarnadas durante su existencia heroica, sin el riesgo de ser víctimas del poderío y la fascinación de las tinieblas.

Desgraciadamente los médiums de prueba son personas que viven su existencia humana oprimidas por grandes responsabilidades o deudas del pasado; por eso, frente al mínimo descuido o falta de vigilancia espiritual, se vuelven vulnerables a las embestidas perniciosas del mundo invisible, pues los médiums de efectos físicos, salvo raras excepciones y debido a la expulsión de su doble etérico, entran en trance a semejanza de los ataques de epilepsia o de los viciados en drogas. Pero los médiums sensatos, serviciales y magnánimos, alcanzan su trance mediúmnico bajo la asistencia de espíritus técnicos benévolos, que del "lado de acá" los protegen y libran de interferencias nocivas y consecuencias perjudiciales.

Bajo ese control espiritual y amigo, el médium se aparta o retoma su doble etérico sin desperdicios inútiles de energía, ya que está amparado contra el acecho del astral inferior. De esa forma él se protege de la infiltración de microorganismos peligrosos para su contextura etéreo física y de una desvitalización que le desequilibre la salud corporal.

PREGUNTA: - ¿El doble etérico también se aparta del hombre en casos de accidente o desmayo?

RAMATÍS: – El accidente, la práctica mesmérica, el pase magnético, el pase espirita, la hipnosis y el trance mediúmnico pueden apartar parcialmente al doble etérico, mientras que la muerte, sin duda alguna, lo separa definitivamente del cuerpo físico.

PREGUNTA: - Considerando que el doble etérico es un vehículo intermedio entre el cuerpo físico y el periespíritu y que se disuelve en el sepulcro después de la descomposición cadavérica, entonces preguntamos: el cuerpo astral citado por los ocultistas, ¿es el mismo doble etérico a que os referís, o es el periespíritu, que Kardec menciona en su codificación?

RAMATÍS: – El cuerpo astral, muy familiar para los esotéricos, teósofos, rosacruces y yogas, es el mismo vehículo que Allan Kardec generalizó bajo el nombre de periespíritu, especificando que es "aquello que envuelve al Espíritu y lo acompaña en el Más Allá después de la desencarnación".

El doble etérico, a veces es confundido con el cuerpo astral por algunas escuelas ocultistas del pasado, es la reproducción exacta del cuerpo del hombre; se distancia de la epidermis casi un centímetro, formando una copia vital y de contornos iguales. Aun cuando se aparta del organismo físico, conserva su forma humana, pareciendo que el hombre como recortado sobre una masa nebulosa, un tanto brillante y movediza. Del doble etérico se irradia un aura radiactiva resultante de la exudación del

Prana, que una vez absorbido por el organismo etéreo-físico, nuevamente es expelido hacia el exterior. Es la conocida "aura de la salud" citada por los Vedas y que sobrepasa en su forma ovoide, varias pulgadas de la periferia del cuerpo humano.

Durante la gestación del feto en el vientre materno, se produce una retención y acumulación de éter físico del medio en donde el espíritu se encarna, éter que entonces penetra electrón por electrón, átomo por átomo y molécula por molécula en la intimidad de la carne en formación, modelando poco a poco la figura física y etérica del hombre, surgiendo así el doble etérico indispensable para que el periespíritu actúe en la materia. Sin embargo, como ese éter físico es tan denso o transparente, conforme sea la naturaleza biológica del ser humano, entonces es obvio que el doble etérico de los habitantes de Júpiter o de Marte, por ejemplo, debe ser un cuerpo más perfecto y delicado que el de los terrícolas porque son espíritus más evolucionados. Así, en los planetas inferiores sus habitantes también son portadores de un doble etérico más denso y compacto, de acuerdo con el ambiente físico donde viven.

Los clarividentes entrenados pueden verificar la gran diferencia que existe entre el doble etérico de un troglodita y el de un iniciado o espíritu superior. En el primero, el doble etéreo tiene de aspecto sucio y aceitoso; en el segundo es traslúcido, luminoso y rosáceo. De igual forma, el "aura de la salud" exudada por el doble etérico de un antropófago es un ovoide grasoso, denso, con una viscosidad escurriendo hasta algunos centímetros más allá del cuerpo físico. En el Maestro Jesús esa aura era como una rica vestimenta, fluídica y cristalina, de vitalidad muy poderosa que curaba instantáneamente a los enfermos portadores de las molestias más extrañas y dolorosas.

Por eso, los lugares donde se sepultan criaturas de elevada estirpe espiritual quedan impregnados de una aura vitalizante o energía terapéutica capaz de curar algunos enfermos muy sensibles. Esos lugares, con el correr del tiempo se vuelven inocuos y poco a poco pierden su fama, como ya está sucediendo con las aguas de Lourdes, cuyo éter físico "milagroso" ya se agotó debido a la ley centrífuga de expansión de los gases.

PREGUNTA: - El doble etérico, después de la muerte del cuerpo físico, ¿puede ser útil para el espíritu, antes de disolverse?

RAMATÍS: – El doble etérico al estar compuesto de éter físico, sustancia emanada de la propia corteza terrestre, ejerce su acción exactamente en la frontera entre los dos mundos, el material y el espiritual, es decir, donde termina el primero y comienza el segundo. Durante la desencarnación él funciona como una especie de "amortiguador" o especie de "colchón etérico", pues una vez que se aparta del cadáver del cuerpo físico, suaviza el pasaje del periespíritu hacia el Más Allá. En esas circunstancias, el doble etérico se desliga del periespíritu, como si hiciese su devolución suave y gradual al verdadero "hábitat", sin provocar conmoción o choque por el abandono o rompimiento brusco de la vida material.

Mientras el cuerpo del fallecido reposa en el ataúd y antes de ser sepultado, los espíritus técnicos todavía pueden servirse del doble etérico e intercambiar energías de amparo hacia el periespíritu del desencarnado; en concomitancia, también eliminan hacia el cadáver los residuos psicofísicos que hayan quedado ligados al periespíritu.

Sirviéndonos de una explicación algo rudimentaria, diríamos que en vez del periespíritu promover un salto brusco y arrancarse violentamente del cuerpo físico para ingresar en el mundo espiritual, él, diciéndolo mejor, se desliza suavemente a través del doble etérico, posibilitándole una liberación más agradable. Pero en caso de muerte por accidente, suicidio o síncope cardíaco, todo se produce en forma distinta, debido a la expulsión violenta del doble etérico y del periespíritu por la ruptura brusca de los cordones fluídicos, que se desligan instantáneamente por la desintegración de los vórtices de los chacras, o centros de fuerzas etéricas.

Cuando eso sucede, el doble etérico y el periespíritu, en vez de desligarse lenta y suavemente del cuerpo, sin choques inesperados, son proyectados con violencia en el ambiente astral que les corresponde.

PREGUNTA: - Las emociones y los pensamientos malsanos que perturban nuestro periespíritu, y que más tarde causan efectos enfermizos en el cuerpo carnal, también se reflejan y perjudican al doble etérico? Por acaso este cuerpo no carece de inteligencia y sensibilidad consciente, como habéis dicho anteriormente? Y su función no es apenas la de un intermediario pasivo entre el periespíritu y el organismo carnal?

RAMATÍS: – Si consideramos que pensamientos disparatados provocan emociones indisciplinadas y generan ondas, rayos o dardos violentos que fluyen de la mente descontrolada hacia el cerebro físico a través del doble etérico, es claro el sistema nervioso del hombre se desorganiza bajo ese mar revuelto de vibraciones antagónicas. En seguida se perturba la delicada función de los sistemas endocrino, linfático y sanguíneo, pudiendo manifestarse apoplejía por el derrame de sangre, vertida por exceso de cólera, o surgir un eczema o un síncope cardíaco por el freno súbito impuesto a la corriente sanguínea, alterada por los impactos del odio o por la represión violenta de la vesícula en razón de una explosión de celos. Todas las emociones fuertes, afectan al doble etérico en su tarea de mediador entre el periespíritu y el cuerpo carnal. Pero cuando está sometido a los impactos agresivos del periespíritu perturbado, el doble etérico baja su tono vibratorio impidiendo que los rayos emocionales que descienden de la conciencia periespiritual, afecten al cuerpo físico. Es una especie de fuga vibratoria, como sucede con la planta sensitiva cuando es molestada en su epidermis vegetal.

PREGUNTA: - ¿Nos podéis citar algunos detalles más respecto de los recursos que el doble etérico moviliza para su autoprotección, en los momentos de excesiva turbulencia proyectada en el periespíritu por el espíritu inmortal?

RAMATÍS: – A pesar de que el doble etérico es un cuerpo desprovisto del atributo mental del raciocinio, él es movido por un seguro automatismo de instinto o sensibilidad directora propia del éter físico, exhalado por la Tierra y que le posibilita, hasta cierto punto, detener la carga deletérea de la perturbación mental que baja del periespíritu hacia el cuerpo físico. De lo contrario, bastaría el primer impacto de cólera para desintegrar el organismo carnal y romper su conexión con el periespíritu.

En los momentos de perturbaciones muy agudas, el doble

etérico se adensa, toma cuerpo, y este fenómeno, aumentando la carga de éter físico, hace que él se inmunice contra la frecuencia vibratoria violenta del periespíritu. El se contrae y se aísla, figuradamente, como decís vosotros, el doble etérico deja el periespíritu "hablando sólo". Pero ante los impactos súbitos y violentos del periespíritu, el chacra cardíaco es el centro de fuerza que más sufre los efectos de tal descarga, dado que él es el responsable por el equilibrio vital y fisiológico del corazón.

PREGUNTA: - En caso de que el doble etérico no consiguiera reaccionar con los recursos de su instinto, para proteger al cuerpo físico contra una explosión emocional del periespíritu, cuáles serían las consecuencias de semejante contingencia?

RAMATÍS: – Cuando sucede tal cosa, el doble etérico recibe un impulso de separación compulsorio y en esta ocasión cae instantáneamente la vitalidad orgánica del hombre, que desmaya corriendo el riesgo de un infarto cardíaco, de consecuencias fatales. Sin embargo, el doble etérico, por su instinto de defensa, moviliza todos los recursos para evitar que los centros de fuerzas etéricos se desintegren por completo. Pero cuando por la reacción defensiva del doble etérico, la descarga violenta del periespíritu no consigue alcanzar al cuerpo físico, entonces, esa carga de toxinas emocionales sufre un choque de retorno, volviéndose a fijar en el periespíritu, quedando "instalada" en él hasta que sea expurgada en su presente encarnación o en otra futura, pues la única válvula de escape por donde se pueden expeler esos venenos psíquicos, es el cuerpo físico, el cual, para efectuar esa limpieza, sufre el traumatismo de molestias específicas, inherentes a la causa que les dan origen.[8]

Por cierto, el ambiente actual del mundo, galvanizado por constantes agitaciones sociales, producto de los desajustes mo-

---

8 Nota del Revisor: El cuerpo físico del hombre realmente se condiciona habitualmente a sus estados mentales y emotivos. Basta considerar que durante la hipnosis, el cuerpo del "sujeto" manifiesta las más variadas reacciones, pues bajo la sugestión del hipnotizador, él baja la temperatura, acelera los latidos cardíacos, eleva o baja la presión arterial, acusa dolores inexistentes y se alivia de los sufrimientos indeseables. Si la mente del hipnotizador (que es extraña al cuerpo del sujeto), puede producirle estados agradables o desagradables, ¿qué se podrá decir respecto al paciente, que en estado de vigilia se deja hipnotizar por las pasiones, violencias psíquicas, vicios o emociones peligrosas?

rales de sus habitantes, es una fuente de disturbios psíquicos, que desgraciadamente tienden a aumentar en proporciones que alcanzan el grado de calamidad, degenerando cada vez en un mayor número de personas neuróticas, esquizofrénicas, con desesperación que termina en suicidio. Todo eso es el resultado de la intensa explosión de emociones alucinantes que destrozan el sistema nervioso, resultando día a día, un aumento del número de víctimas de síncopes e infartos del miocardio, pues el chacra cardíaco del doble etérico se vuelve impotente para resistir el bombardeo incesante de las emociones tóxicas y agudas vertidas por el alma y alojadas en el periespíritu, hasta que se haga el "drenaje" por el doble etérico hacia el cuerpo carnal.

En otra obra de nuestra responsabilidad[9] ya dijimos que esas descargas de tóxicos periespirituales producen eczemas, urticarias, neurosis, mala circulación, disturbios coronarios, congestiones renales y hepáticas, hemorroides y otras disfunciones órganos delicados. Y si esa carga deletérea acumulada en vidas anteriores fuera aumentada por los desatinos de la presente encarnación, entonces esa saturación degenera en afecciones mórbidas rudas y torturantes, como son la lepra, el pénfigo, la leucemia, la tuberculosis, el cáncer y otras enfermedades insuperables.

PREGUNTA: - ¿Cuál sería un ejemplo material sobre la protección que el doble etérico ejerce, en su tarea de proteger al cuerpo físico contra esos impactos violentos del periespíritu?

RAMATÍS: – El doble etérico cuando contrae su densidad para evitar el flujo de ess toxinas mortíferas, oriundas del periespíritu, nos recuerda al frasco de vidrio oscuro, que por su color opaco protege los líquidos que se descomponen fácilmente por la incidencia de la luz. Así, un impacto psíquico de odio, de cólera o celos se encuentra imposibilitado de fluir libremente y alcanzar el sistema fisiológico del cuerpo físico.

PREGUNTA: - Hay otro problema: ¿Cómo se comporta el doble etérico en el caso de hipnosis, cuando el cuerpo del "sujeto" sufre y manifiesta los efectos dolorosos de ciertas emociones?

RAMATÍS: – El hipnotizador actúa por sugestión en la

9 Ver, ***Mediumnidad de Cura***, de Ramatís, ed. Kier S. A.

mente del "sujeto" y lo induce al trance hipnótico y de eso resulta el retiro parcial del doble etérico, que queda a la "deriva", permitiendo la inmersión en el subconsciente, y la imposición de la exteriorización de la sensibilidad correspondiente a cada una de las emociones o sentimientos que el hipnotizador le fija. Es algo parecido a una "brecha" que se entreabre para el lado de acá, a través de la cual es posible hasta conseguir que el "sujeto" manifieste y dé vida a etapas de su infancia y juventud, como también a acontecimientos y hechos de las vidas pasadas, vividas por el paciente.

Durante la separación del doble etérico se eleva su frecuencia vibratoria porque él también se liberta de la función pasiva de obedecer al comando del periespíritu. De esa forma, el "sujeto" corresponde y obedece a las intimaciones del hipnotizador, viviendo e integrándose a los estados psicológicos que le son sugeridos. Pero únicamente pacientes muy sensibles, que entren fácilmente en sueño profundo, conseguirán traer a la superficie de su mente el acervo de sus vidas pasadas.

PREGUNTA: - ¿Podéis darnos más detalles de ese fenómeno?

RAMATÍS: – Como el doble etérico está formado por el éter físico del mundo terráqueo, en la forma de una emanación radiactiva, cuando se distancia del periespíritu y del cuerpo carnal, se vuelve un vehículo "catalizador" que acelera las vibraciones alrededor del "sujeto" hipnotizado; por eso, favorece el despertar del subconsciente y la emersión o exteriorización de los acontecimientos archivados en las capas más profundas del ser.

PREGUNTA: - ¿Podéis citarnos algunos fenómenos más de la sensibilidad o función del doble etérico, como intermediario entre el cuerpo y el periespíritu?

RAMATÍS: – Podemos citar el hecho de algunas criaturas que, habiendo sufrido la mutilación de algún miembro de su cuerpo, se quejan de dolores en esos órganos físicos que ya le fueron amputados. Tal sensibilidad se debe a que la operación quirúrgica no fue ejecutada sobre el doble etérico, dado que éste es inaccesible a las herramientas del mundo material. Por eso, es muy común observar en los hospitales especializados en operaciones quirúrgicas, cuando los amputados de piernas o brazos conservan por cierto tiempo una sensibilidad refleja, que es transmitida a su conciencia física por los miembros etéricos que subsisten después de la operación realizada en el cuerpo carnal. Los clarividentes desarrollados, frente a un manco o un cojo, consiguen ver los moldes invisibles de tales órganos.

PREGUNTA: - ¿Los animales también tienen doble etérico? Por acaso ellos disponen también de un periespíritu?

RAMATÍS: – Todas las cosas y seres tienen su doble etérico, estructurado del propio éter físico exhalado por la Tierra, que los relaciona con el mundo invisible y con las fuerzas del atavismo animal. Pero no todos los animales son portadores de un periespíritu, pues éste es un vehículo más avanzado porque incorpora en sí el cuerpo astral o de los "deseos" y el cuerpo mental del "pensamiento rudimentario". Pero el doble etérico, por ser el vehículo responsable de todos los fenómenos del mundo invisible manifestados en la materia, abarca diversas categorías de "materia etérica" como son la electricidad, el sonido, el olor, la luz, la temperatura, la densidad, la presión y otras más, propias de la vida en el orbe.

Los animales primitivos, sin capacidad cerebral para distinguir reacciones emocionales, cuando mueren, lo que les sobrevive es un doble etérico compacto, pues su "actuar" está subordinado al instinto o acción del espíritu-grupo, sin ningún resquicio de una conciencia individualizada. Está en ese caso, por ejemplo el pez, cuya vida, circunscrita a los movimientos instintivos del cardumen, hace que un pez, en cuanto al modo de sentir, sea siempre igual a otro pez. No obstante, en las especies más evolucionadas como el perro, el gato, el mono, el elefante y el mismo buey, ya poseen un periespíritu rudimentario, algo de la "Psi" porque además del doble etérico, ya poseen un cuerpo astral, aunque tosco, pero en condiciones de permitirles manifestar ciertos deseos y emociones, que demuestran vislumbres de sentimientos.[10]

El perro, por ejemplo, ya revela algunas nociones de senti-

10 Ver ***Mensaje del Astral*** de Ramatís, capítulo XVII, "Los Ingenieros Siderales y el Plano de la Creación".

miento humano, ya sea amando a su dueño hasta el sacrificio, u odiando a su verdugo, sin olvidarlo jamás. Ya denuncia un periespíritu aunque en estado de embrión. Y con el correr del tiempo incorporará el atributo mental, que se irá formando, lo que le permitirá una comprensión más perfecta, aunque inherente a su especie animal.

Los animales que ya poseen cierta sensibilidad mental de discernimiento después de su muerte, su "espíritu" embrionario será encaminado hacia otros planetas donde se les ofrecen condiciones de vida en un ambiente compatible con su conciencia en formación. Así, poco a poco ellos adquieren su independencia individual y se desprenden del espíritu grupo de su especie.

Las especies de animales que citamos son las que en la actualidad, más se apartan de la dirección del espíritu-grupo, dado que ya manifiestan emociones y reacciones diferentes al ambiente de su propia raza. Es muy común, en la actualidad, observar en una nidada de canes distintas emociones en cada uno, pues si uno es cobarde, otro es fiel y valiente, como también se encuentran los muy afables y los más egoístas.

Eso prueba que ya existe una individualización en la especie canina, es decir, que su sensibilidad emotiva, a medida que se desarrolla y perfecciona, amplia la facultad del raciocinio, en la medida que el alma-can encarne en cuerpos donde el sistema cerebral o fisiológico sea más evolucionado. En la continua evolución de los centros sensoriales físicos y los centros astralinos de los animales, también se perfecciona y sensibiliza el intercambio de células nerviosas por la constitución un sistema somático y parasimpático más adecuado y sensible. Esa sensibilidad pasa a activar el cerebro animal y abre el camino por "vía interna" para el desarrollo del cuerpo mental, que es el responsable por el encadenamiento del raciocinio, comenzando así su marcha "individual" y el ascenso, cada vez más consciente, rumbo a la perfección.

PREGUNTA: - ¿El doble etérico también es capaz de acusar en nuestros sentidos físicos los ataques de espíritus malhechores?

RAMATÍS: – Tratándose de un vehículo etérico de acentuada sensibilidad "extraterrena", y al mismo tiempo interpenetrado por el periespíritu y por el organismo de carne, él tanto sufre como acusa accidentes, traumatismos, choques, lesiones y agresiones que sucedan en ambos cuerpos, de los cuales es fiel intermediario. Cualquier hostilidad al cuerpo físico y al periespíritu, el doble etérico la acusa de inmediato por medio de los centros sensoriales correspondientes en la conciencia periespiritual y en la física. El periespíritu a su vez, como un equipo de actuación en los planos sutilísimos del espíritu inmortal, al manifestar su pensamiento por su cuerpo mental y sus sentimientos o deseos por el cuerpo astral en dirección a la conciencia física, también obliga al doble etérico a sufrir los impulsos buenos o malos, tal cual lo hacen los espíritus malhechores o bienhechores cuando actúan del mundo oculto.

PREGUNTA: - ¿Podéis darnos alguna idea de contusión o agresión sufrida por el doble etérico, y que después haya afectado al cuerpo físico del hombre?

RAMATÍS: – Eso se puede comprobar fácilmente en los conocidos trabajos mediúmnicos de fenómenos físicos, especialmente en la materialización de espíritus.

Si alguien toca al espíritu materializado, el médium, que se halla a distancia, se estremece y sufre ese contacto, porque realmente es su doble etérico es el que reviste el fenómeno de la materialización.

Por eso, en los trabajos mediúmnicos de buena asistencia espiritual, las entidades materializadas advierten a los presentes que no les aprieten las manos con violencia y vigor, pues el médium, en trance cataléptico, es hipersensible y vulnerable a cualquier presión que le sea hecha en su doble etérico proyectado a distancia. Conforme explicamos anteriormente, los espíritus desencarnados sólo tienen el periespíritu, el cual fuera de su plano queda incapacitado de adensarse y hacerse visible a los "vivos". Por eso, es el médium quien provee el material o sustancia ectoplásmica necesaria para que los desencarnados se hagan perceptibles al tacto y a la vista carnal de los humanos. Eso solo es posible porque el médium consiente que utilicen su doble etérico durante la manifestación de los fenómenos de materialización. Pero alguien fustiga al espíritu materializado, el médium también acusa la contusión porque lo hieren en su doble etérico exteriorizado e impregnado de sus fluidos nerviosos. En ciertos casos, al volver a la vigilia física, llega a exhibir en su epidermis como si fueran machucones o manchas, algo parecidas a la sangre negruzca, correspondiendo en el cuerpo físico, exactamente a la zona magullada etéricamente.

Pellizcando o hiriendo al médium durante el trance cataléptico, indefectiblemente acusará la agresión a través de un fuerte choque vibratorio, que llegar a su conciencia como si estuviera en vigilia.

PREGUNTA: - ¿Puede suceder que el médium, sin entrar en trance cataléptico, igual ofrezca su ectoplasma para materialización o voz directa?

RAMATÍS: – Sin duda; se trataría de un médium sumamente experimentado con larga pericia mediúmnica en vidas anteriores, o porque hizo cursos especiales en el Espacio para dominar el fenómeno activamente después de encarnado. En vez de tener su doble etérico desplazado por espíritus para elaborar la cantidad y tipo de ectoplasma que necesitan para determinado género de trabajo mediúmnico, ese médium ya lo suministra en las cuotas necesarias y listo para su uso inmediato. De esa forma él puede conversar con las entidades que trabajan a su alrededor y atender a las solicitudes de los presentes, sin revelar anomalías sin que cese el fenómeno de materialización o voz directa.

Otras veces, cuando los espíritus disponen de ectoplasma suficiente y preparado en la fórmula química prevista, ellos acostumbran despertar al médium del trance cataléptico para conversar con él, dándole instrucciones o hacerle advertencias sobre su conducta moral.

PREGUNTA: - ¿Qué otras circunstancias pueden darse para que el doble etérico pueda acusar las contusiones que le hicieran durante el trance del médium?

RAMATÍS: – Existen casos, donde los espíritus por la noche dejan su cuerpo físico en el lecho y durante el sueño de reposo penetran imprudentemente en regiones inhóspitas del astral inferior, terminando por sufrir agresiones de espíritus malhechores o vengativos, que se aprovechan de todas las circunstancias y ocasiones propicias para vengarse de los encarnados.

Esos perjuicios son todavía más graves para las criaturas que viven censurablemente y se muestran indiferentes a las enseñanzas de Jesús u otros instructores espirituales, que siempre enseñan a los hombres una forma de vida superior. La mala conducta practicada en el día deja al espíritu desamparado en sus salidas nocturnas por el astral, pues cuando se desprende del cuerpo carnal queda aislado de sus protectores por la masa de fluidos adversos que se le adhieren en los momentos de ausencia de vigilancia espiritual. Por eso, sus guías nada pueden hacer en los momentos de peligro, ni siquiera librarlo de ciertos traumas psíquicos, que al día siguiente se toman como pesadillas. Ciertos sueños tenebrosos no pasan escenas reales vividas por la noche, fuera del cuerpo y bajo la persecución o agresividad de malhechores del mundo invivible. En tal condición, el espíritu del "vivo" retorna veloz y afligido del lugar donde se encuentra en peligro, para sumergirse aceleradamente en su escafandra de carne y protegerse contra los peligros del más allá.

Muchas personas se entregan durante el día a pasiones innobles, a vicios deprimentes, a la maledicencia y las estadísticas de los pecados del prójimo; después se lanzan a la cama para reposar, sin al menos recurrir a los beneficios saludables de la oración, que traza fronteras fluídicas protectoras alrededor del espíritu encarnado.

PREGUNTA: - Podríamos comprobar por alguna otra experiencia, además de la materialización de espíritus, sobre la sensibilidad y la posibilidad del doble etérico transferir al cuerpo físico del médium las injurias que le sean hechas a distancia?

RAMATÍS: – Los buenos hipnotizadores pueden probar hasta dónde llega la sensibilidad del doble etérico, en su conexión íntima con el periespíritu y el cuerpo. Si el hipnotizador recortara un muñeco de papel o lo modelara en cera, con sus manos, brazos, cabeza, tronco, etc., y se lo pusiera en las manos del "sujeto", ordenando la transmisión de su magnetismo y sensibilidad nerviosa a dicho muñeco, asegurando al hipnotizado que él irá a sentir físicamente durante el trance todas las picadas, pellizcos o toques que fueren hechos al muñeco; después puede herir el muñeco en cualquier lugar, que enseguida el "sujeto" hipnotizado acusará el dolor en su cuerpo y en el lugar correspondiente. Sin embargo, raros los hipnotizadores saben que el doble etérico se aparta del cuerpo físico por el lado izquierdo, quedando más sensible al contacto material y se vuelve tan hipersensible como sea profundo el sueño hipnótico. En ese caso, el doble etérico del "sujeto" hipnotizado se vuelve una prolongación vital sensibilísima entre el periespíritu, el muñeco y el cuerpo físico, pudiendo registrar cualquier acción que el hipnotizador ejerza sobre él, aunque sea a distancia.

PREGUNTA: - Nos parece que esa posibilidad de transferir la sensibilidad del doble etérico del hombre para un muñeco, provocándole injurias a distancia, justifica en parte la práctica del hechizo, ¿no es verdad?

RAMATÍS: – La experiencia del muñeco, por cierto bastante convincente, sirve para comprobar la veracidad sobre la antigua magia y del hechizo, cuyas prácticas innobles se realizan a través de fragmentos de cabellos, líquidos orgánicos, prendas, fotografías o restos de alimentos de las víctimas.

No obstante, si las personas a quienes dirigido el hechizo cultivan sentimientos elevados, están resguardadas de ser víctimas de esos fluidos magnéticos fraudulentos, por no haber afinidad que permita establecer el circuito. Si la práctica tenebrosa del hechizo maligno todavía infesta vuestro mundo, la culpa la tiene la misma humanidad terrena, que todavía vive indiferente a su evangelización. A pesar de eso los espíritus benefactores se esfuerzan en realizar la limpieza fluídica de las casas de sus pupilos.

Los impactos de la magia negra o las cargas hechizadas que son enviadas a distancia por los desencarnados contra ciertas víctimas previamente escogidas, se ajustan fácilmente a las personas maldicientes y desvitalizadas de Prana, que son incapaces de reaccionar vitalmente contra tales ofensivas fluídicas. El hechizo es frecuente en la Tierra porque los terrícolas no saben respetar la vida privada de su hermano, pues son raros los que saben guardar el pecado del prójimo sin revelarlo en público o criticarlo maliciosamente. Los buenos pensamientos y sentimientos, justos y elevados, son los que realmente actúan sobre el Prana, y por eso conservan al hombre saludable y fuerte, desbordante de vitalidad e inmune a las embestidas del astral inferior.

El Prana que se irradia del hombre bueno, recto y evangelizado, es de tono rosado, transparente y de olor agradable para nosotros; por su luminosidad es capaz de deshacer o fundir inmediatamente las máculas, las manchas y los impactos de las cargas venenosas que se proyectan contra su dueño. Durante las relaciones entre el cuerpo físico, el doble etérico y el periespíritu, el Prana, bajo la acción de la luz, es el combustible sublime que aumenta o disminuye las defensas morales y vitales del ser contra todo lo que es abyecto, ofensivo o enfermizo. Por eso los hindúes, siguiendo las enseñanzas de Buda, saben que el primer paso en el camino del "Nirvana" o de la Angelitud, es la salud perfecta, es decir, salud moral y física.

Si los buenos sentimientos y pensamientos mejoran la calidad del Prana astral, etérico y físico, revitalizando y fortaleciendo al hombre contra la ofensiva del mundo exterior, es evidente que sólo pueden ser hechizadas las personas de mal vivir, mal pensar y mal hablar, porque ellas ya cimentan en sí mismas las bases del hechizo físico, mental y verbal. Es claro que ninguna fuerza tenebrosa del mundo oculto o material conseguiría perturbar la contextura angélica de Jesús, Francisco de Asís, Buda y otros espíritus de elevada estirpe espiritual.

PREGUNTA: – ¿Nos podéis explicar por qué las personas "desvitalizadas" de Prana en su doble etérico y en el cuerpo físico, son más vulnerables a los impactos del hechizo?

RAMATÍS: – Durante el día, cuando brilla el Sol, aumenta la vitalidad de las cosas y de los hombres; pero con tiempo sombrío, cargado de nubes o en días tristes, disminuye mucho la formación de los llamados "glóbulos vitales", que son los fundamentos del Prana, que es la Vida, la Vitalidad en todos los seres y en todos los Planos de la Creación. Pero por la noche decae casi totalmente la producción de Prana, el hombre pasa a vivir de las reservas pránicas acumuladas durante el día. Aquellos que se descontrolan en el mal hablar, pensar y actuar o que desperdician la carga pránica en prácticas viciosas y pasiones degradantes, por la noche se encuentran agotados y con su vitalidad enrarecida.

Después de medianoche el Prana o vitalidad se reduce en el orbe, justificándose así el dicho de que una hora de sueño antes de la medianoche vale por dos o más durante el día". Las desencarnaciones son frecuentes después de la medianoche, porque los espíritus desencarnados prefieren libertar al agonizante cuando tiene menos Prana, pues su vitalidad más baja, les facilita cortar los cordones fluídicos que unen el periespíritu al cuerpo físico.

PREGUNTA: - Dijisteis hace poco que el doble etérico, tanto se aparta del cuerpo físico por el sueño, como por el trance mediúmnico o cataléptico... ¿Qué diferencia existe entre esos dos estados?

RAMATÍS: – Durante el sueño natural del cuerpo físico,[11] éste reposa en todas sus funciones orgánicas, mientras el corazón continúa pulsando normalmente. Pero durante el sueño natural no siempre el espíritu se aparta de su cuerpo carnal, sino que se queda allí junto con el doble etérico y el periespíritu, emergiendo de la mente sensibilizada el recuerdo de los hechos transcurridos durante el día. Algunas veces durante esa libertad parcial del espíritu, la asociación de ideas cotidianas le ayuda a evocar lugares, acontecimientos y personas que le produjeron mayor impresión en las vidas pasadas. El hombre entonces, se despierta habiendo soñado que era un hidalgo, un sacerdote o un príncipe; otras veces se ve como un mendigo, un malhechor, un lisiado o un líder conductor de pueblos. No obstante, como él siempre recoge los efectos de las causas del pasado, ignora que en vez de un sueño puede ser la realidad de lo que ha vivido en condiciones mejores o peores. Cuántas veces el militar iracundo pierde sus galones en la próxima existencia terrena,

11 Ver la obra *La Sobrevivencia del Espíritu*, capítulo "Sueños y Recordaciones del Pasado", de Atanagildo y Ramatís, Ed. Kier S. A.

pasando a vestir los trajes de un mendigo, que la vida maltrata y humilla, obligándolo a adquirir virtudes en situaciones serviles?

He ahí la diferencia entre el sueño y el trance mediúmnico, pues en este último el doble etérico se aparta bastante del organismo y del periespíritu, para facilitar la mayor extracción posible de ectoplasma. En ese momento disminuyen las relaciones entre el periespíritu y el cuerpo físico, resultando de eso la inconsciencia parcial o total del espíritu encarnado en la materia.

En esa circunstancia, el doble etérico deja de atender con preferencia las relaciones del Espíritu con la carne, no correspondiendo a las solicitaciones comunes de la conciencia periespiritual y física. De esa forma, el médium entra en un sueño profundo e inconsciente que mucho se asemeja al trance hipnótico, pero necesario para que las entidades desencarnadas tengan buen éxito en los trabajos de voz directa, materialización y transporte, que exigen el mayor alejamiento de su espíritu y la menor interferencia anímica en los fenómenos.

En estado de sueño natural, el conjunto "psico-físico" del hombre se mantiene unísono, mientras el espíritu piensa y vive en sí mismo las cosas que le fluyen del subconsciente y las confunde con los sueños. Mientras tanto, en el trance mediúmnico su espíritu es apartado del conjunto por la gran desconexión del doble etérico; y en ese caso queda sumergido en el reino espiritual y en estado de total inconsciencia, sin participar de los fenómenos de la materia.

La Misión del Espiritismo

Capitulo I

La misión del espiritismo

PREGUNTA: - Conforme dicen los espiritas, el Espiritismo es la doctrina más compatible con la evolución actual del hombre?

RAMATÍS: – El Espiritismo es la doctrina más apropiada para el mejoramiento del ciudadano moderno. Sus enseñanzas son comprensibles para todos los hombres y se ajusta perfectamente a las tendencias especulativas y al progreso científico de los tiempos actuales. Es el Consolador de la humanidad prometido por Jesús. Le cabe la misión de incentivar y disciplinar el "derrame de la mediumnidad en la carne", estimulando por medio de las voces del Más Allá, las luchas por la evolución moral. A través de médiums, los espíritus sabios, bienhechores y angélicos, enseñan las cosas sublimes del "Espíritu Santo", conforme la predicción evangélica.[1]

PREGUNTA: - Pero es evidente que antes de la codificación espirita, los hombres se redimían a través de otras doctrinas, filosofías y religiones. ¿No es así?

1 "Si me amáis, guardad mis mandamientos y yo rogaré a mi Padre y El os enviará otro Consolador, para que permanezca con vosotros eternamente el Espíritu de la Verdad que el mundo no puede recibir, porque no lo ve, ni tampoco lo conoce. En cuanto a vosotros, lo conoceréis porque se quedará con vosotros y estará en vosotros. No obstante, el Consolador, que es el Santo Espíritu que mi Padre enviará en mi nombre, os enseñará todas las cosas y os hará recordar todo lo que os he dicho" (Juan, XIV: 15, 16, 17 y 26.) Véase también el Capítulo "Misión del Espiritismo" de la obra ***Roteiro*** de Emmanuel.

RAMATÍS: – Indudablemente, la mayor parte de las almas que forman la humanidad celestial jamás conoció el Espiritismo y aún provinieron de otras doctrinas religiosas, como hermetismo, confucionismo, budismo, judaísmo, islamismo, hinduismo, catolicismo y otras sectas reformistas. Por cierto, algunas de esas religiones nunca oyeron hablar de Jesús, el sintetizador de las enseñanzas de todos los precursores. Desde el comienzo de la civilización humana, las almas evolucionaron en forma independiente de cualquier doctrina, secta o religión. El camino de la "salvación" está determinado por la acción en pro del bien y no por la creencia del adepto.

PREGUNTA: - Considerando que el hombre se salva más por sus obras que por su creencia, entonces ¿cuál es el papel que le cabe desempeñar al Espiritismo?

RAMATÍS: – Sin duda es explicar a los hombres el mecanismo de acción y reacción que rige al Universo. El bien será el Bien y el mal será el Mal. Eso induce al hombre a practicar solo buenas obras.

PREGUNTA: - ¿Cuál es el principal motivo para que el Espiritismo supere a los demás movimientos religiosos del siglo?

RAMATÍS: – El Espiritismo es la doctrina más apropiada para la mente moderna, porque no contiene adornos inútiles, complejidades doctrinarias, posturas fatigantes o "tabúes" religiosos. Sus enseñanzas son simples y directas, no cansan a sus discípulos ni les hacen perder su precioso tiempo en busca de la Verdad. La hora profética de los "Tiempos Llegados" ya no requiere doctrinas o religiones subordinadas a símbolos o ritos, supersticiones o alegorías dogmáticas de carácter especulativo.

PREGUNTA: - ¿Que fuerza atractiva fundamental tiene el Espiritismo para ser aceptado por el pueblo?

RAMATÍS: – Es la de generalizar y aclarar las actividades del mundo oculto para las masas comunes, en forma de reglas simples y atrayentes, proporcionando la iniciación espiritual a la 'luz del día", en forma clara y objetiva, sin terminologías complicadas o lenguaje iniciático, pues tanto aprende el sabio como el hombre común, el viejo como el niño. Sus fundamentos doctrinarios se basan en la creencia en Dios, la Reencarnación y la Ley del Karma, constituyendo procesos y oportunidades para el perfeccionamiento del espíritu inmortal.

PREGUNTA: - Por acaso El Espiritismo no es una doctrina electiva para los occidentales únicamente, es decir, para una parte de la humanidad?

RAMATÍS: – Las raíces doctrinarias del Espiritismo se funden con el conocimiento de la filosofía espiritual de todos los pueblos de la Tierra, como son la Reencarnación y la Ley del Karma. Por eso lo comprenden fácilmente los chinos, hindúes, árabes, africanos, latinos, germanos, eslavos o sajones. Aun los propios judíos, tan arraigados a los dogmas y preceptos mosaicos, ingresan en el Espiritismo, ajustándose a sus prácticas mediúmnicas y objetivos filantrópicos. Además de ser una doctrina fácilmente asimilable para cualquier tipo de persona, su mensaje se adapta a todos en general, porque también estudia y disciplina de los fenómenos mediúmnicos, que son comunes a todas las razas de la Tierra. La fenomenología mediúmnica es un hecho comprobado por todos los pueblos y civilizaciones como las de Atlántida, Lemuria, China, Israel, Egipto, Persia, Caldea, Cartago, Asiria, Grecia, Babilonia, India, Germania o Arabia. Esto se comprueba fácilmente por su historia, leyendas o folklore, cuyos fenómenos fueron evidenciados hasta en los objetos y en los propósitos guerreros de los pueblos más primitivos. Los escandinavos, principalmente los vikingos, relatan sus encuentros con brujas, sirenas y entidades fascinadoras, que surgían de las misteriosas brumas, persiguiéndolos durante las noches de luna llena. Las historias y las leyendas musicalizadas por Wagner en sus piezas sinfónicas u óperas magistrales confirman el espíritu de religiosidad y la creencia en el mundo invisible por parte de los pueblos germánicos y anglo sajones. Rendían sus homenajes a los dioses, genios y deidades, considerándolos habitantes de un mundo extraño, muy diferente al habitado por los hombres. Las leyendas brasileñas también son pródigas en fenómenos mediúmnicos. En el escenario de la selva a la luz de la luna surge el "boitatá" lanzando fuego por las narices; en las oscuras encrucijadas aparece el fantasmagórico "saci-pererê" saltando con solo una pierna y despidiendo fulgores de sus ojos encendidos; en las praderas infinitas corre locamente la "mula sin cabeza", o en la penumbra de las madrugadas brumosas, los mas crédulos dicen oír los gemidos tristes del alma del "negrito del pastoreo".

PREGUNTA: - ¿Qué significa la iniciación a la "luz del día", popularizada por el Espiritismo en el conocimiento del mundo oculto?

RAMATÍS: – Antiguamente las iniciaciones espirituales eran secretas y exclusivas de hermandades esotéricas, cuyas pruebas simbólicas y hasta sacrificiales, servían para aquilatar el valor personal y el entendimiento psíquico de los discípulos. Sin embargo, los candidatos debían poseer cierto desarrollo esotérico y dominio de la voluntad en el mundo profano, para poder graduarse en las pruebas decisivas. De esa forma, el intercambio con los Maestros o espíritus desencarnados solo era permitido a los pocos adeptos optantes por las iniciaciones secretas.

Con el advenimiento del Espiritismo se abrieron las puertas de los templos secretos, se eliminó la compleja terminología y el vocabulario simbólico de las prácticas iniciáticas, transfiriendo el conocimiento espiritual directamente al pueblo a través de reglas y principios lógicos para el progreso humano. Divulgando el conocimiento milenario sobre la Ley del Karma y la Reencarnación, demostró a los hombres su grave responsabilidad personal en la cosecha de los frutos, buenos o malos que haya sembrado en la vida pasada. Extinguió la absurda idea del infierno que estimulaba virtudes por medio de amenazas de sufrimientos eternos, pero advirtió que más se salva el hombre por sus obras que por su creencia. Aclaró que nadie consigue absolver sus pecados en la hora extrema de la muerte, por medio de sacerdotes, pastores o maestros auto promovidos a procuradores divinos. El cielo y el infierno son estados inherentes al espíritu, consecuente de su mal o buen vivir sobre la tierra. En verdad, el hombre es el único responsable por su gloria o desdicha. En el siglo xx; el discípulo evolucionó por las pruebas iniciáticas que se le presentan a cada instante en la vida cotidiana, sin necesidad de recogerse en instituciones, conventos o hermandades iniciáticas. El entrenamiento del espíritu debe ejercerse conviviendo en medio de todo el mundo, a través de los sufrimientos, fracasos, vicisitudes o miserias que se le presenten, cuales lecciones severas y pedagógicas presentadas por lo Alto, que lo gradúan conforme su comportamiento. No es necesario que el hombre se aisle del mundo, en una vida totalmente contemplativa, para poder alcanzar la sabiduría espiritual, que el mundo ofrece por demás en el trato cotidiano. El discípulo diligente y disciplinado, trabajando espiritualmente en la vida moderna, se promueve a un nivel superior, si sabe aprovechar cada minuto de su vida, si es obediente a los postulados espiritas y sumiso a los preceptos evangélicos de Jesús.

PREGUNTA: - ¿Podríais darnos algunos ejemplos prácticos de esa iniciación a la "luz del día"?

RAMATÍS: – Es evidente que los hombres concurren a las iglesias católicas protestantes, sinagogas judías, mezquitas musulmanas, pagodas chinas, santuarios hindúes, centros espiritas, "tatwas" esotéricos, logias teosóficas, hermandades Rosa Cruz o terreros de Umbanda, buscando el conocimiento y el confort espiritual para sus almas debilitadas. Pero su perfeccionamiento no se procesa por la adoración de ídolos, meditaciones esotéricas, interpretaciones iniciáticas, reuniones doctrinarias o ceremonias extenuantes. En tales momentos, los fieles, creyentes, adeptos, discípulos, o simpatizantes, sólo aprenden las reglas y procedimientos que tendrán que aplicar en el mundo profano. Los templos religiosos, las logias teosóficas, cofradías iniciáticas, instituciones espiritas o tiendas de Umbanda, tienen cierta semejanza con las agencias de informaciones, que ofrecen el programa de actividades espirituales recomendadas por lo Alto y conforme a las preferencias de determinado grupo humano.

Las prácticas a la "luz del día" gradúan a los discípulos en forma imprevista porque se ejercen bajo la espontaneidad de la propia vida de los seres en común. Aquí el discípulo es probado en la virtud de la paciencia por la demora de los cajeros al atenderlo en el comercio, o por la reacción colérica del guardia del ómnibus; allá se prueba la tolerancia por la descortesía del egoísta que se antepone en la fila de espera, o por la intransigencia de los agentes que dirigen el tráfico en las populosas ciudades; acullá, por la renuncia y el perdón después de haber sido explotado por el vendedor, insultado por el conductor irascible o perjudicado por el robo de la empleada.

Así, en el transcurso de nuestras actividades humanas enfrentamos graves desafíos en el examen de paciencia, bondad, tolerancia, humildad, renuncia o generosidad. Nos hiere la calumnia de los vecinos, nos maltrata la injusticia del patrón, nos duele la brutalidad de los enemigos o somos explotados por el mejor amigo. El Espiritismo, por lo tanto, con su doctrina racional y electiva a la mentalidad moderna, puede enseñarnos la mejor compostura espiritual en los momentos de esas pruebas iniciáticas a la "luz del día", sin complejidades, misterios o secretos. Es tan simple como la propia vida, pues en medio de la agitación neurótica o de la lucha desesperada por la sobrevivencia humana, el hombre del siglo xx memoriza programas de salvación elaborados en el interior de templos religiosos o instituciones espiritualistas, para después comprobarlos en las actividades de la vida cotidiana.

PREGUNTA: - Muchos espiritas alegan que el Espiritismo debe ser predominantemente científico y no religioso, como lo hacen los dramáticos predicadores evangélicos. Por cierto, se basan en las propias palabras de Allan Kardec cuando decía: "El Espiritismo será científico o no sobrevivirá". ¿Qué nos podéis decir?

RAMATÍS: – El Espiritismo filosófico y científico puede satisfacer la exigencia intelectual especulativa, pero solo el Evangelio ilumina el corazón del hombre. Recordemos que a pesar del cuidado y la atención que merece la contextura de la lámpara eléctrica, nada puede hacer sola si no recibe la energía que proviene de la usina.

Por eso, Allan Kardec fundamentó la codificación espirita en la moral evangélica, pues estaba seguro de que la investigación científica puede convencer al hombre de su inmortalidad, pero el Evangelio es el único capaz de convertirlo a la estirpe espiritual del mundo superior. La misión del Espiritismo no consiste solamente en comprobar la vida inmortal, si no también consolar al espíritu, encendiendo la luz de la lámpara de su conciencia para después iluminar el propio mundo.

PREGUNTA: - Naturalmente, esos espiritas temen una vulgarización religiosa del Espiritismo a semejanza de lo que sucedió con la pureza iniciática del cristianismo, desvirtuada por la pompa del catolicismo e infantilizada por los dogmas bíblicos.

RAMATÍS: – Considerando que el Espiritismo codificado por Allan Kardec no admite imágenes, culto material, simbolismos cabalísticos, insignias, vestiduras u organizaciones jerárquicas, es evidente que su mensaje espiritual no será vulgarizado por sectarismos religiosos ni desfigurado por adornos o ceremoniales del mundo. No exige templos dedicados a adoración de Divinidades, pero admite la reunión evangélica en el hogar o un lugar adecuado, bajo la recomendación del Maestro cuando dijo: "Donde estuvieren dos o más reunidos en mi nombre, allí también estaré yo en espíritu."

Desde que ciencia es sinónimo de investigación y exactitud, el Espiritismo es predominantemente científico, pues además de su investigación incesante sobre la vida oculta, se distingue por la exactitud de sus principios claros e insustituibles, porque no dependen de fórmulas, dogmas o fantasías religiosas. Además, no existen sacerdotes o instructores intermediarios interpretando de modo personal o codicioso las enseñanzas espiritas, como en el caso de la Biblia, fuente de centenas de sectas religiosas que discuten de modo diferente los mismos versículos.

PREGUNTA: - Algunos espiritualistas opinan que el Espiritismo no reveló ninguna novedad digna de admiración, pues la Ley del Karma y la Reencarnación ya eran postulados de las filosofías orientales hace milenios. Que nos decís?

RAMATÍS: – Sin duda el Espiritismo popularizó en forma disciplinada y bastante fácil para la mente moderna, los conocimientos que anteriormente se elucidaban en la intimidad de los templos fraternos, velados por una complicada terminología iniciática. Pero también rechazó todo lo que se mostraba incoherente, complejo o pasible de interpretaciones dudosas, aunque simpático a las diversas corrientes del orientalismo iniciático. La codificación espirita se transformó en un vaso de agua cristalina, sin ningún matiz particular, perfectamente accesible a la mentalidad occidental y adversa a los adornos y supersticiones, muy del agrado oriental.

Allan Kardec adoptó el método inductivo en sus experimentos, y su doctrina brotó también directamente de la observación de los hechos. Los postulados espiritas no son fruto directo de las tradiciones de ninguna escuela de espiritualismo oriental, pues el codificador no aceptó a priori ninguna afirmación, sino que partió de la propia demostración positiva para definir sus principios doctrinarios.

***PREGUNTA:** - ¿Nos podéis citar alguna cosa que Kardec haya encontrado incoherente o haya rechazado, respecto a las corrientes espiritualistas de Oriente?*

RAMATÍS: – Inicialmente, rechazó el dogma de la "metempsicosis", puesto que los egipcios e hindúes admitían la transmigración del alma para el cuerpo de un animal, como castigo por los pecados más graves cometidos por el hombre en vidas pasadas. Los sacerdotes enseñaban al pueblo, que el espíritu encarnaría en la especie adecuada al tipo de su pecado; el glotón nacería en un cerdo, el irascible en un toro, el bruto en un elefante, el terco en un asno. No obstante, Allan Kardec no solo rechazó ese postulado explicando que el espíritu no retrograda, como tampoco admitió la concepción reencarnacionista del brahmanismo, con su orgullosa división de castas aristocráticas y sacerdotales, resaltando la despreciable condición de los desheredados parias.

Realmente, el Espiritismo no aportó revelaciones inusitadas en el campo de la Reencarnación y de la Ley del Karma, ya expuestos milenariamente por las escuelas orientales; pero Allan Kardec solo aceptó tales enseñanzas o postulados después de someterlos a la opinión unánime y rectificadora de los espíritus al servicio de la doctrina. Solo los admitió obediente a la coherencia de lo Alto y por la sensatez en la solución de los problemas del mundo trascendental, cuando confirmaron satisfactoriamente el origen de las diferencias entre los seres humanos, la conciencia de existir, el destino, el libre albedrío, el bien y el mal en la transitoriedad de la vida terrena.

PREGUNTA: - ¿Qué fundamento tiene el afirmar que el Espiritismo es realmente una doctrina Universalista?

RAMATÍS: – Indudablemente el Espiritismo es una doctrina universalista, porque el motivo principal de su actuación y existencia son los acontecimientos y problemas derivados del Espíritu, es decir, de la entidad universal. Su motivo fundamental es el espíritu inmortal, sea luz, energía, llama, centella o ser imponderable e indescriptible a nuestro entendimiento humano, pero siempre ha de ser el "eslabón" de nuestra conciencia con el Absoluto, el alimentador de la Vida y del Universo.

PREGUNTA: - Si el Espiritismo es doctrina universalista, ¿por qué determinados espiritas combaten otros credos, filosofías o mensajes mediúmnicos, inclusive hasta nuestras comunicaciones mediúmnicas?

RAMATÍS: – Repetimos: El Espiritismo es universalista, pero no le cabe la culpa si muchos espiritas desmienten ese edificante concepto y desperdician su precioso tiempo en juicios y agresividad mental para los demás trabajadores de la espiritualidad.

PREGUNTA: - Algunos colegas dicen que tienen necesidad imperiosa de "defender" los sensatos principios del Espiritismo, a fin de evitar la promiscuidad de las mezclas o sincretismos religiosos.

RAMATÍS: – El argumento es bastante débil, pues lo que es invulnerable a la influencia o agresión ajena, no necesita defensa alguna. El rosal plantado en cualquier terreno continuará dando rosas, sin el peligro de producir papas o limones. Evidentemente, muchos espiritas aún reviven en modernas sublimaciones, los dogmas de los viejos credos que abrazaron en ésta o en reencarnaciones pasadas. Revelan en el medio espirita la misma intolerancia religiosa, el ceñudo pesimismo y la mala disposición para con las ideas y trabajos ajenos que transponen las fronteras de sus convicciones y simpatías. Bajo nuevos aspectos doctrinarios, reproducen el vicio de excomunión del pasado, aunque sean cultos o conscientes de un programa espiritual mas avanzado. El peligro de disolución doctrinaria del Espiritismo frente a conceptos o mezclas extrañas, desaparecerá si los espíritas estuvieran integrados y convencidos de los postulados doctrinarios, cuyas raíces son indestructibles. Sólo la convicción absoluta puede afianzar la "fe que transporta montañas"; sólo una fe viva, continua y fuerte, sustenta cualquier ideal, y esa especie de fe es la que recomendamos para los espíritus temerosos de confusión.

PREGUNTA: - Pero el Espiritismo no se contradice en su universalismo al rechazar cualquier aproximación de otros credos o postulados espiritualistas?

RAMATÍS: – Naturalmente nos estamos refiriendo al universalismo que es fruto de la convicción cimentada en la cultura y en el discernimiento espiritual del hombre, y no a simples ajustes de credos, principios religiosos, prácticas diversas o variedad de creencias. El Espiritismo es una doctrina universalista porque está por encima de los conflictos y de las contradicciones religiosas, juzgando las actividades humanas en forma global y bienhechora.

Además, expone el conocimiento oculto de todos los pueblos, sin adornos, en lenguaje simple y sin enigmas alegóricos; su texto moral y filosófico puede ser comprendido con suma facilidad por todos los seres y sin necesidad de herir los postulados ajenos.[2] Su sentir universalista está comprobado por el elevado deseo de comprender y servir a todos los seres en cualquier latitud de la Tierra. Por el hecho de no incorporar en su contenido revelaciones o conceptos de otras fuentes espiritualistas, eso no desvirtúa su concepto de universalismo. En verdad, se evita el sincretismo religioso o doctrinario para no volver fatigante y complejo todo cuanto ya fue dicho con tanta simplicidad.

---

2 Véase el Capítulo "Misión del Espiritismo" de la obra ***Roteiro*** de Emmanuel, dictada a Chico Xavier.

PREGUNTA: - Ante los esfuerzos eclécticos de unir otras religiones, como sucede actualmente al catolicismo a través de sus concilios ecuménicos, aun así, ¿el Espiritismo debe considerarse universalista, aunque se mantenga al margen de tales iniciativas?

RAMATÍS: – Es misión del Espiritismo conjugar los valores inherentes a la inmortalidad y despertar en los hombres la simpatía y el respeto hacia todas las creencias e instituciones religiosas del mundo, encendiendo en el alma de sus prosélitos la llama ardiente del deseo por la búsqueda común de la Verdad. Es mensaje universalista porque valoriza los esfuerzos del ser humano en favor del Bien y de la comprensión espiritual, en una visión global del conocimiento, sin necesidad de unir credos o sectas religiosas, en una fusión improductiva que bajaría la cualidad original, por la confusión de la mezcla.

Universalismo no es apenas una colcha confeccionada con retazos de todas las religiones y doctrinas espiritualistas, sino el entendimiento panorámico de las costumbres, temperamentos y sentimientos religiosos de todos los hombres, convergiendo hacia un solo objetivo espiritual.

PREGUNTA: - ¿Qué nos podéis decir sobre el Espiritismo ante la crítica de ciertos movimientos espiritualistas orientales, que lo juzgan como una doctrina prematura y hasta peligrosa para las masas populares?

RAMATÍS: – Aunque la doctrina espirita divulgue en sus postulados viejas enseñanzas de la tradicional filosofía espiritualista de oriente, también es cierto que la teosofía, los rosacruces y algunas instituciones esotéricas critican desairadamente al Espiritismo y no aconsejan sus prácticas mediúmnicas. Alegan que el ejercicio de la mediumnidad es arma de dos filos, que coloca al médium bajo el peligroso control de espíritus maléficos y enfermos del mundo invisible. Como es lógico, el uso de la mediumnidad exige prudencia, estudio y rigurosa elevación moral, pues las anomalías psíquicas, como las obsesiones, fascinaciones o comunicaciones mediúmnicas indisciplinadas, son más propias de la ignorancia e imprudencia humana que oriundas de los postulados espíritas.

El Espiritismo, además de ser un sistema filosófico disciplinado y de experiencia científica, posee la garantía moral del Evangelio de Jesús. Lógico y criterioso en sus principios, en cien años de actividades doctrinarias jamás causó perjuicios directos a los estudiosos y adeptos bien intencionados. Sus enseñanzas, fácilmente comprensibles y sin objetivos personales, fueron corporificadas para la emancipación espiritual de la humanidad del siglo XX.

PREGUNTA: - Algunos dicen que el Espiritismo no es la Tercera Revelación, tan propalada por los espiritas y prometida hace 2000 años por Jesucristo.

RAMATÍS: – Evidentemente, Antulio, Anfión, Numú, Orfeo, Pitágoras, Lao Tsé, Fo Hi, Zoroastro, Mahoma, Confucio, Krishna, Buda y otros mensajeros de lo Alto, también fueron reveladores de la Verdad Espiritual y portadores de enseñanzas especiales que atendieron las necesidades y costumbres de cada raza. De sus actividades nacieron creencias, doctrinas, agrupaciones iniciáticas, sectas religiosas y movimientos filosóficos, que aún hoy están esparcidas por el mundo y son ajenas al propio Espiritismo.

PREGUNTA: - Esa Tercera Revelación, ¿no es el propio al fenómeno de la mediumnidad, que según decía Jesús: "se derramaría por la carne de los hombres", en la época prevista?

RAMATÍS: – El fenómeno mediúmnico es inherente a todos los hombres. Es propio del espíritu humano, por eso existe desde los tiempos simbólicos de Adán y Eva. La expansión mediúmnica no es propiamente la "Tercera Revelación", pero sí es el Espiritismo en su conjunto doctrinario al **revelar** el mundo oculto a todos los hombres, y en la responsabilidad de investigar y controlar el desarrollo mediúmnico.[3]

PREGUNTA: - ¿Cuáles son las principales características que justifican la doctrina espirita como la "Tercera Revelación?

3 Aconsejamos la lectura de la excelente obra mediúmnica ***Seara de los Médiums*** de Chico C. Xavier, por el espíritu de Emmanuel, principalmente los capítulos "En la Mediumnidad", "Fuerza Mediúmnica", Formación Mediúmnica" y Médiums Perdidos. Obra editada por la F.E.B.

RAMATÍS: – El Espiritismo es realmente la "Tercera Revelación" porque su mensaje mediúmnico proveniente de lo Alto, aunque semejante al procedimiento de los demás reveladores e instructores religiosos, se distingue excepcionalmente por la propuesta de transformar radicalmente al espíritu de la humanidad, así como ya sucedió también a las dos revelaciones anteriores de Moisés y Jesús.

La "Primera Revelación" promulgó los "Diez Mandamientos" a través de la mediumnidad ostensiva de Moisés, en el Monte Sinaí; la "Segunda Revelación' codificó el Evangelio por el sacrificio de la vida del Maestro Jesús. En ambos casos, fueron movilizados recursos de elevada estirpe espiritual, que además de influir decisivamente sobre la raza hebrea, fueron extensivos a toda la humanidad.

Examinando los mensajes de otros instructores, fuera de los de Moisés y Jesús, comprobamos que fueron algo personales e intencionalmente dirigidos a pueblos, razas y seres cuyas costumbres y temperamentos estaban ajustados a las enseñanzas de la época. Antulio, el filósofo de la Paz, predicó entre los Atlantes; Confucio predicó a los chinos; Orfeo dedicó las enseñanzas de lo Alto a los griegos; Hermes a los egipcios; Buda a los asiáticos; Zoroastro a los persas; Krishna a los hindúes. Mientras que los mensajes de Jesús y Kardec trascendieron la peculiaridad específica de las razas y fueron divulgados bajo un carácter universalista, porque estaban dirigidos a toda la humanidad.

Los Diez Mandamientos, el Evangelio y la Codificación Espirita sobrepasan los preconceptos y costumbres racistas de cualquier pueblo, pues sirven de orientación espiritual para todos los hombres.

PREGUNTA: - Si había diferencia de costumbres, procedimientos y moral en la época de cada revelación, ¿por qué motivo debe aplicarse hoy lo que sólo sirvió para otro tiempo?

RAMATÍS: – Esas tres revelaciones fundamentales ocurrieron en épocas diferentes y de acuerdo con el entendimiento intelectivo y psicológico de los pueblos. Sin embargo, los preceptos "no hurtarás", "no matarás" y "honra a tu padre y a tu madre", extraído de los Diez Mandamientos de Moisés; los conceptos "amarás a tu prójimo como a ti mismo" o "haz a los otros lo que quieres que te hagan a ti", de Jesús, y "fuera del amor y la caridad no hay salvación", de Allan Kardec, son realmente enseñanzas de orden universalista, porque además de ser comprensibles a todos los hombres, adoctrinan con el mismo sentido moral e independiente de razas, credos o costumbres.

Aunque también son mensajes espirituales algo semejantes a los de otros instructores como Buda, Krishna o Confucio, se destinan y aplican a todo el género humano por estar exentos de alegorías, tradiciones, reglas o costumbres peculiares a pueblo alguno. Ligan el pasado con el futuro en tres etapas distintas, pero de acuerdo con la comprensión espiritual en la época de sus revelaciones. Están identificados por el mismo contenido espiritual de la humanidad, sin exclusivismos racistas o simbología de iniciados.

La verdad es que después de la revelación de los Diez Mandamientos transmitidos por Moisés, del Evangelio vivido por Jesús y de la Codificación del Espiritismo por Allan Kardec, se produjeron considerables transformaciones en la humanidad. Son realmente tres revelaciones que se distinguen fundamentalmente en sus respectivas épocas, modificando la moral de los hombres por la liberación gradual de las pasiones inferiores y por el conocimiento más exacto de la Vida Inmortal.

PREGUNTA: - ¿Podrías aclararnos mejor el sentido mesiánico de la primera revelación?

RAMATÍS: – Obedeciendo al esquema de progreso espiritual de la humanidad terrena trazado por los Maestros Siderales, Moisés transmitió a través de los Diez Mandamientos la primera revelación, la Ley de Justicia; Jesús fue el mensajero de la Ley del Amor a través del Evangelio, y Allan Kardec, el fiel expositor de la Ley del Deber, por medio de la codificación del Espiritismo. La primera revelación a cargo de Moisés fue una severa amenaza para aplacar la ferocidad humana, advirtiendo a la humanidad de los castigos infernales que deberían castigar la rebeldía contra los Diez Mandamientos. La humanidad todavía bastante esclavizada a los instintos inferiores, no podría modificarse a través de consejos y sugestiones pacíficas. Por eso, el mensaje severo de Moisés exponía los rigores de la Justicia Divina, advirtiendo a los hombres para que pensaran largamente en los castigos antes de pecar.

Las catástrofes de Babilonia, Sodoma, Gomorra, Herculano y Pompeya, quedaron ante la historia como civilizaciones castigadas por un Dios, en virtud de la degradación y depravación de los hombres en su falta de respeto a las leyes divinas.

PREGUNTA: - ¿Cuál es el sentido exacto de la segunda revelación?

RAMATÍS: – No hay duda de que cada revelación se identifica en un sentido educativo del espíritu del hombre y en la forma de conducirlo a la realidad de la vida eterna. La primera revelación fue un imperativo hacia el cielo a través del temor y la amenaza; la segunda revelación, fue una invitación celestial bajo la tónica de la renuncia y del amor; la tercera revelación, el despertar mental para que el hombre alcance el "edén" en la construcción de su propio destino.

No obstante, la segunda revelación por intermedio de Jesús de Nazaret hizo vibrar aún más fuertemente a los espíritus encarnados que en vidas anteriores habían admitido seriamente las reglas de los Diez Mandamientos, de la primera revelación mosaica. Jesús comunicó a la humanidad una nueva expresión de la Divinidad, remplazando a Jehová, dios irascible, guerrero y vengativo, por la agradable concepción de un Padre Magnánimo, donador de gracias y providencias que aliviarían a los enfermos, protegerían a los pobres y compensarían las injusticias. Moisés condenó sumariamente a los pecadores y bajo amenaza de terribles castigos divinos, prohibió la depravación, el paganismo, el orgullo, la envidia, la ira, la avaricia y la perversidad. Pero Jesús trajo la promesa del reino de Dios, con esperanzas y consuelo para todos los seres sufrientes. Su mensaje se refería a las criaturas golpeadas por vicisitudes e injusticias y a los infelices desheredados de los bienes del mundo. Los discípulos de Jesús eran víctimas de los crueles, poderosos y egoístas.

En fin, Moisés atemorizó señalando los pecados y Jesús consoló valorizando las virtudes. Los espíritus que admitieron la primera revelación de los Diez Mandamientos, más tarde, en nuevas reencarnaciones, también vibraron intensamente con el mensaje divino y amoroso de Jesús, en su admirable Evangelio.

PREGUNTA: - Cuál es el significado de la Tercera Revelación atribuida al Espiritismo?

RAMATÍS: – Repetimos: Moisés reveló a la humanidad la Ley de Justicia, Jesús la Ley del Amor y Allan Kardec la Ley del Deber. Kardec fue la inteligencia y el buen sentido, codificando mensaje de emancipación del hombre a través del "conocimiento de sí mismo". Cada una de esas revelaciones marca un ciclo o época de amplitud universal en la superficie de la tierra, aunque continúen existiendo innumerables credos y doctrinas promulgadas por otros reveladores menores, peculiares al temperamento, tradiciones y costumbres de ciertos pueblos.

PREGUNTA: - Nos habéis dicho que los cristianos aceptaron con más facilidad la predicación evangélica de Jesús, porque en vidas anteriores ya se habían convertido a los Diez Mandamientos de la revelación de Moisés. ¿No es verdad?

RAMATÍS: – La evolución o ascensión angélica no se hace a saltos, sino que los espíritus encarnados se someten a las diversas etapas de graduación espiritual, así como los niños solo obedecen mediante la amenaza de castigo, los jóvenes son más permeables a sugestiones y los viejos más compenetrados en sus deberes.

A pesar de haber frenado sus instintos por las amenazas de Moisés, los espíritus que vibraron favorablemente con la revelación de los Diez Mandamientos un milenio después, también se mostraron mas afines a la invitación evangélica de Jesús. Sería bastante incoherente que los sarcásticos, indiferentes o contrarios a los Diez Mandamientos, aceptasen dócilmente el tierno mensaje del Evangelio de Jesús, sin admitir antes la revelación de Moisés.

PREGUNTA: - ¿Por qué los hombres aún se odian y se matan, a pesar de las extraordinarias revelaciones de Moisés, Jesús y Kardec? ¿No hubo progreso en esas tres etapas de revelación?

RAMATÍS: – Se trata de almas primarias, cuya sensibilidad psíquica aún es insuficiente para vibrar a tono con las enseñanzas avanzadas de lo Alto. Ellas todavía predominan en la tierra con su tipo inferior y reencarnan casi inconscientes de su condición espiritual, pues viven en la superficie bajo los impulsos instintivos y deseos descontrolados. Además, a medida que se despiden de la Tierra los espíritus promovidos para habitar esferas superiores, son remplazados por nuevos contingentes de almas primarias, tal como sucede en las escuelas del mundo material cuando los alumnos aprobados en el curso primario pasan al secundario, dejando sus lugares para nuevos e incipientes estudiantes.[4]

Por eso, cuando llega la fase selectiva del "fin de los tiempos" en cada orbe habitado, los espíritus relapsos o alumnos atrasados, colocados a la "izquierda" del Cristo, son trasladados a otro mundo escolar primario, donde repiten las lecciones anteriormente descuidadas. No todos los hombres sintieron la invitación de lo Alto a través de esas tres revelaciones espirituales tan importantes. Moisés prohibió súbitamente el uso de las cosas perjudiciales al espíritu, mientras que Jesús mostraba la transitoriedad de las glorias del mundo, alabando el amor, la renuncia, la pobreza, el perdón y el sufrimiento como condiciones propicias a la redención del pecado humano y el ingreso del ser en el Paraíso. Finalmente, Kardec reveló por medio de la codificación espírita las nociones del deber del espíritu para consigo mismo, encontrando los mejores cooperadores entre aquellos mismos seres que habían obedecido el mensaje de Moisés y participado en el trabajo evangélico del Cristo-Jesús.

***PREGUNTA:** - ¿Queréis decir que los espíritas actuales, en su mayoría, son realmente egresados del cristianismo?*

RAMATÍS: – La mayor parte de los actuales líderes y trabajadores del Espiritismo obedeció también las normas de los Diez Mandamientos de la primera revelación, frenando los instintos inferiores. Más tarde pacificaron esas pasiones iniciando

4 Es suficiente recordar lo que hizo Hitler y sus secuaces en la última guerra, ahogando, ametrallando y sofocando judíos en las cámaras de gas, para comprobar, una vez más, que aún viven en la Tierra los mismos espíritus del tiempo de Moisés, cuyos oídos están sordos a los diversos mensajes de lo Alto.

el desarrollo de algunas loables virtudes bajo la égida del Evangelio de Jesús. Actualmente, ese conjunto de almas sensibles a las dos primeras revelaciones también convive en el seno del Espiritismo, desarrollando el autoconocimiento y divulgándole los preceptos sensatos y dignos.

Pero así como el jardinero tiene que arrancar las hierbas dañinas que proliferan con raro vigor asfixiando flores delicadas y plantas útiles al jardín, el clima espiritual de la Tierra también requiere la expulsión de los espíritus malhechores, para favorecer el rápido progreso de las almas bien intencionadas.

Los izquierdistas del Cristo, o "hierbas dañinas" espirituales, son los espíritus que no obedecieron los Diez Mandamientos de Moisés, no aceptaron el Evangelio de Jesús, ni tienen en cuenta seriamente el Espiritismo de Kardec u otros movimientos espiritualistas bienhechores. Todavía son indiferentes a su propia ventura espiritual, preocupados únicamente con sus intereses inferiores y pasiones animales. En consecuencia, no se modificaron con las enseñanzas de Moisés, no vibraron con la suave invitación de Jesús, ni se interesaron por los esclarecimientos del Espiritismo sobre sus obligaciones morales del espíritu eterno.

PREGUNTA: - ¿El Espiritismo podría volverse un eclecticismo religioso?

RAMATÍS: – Es principalmente un movimiento de solidaridad fraternal entre todos los hombres. El Espiritismo no es una doctrina separatista, ni eclecticismo religioso superficial del espíritu inmortal. A pesar del loable entusiasmo de algunos espiritas para la comunión de sectas religiosas en el seno de la doctrina, la mezcla heterogénea siempre sacrifica la pureza íntima de la esencia. La calidad de la sustancia espírita se reduciría por la cantidad de mezcla de otros ingredientes religiosos incluso adversos.

El Espiritismo puede ser eclecticismo espiritual uniendo en espíritu todos los credos y religiones, porque también basan sus doctrinas y postulados en la realidad inmortal. Pero sería insensata la mezcla heterogénea de prácticas, dogmas, principios y composturas devocionales diferentes entre sí, para constituir otro movimiento espiritualista excéntrico. Además, la doctrina espirita tiene algo de pionerismo en la preparación del terreno para el advenimiento del "Mentalismo" en el próximo milenio, porque es libre de todo dogma, fórmula, liturgia, idolatría, fetiche o sacerdocio tan comunes aún en las actividades religiosas del mundo. Su misión, en fin, es liberar al hombre y no sujetarlo aún más a las fórmulas y supersticiones del mundo carnal transitorio.

PREGUNTA: - Pero el Espiritismo, como ya sucedió con algunas creencias, ¿no podría contaminarse en sus principios iniciáticos, adoptando en el futuro expresiones semejantes a las de otras sectas dogmáticas?

RAMATÍS: – Si eso llega a suceder ya no sería Espiritismo y sí algún sincretismo religioso o movimiento excéntrico, al margen de la doctrina. Espiritismo puro es aquel que se practica bajo la disciplina de sus preceptos doctrinarios originales; cualquier interferencia o mezcla que le tizne la virginidad iniciática, es un desmentido flagrante al linaje codificado por Kardec.

Allan Kardec no elaboró las reglas y los postulados fundamentales de la doctrina espírita solamente en el transcurso de su última existencia física en Francia. El dio cuerpo disciplinado a principios espirituales que investigó y cimentó en su memoria espiritual, después de tres milenios de varias encarnaciones anteriores vividas en diversas latitudes geográficas del orbe.

En Egipto del faraón Mernephtá, fue Amenofis, estudioso médico del "Libro de los Muertos" y de los fenómenos del Más Allá; en la India, después de profundizar los conocimientos de los Vedas, desenvolvió el poder mental y más tarde se le conoció como el "maestro del silencio"; en Caldea vivió como Shiranosóstri entre magos babilonios y fue poseedor de poderes mediúmnicos excepcionales. Grecia lo conoció como elevado hierofante del Templo; vivió en Asiria y en Persia investigando fenómenos de las fuerzas ocultas de la naturaleza; además, participó de las ceremonias de los Druidas en las florestas sagradas de la Galia. Kardec pudo revivir en el Espacio toda su trayectoria iniciática vivida anteriormente en los diversos pasajes terrenos, antes de partir hacia la Tierra para ser Hipólito León Denizard Rivail, el codificador del Espiritismo.

Antes de su existencia en Francia, vivió aún en Escocia haciendo una pasantía de reposo psíquico en contacto con el mundo, que le esperaba la síntesis de los conocimientos espirituales en la codificación del Espiritismo. Sin embargo, en su alma vibraban las evocaciones del politeísmo de Lemuria, las revelaciones de los genios de la Atlántida, los esfuerzos infatigables de los mentores de la raza adámica, la peregrinación iluminada de Buda y los organizadores del pueblo judío. Convivió entre sacerdotes de Egipto, entre iniciados de la India de los Vedas, asimilando los fundamentos herméticos, las prácticas del Brahmanismo, el justo proceso de la Ley del Karma y el conocimiento de la Reencarnación. Más tarde, en el Espacio, aún peregrinó por las regiones que sirvieron de escenario para la vida del Sublime Jesús, acompañando conmovido, en el estudio y en la investigación de los "archivos siderales"[5] los impulsos evolutivos del cristianismo.

Sus existencias pasadas ya definían el rumbo de su vida misionera en Francia, trazándole los preludios de un grandioso plan espiritual elaborado por lo Alto, como fue realmente el Espiritismo en el siglo XX. La firmeza de intenciones y la tenacidad indomable de Kardec, garantizaron la divulgación de la doctrina espirita en el momento psicológico de comprensión mental del mundo occidental y del intercambio provechoso con el plano invisible.

La superioridad de la pedagogía espirita codificada por Kardec, resalta en favor de una más breve ascensión humano, porque sus fundamentos no son productos exclusivos de la selección de fenómenos observados en una sola existencia humana, sino la síntesis de principios sublimes investigados durante varias existencias pretéritas.

PREGUNTA: - ¿Podéis extenderos más sobre las diversas vidas terrenas de Allan Kardec, cuando investigaba los fundamentos de la codificación del Espiritismo?

RAMATÍS: – Las principales raíces del Espiritismo se pierden en los milenios transcurridos, se profundizan en casi todos los templos iniciáticos de Oriente y en los anhelos espirituales

5 Akasha o "Éter Reflector".

de casi todos los pueblos. Renaciendo en Francia y en contacto con la fuerza atractiva de los fenómenos del Más Allá, el genial codificador fue tomado por una avalancha de ideas y recuerdos de sus vidas pasadas, que le hicieron admitir sin duda alguna, la "Ley de la Reencarnación" y la "Ley del Karma", como preceptos de cariñosa y amplia familiaridad.

Bajo la fascinación de sus evocaciones pasadas, en su retina espiritual se delineaban las siluetas heráldicas de los sacerdotes de Rá y Osiris-Isis, en el suntuoso culto a los "muertos que sobreviven"; las figuras imponentes de los Druidas, en el culto del Fuego Sagrado; la ofrenda en medio de la floresta de los griegos presidiendo los misterios de Eleusis, o de los misterios órficos del alma sublimándose en las vibraciones de la música celestial.

Hermes, Krishna, Lao Tsé, Fo Hi, Zoroastro, Rama, Buda y el divino Jesús le influenciaron el alma poéticamente por algún tiempo, aunque Kardec hubiera nacido francés y criado y educado bajo severa disciplina científica. Actuaba en su mente sensibilizada el pasado de intensa actividad espiritual, la evocación de su prolongada jornada por instituciones espiritualistas y templos religiosos de todos los pueblos. Su espíritu, insaciable en la búsqueda de la Verdad, había escudriñado todas las fuentes humanas de revelación espiritual, pero siempre se mostró adverso a las prácticas excéntricas, fórmulas complicadas o dogmas infantiles. Su bagaje milenario lo constituían valores tan exactos y preciosos, que en su última existencia francesa no fue creyente hasta los cincuenta años de edad, porque tenía ojeriza a las supersticiones y dogmas religiosos de la época. Por eso la seguridad doctrinaria del Espiritismo se apoya, principalmente, en los cimientos milenarios de las experiencias e investigaciones de un espíritu adulto y alerta, que aún más glorificó su realización universalista mediante la adopción incondicional del "Código Moral" del Evangelio de Jesús.

PREGUNTA: - Sin embargo, afirman algunos espiritualistas e iniciados que el Espiritismo no puede sobrevivir como doctrina universalista porque le faltan el método y la disciplina propios de la cultura iniciática de los templos esotéricos. Que se trata de un movimiento popular que varía conforme la versatilidad de las masas, las cuales no tienen el discernimiento espiritual consciente de los iniciados en ambiente profano.

RAMATÍS: – Existen épocas apropiadas para la revelación de cada sistema religioso y doctrinario de carácter espiritual. Evidentemente, difiere muchísimo entre sí el tipo de mensajes revelados por Moisés, Jesús y el propio Kardec. La contextura y enseñanza de cada uno de esos mensajes varían conforme a la psicología, el entendimiento, las costumbres y la cultura espiritual de los pueblos de la época de su revelación. El Alto no acostumbra violar la inmadurez espiritual de los hombres en su aprendizaje planetario, sino que les gradúa las revelaciones del espíritu inmortal según su capacidad de asimilación y discernimiento. El Jehová intransigente y feroz revelado por Moisés hace tres mil años, nada tiene de común con la ternura del "Padre" amoroso manifestado por Jesús, así como el mensaje espírita de Kardec ya no hace amenazas con las penas del infierno, sino que despierta la conciencia del hombre respecto a sus obligaciones espirituales y las consecuencias morales a través de la Ley del Karma. De ese modo, las negociaciones sacerdotales, las gracias y favores divinos concedidos a última hora a los pecadores arrepentidos, perdieron su fuerza y significado, en virtud de la enseñanza espírita que advierte sobre la responsabilidad personal de cada criatura en la construcción de su buen o mal destino.

En consecuencia, el hombre no se gradúa como ciudadano angélico bajo la amenaza de castigos eternos. Evoluciona por el estudio, por el servicio caritativo que presta al prójimo; y el propio sufrimiento es apenas un proceso de rectificación espiritual, haciendo posible la recuperación el tiempo perdido.

La principal característica del mensaje espírita es despertar el alma para la comprensión de la Ley Espiritual, que disciplina la formación de la conciencia individual en el seno del Cosmos. Dios no hace concesiones especiales conmovido por alabanzas o llamados compungidos de sus hijos, sino que les proporciona la oportunidad educativa para el "auto discernimiento" y conciencia de su responsabilidad terrena.

En el siglo XX, el Espiritismo es justamente la doctrina

indicada para ayudar al ciudadano terrestre a conocer su responsabilidad espiritual.

PREGUNTA: - ¿Por qué el Espiritismo no fue codificado mucho antes, a fin de esclarecer a los hombres y liberarlos con más tiempo de sus culpas pasadas?

RAMATÍS: – Mientras el hombre común no estaba capacitado para percibir la naturaleza imponderable del mundo oculto, era justo y muy lógico que los esclarecimientos espirituales se hicieran por etapas graduales en el interior de los templos iniciáticos. Actualmente la humanidad ya tiene un índice científico suficiente para entender los orígenes y actividades ocultas de la vida inmortal. Por eso, como ya dijimos, el Espiritismo es una doctrina de iniciación espiritual a la luz del día, cuyo templo es la Naturaleza y el sagrario es el corazón del hombre. Surgió en el momento exacto de la madurez científica y receptividad psíquica del hombre actual, y sus enseñanzas simples y prácticas lo orientan en la trama de la vida y en el intercambio con las demás criaturas. El escenario abierto del mundo substituye las tradicionales bóvedas de los templos iniciáticos; y las prácticas esotéricas de hoy comprenden la resignación, paciencia, renuncia, bondad, tolerancia y humildad, que deben ejercerse desde el hogar, en las filas del ómnibus, en las diversiones, reuniones sociales, en el trabajo, en el deporte y en los establecimientos escolares.

El Espiritismo en el siglo actual abrió las compuertas del mundo oculto para todos los ciudadanos de la Tierra, pero exige que sus adeptos también abandonen las sandalias empolvadas del mundo ilusorio en el portal del templo del "espíritu".

PREGUNTA: - ¿Por qué el Espiritismo debe superar tantas filosofías y doctrinas espiritualistas ya existentes en el mundo, cuando ellas también predican la "Ley del Karma", "La Reencarnación", y el "Autoconocimiento"?

RAMATÍS: – La mayoría de las doctrinas o filosofías espiritualistas que admiten la Ley del Karma y de la Reencarnación, requieren adeptos, simpatizantes o discípulos que ya tengan alguna preparación espiritual o discernimiento superior, para poder entonces compartir las prácticas iniciáticas. Sin embargo, a pesar de que el Espiritismo cimentó sus raíces en las elevadas doctrinas de Oriente, deshizo los tabúes de las iniciaciones ocultas y desobstruyó las enseñanzas esotéricas de símbolos, utensilios y terminologías complejas, ofreciendo el conocimiento puro a todos los hombres.

PREGUNTA: - Pero antes del Espiritismo los antiguos no se comunicaban con los muertos, como lo hacían los sacerdotes egipcios, manteniendo contacto frecuente con sus propios parientes y amigos fallecidos? Que decís?

RAMATÍS: – Sin lugar a dudas, el Espiritismo asienta su base principal en la comunicación con los espíritus. Pero nosotros sabemos que esa comunicación siempre existió y es tan vieja como el mundo. Si el propio Moisés prohibió el intercambio del pueblo hebreo con los muertos, es porque era razonablemente posible.

Pero sólo después del advenimiento del Espiritismo fue cuando surgió un cuerpo organizado, un sistema competente, filosófico, religioso y científico, con la intención de disciplinar y controlar las experiencias con los desencarnados. Los espíritus comenzaron entonces a satisfacer las necesidades de los indagadores, y además de dar pruebas de la inmortalidad del alma, aún les ofrecieron directrices para un mejor comportamiento del hombre en el intercambio con los "fallecidos".

Antes de la codificación espirita, los magos, hechiceros e iniciados mantenían intercambio con los desencarnados, pero solo lo conseguían a través de prácticas absurdas y complejas para conseguir un breve y confuso contacto con el mundo oculto.[6]

PREGUNTA: - ¿El Espiritismo ya puede constituirse en una escuela espiritualista de occidente, sin recelo de ningún desmentido futuro por parte de la Ciencia, cada vez más dominante en el mundo?

RAMATÍS: – El fenómeno espirita puede fundamentar los postulados de una nueva escuela espiritualista, porque está su-

6 Véase la llamada al pie de la pág. 26, capítulo 1, de la obra *Mediumnidad de Cura* de Ramatís.

ficientemente comprobado en sus manifestaciones específicas.

Los fenómenos de materialización y las más diversas manifestaciones mediúmnicas de comunicación entre vivos y muertos, ya fueron indagados, analizados y concluidos por afamados hombres de ciencia. Así, médicos, filósofos, químicos, escritores y estudiosos como fueron Gabriel Delanne, León Denis, Aksakoff, Paul Gibier, William Crookes, Lombroso, Bozzano, Carl Duprel, Gonzales Soriano, Oliver Lodge, Conan Doyle, Dennis Bradley y otros, recurrieron a los más avanzados instrumentos de laboratorio y de investigaciones precisas, concluyendo por afirmar la realidad de los fenómenos mediúmnicos y la lógica de los postulados espiritas. No importa si los adversarios del Espiritismo alegan que tales científicos fueron ingenuas cobayas en las manos de hábiles prestidigitadores. Los aparatos de precisión y las máquinas fotográficas que registraron las experiencias no mienten ni distorsionan los fenómenos.

PREGUNTA: - ¿Fuera de las investigaciones científicas, que se puede comprobar de la realidad mediúmnica de las comunicaciones bajo el control de la doctrina espírita?

RAMATÍS: – Es la propia unanimidad de conclusiones filosóficas de la vida del mundo oculto que los espíritus han transmitido a través de centenas o millares de médiums, entre los pueblos y las más diversas razas. Examinando las comunicaciones de los espíritus, comprobamos un perfecto encaje entre las descripciones de Kardec y los estados de alma de la vida en el Más Allá. No hay disparates, desmentidos o contradicciones entre lo dicho por los espíritus a través de médiums ingleses, españoles, portugueses, brasileños o franceses. En la esencia de todas las comunicaciones, respetando el temperamento, la índole y las costumbres de los comunicantes, permanece el mismo contenido de revelación y unidad de motivos.

PREGUNTA: - Nos gustaría algún ejemplo sobre esa identificación o unidad existente en las comunicaciones de espíritus que se comunican en los ambientes mas diversos del orbe.

RAMATÍS: – Los espíritus buenos y respetuosos, aunque se comuniquen en medio de pueblos o razas exóticas, son unánimes al explicar que no existe el infierno, el purgatorio y el cielo teológico pintados en las viejas ilustraciones hebraicas; que los "muertos" sienten en su periespíritu o "involucro" post mortem las emociones y sensaciones aún dominantes de su vida física; que el hombre sufre en vidas sucesivas, en la carne, los efectos de las causas que generó en existencias pasadas; que los espíritus nacen simples e ignorantes y son lanzados a la senda evolutiva de los mundos planetarios para adquirir la conciencia de sí mismos y elevarse hasta la angelitud. Proclaman además que existe la pluralidad de los mundos habitados, pues "hay muchas moradas en la casa de mi Padre", la sobrevivencia de todos los hombres y la ventura para todos los seres.

PREGUNTA: - Aunque concordamos con vuestras consideraciones, hemos compulsado obras mediúmnicas donde los espíritus comunicantes, en Inglaterra y Estados Unidos, discrepan de la Ley de la Reencarnación y aseguran que los desencarnados no retornan más a la Tierra. ¿Qué opináis al respecto?

RAMATÍS: – Realmente, en obras como "Rumbo a las Estrellas", de Bradley, el espíritu de Johannes responde que nada sabía de la reencarnación, mientras que Simpson, en los Estados Unidos, también alegaba la misma cosa en reuniones mediúmnicas de efectos físicos.

No obstante, el Espiritismo todavía no había conquistado los estratos populares y sus manifestaciones sólo eran conocidas por los doctos y experimentadores. En virtud del preconcepto racial del pueblo americano y de las veleidades de la aristocracia inglesa, el Alto decidió velarles la realidad de la reencarnación en las comunicaciones con el Más Allá, hasta que la doctrina afirmase sus bases indiscutibles entre el pueblo.

PREGUNTA: - ¿Qué perjuicio podría provocarse si los espíritus revelaran a ingleses y americanos la veracidad de la reencarnación?

RAMATÍS: – Aún no convenía estremecer las frágiles raíces del Espiritismo naciente en Inglaterra y en los Estados Unidos, por la revelación del proceso reencarnatorio y el consecuente obstáculo para la propagación de la doctrina. Es evidente que tanto el americano racista rehusaba creer en la posibilidad de el venir a reencarnar futuramente como negro, como el inglés aristócrata no daría crédito a la idea de renacer plebeyo en vidas futuras. Los brahmanes predicaban la reencarnación por castas, porque no podían conciliar la idea de retornar a la carne en condiciones inferiores, después de gozar de la munificencia sacerdotal del Brahmanismo. Entonces enseñaban que el paria renacería como paria y el rajá o el brahmán renacerían en el futuro rajá y brahmán.

PREGUNTA: - Cual es la prueba de que la reencarnación no es exactamente como enseñan los brahmanes, en castas de prestigio o clases desheredadas?

RAMATÍS: – No existen dos medidas diferentes en la Creación; todo lo que existe, visible o invisible para los sentidos del hombre, se origina de una sola fuente, ¡El Absoluto! Existe una sola esencia en lo íntimo de todos los seres, pues las discordancias exteriores son apenas el fruto de las diversas etapas evolutivas de los seres en su variedad de manifestación. La discordancia es siempre una ilusión captada por los sentidos corporales de las criaturas, pero inexistente para la visión panorámica del espíritu. Así como las cuentas matizadas de un collar son prendidas por un único hilo, los espíritus del Señor están ligados por el mismo eslabón divino.

En consecuencia, Dios no creó castas privilegiadas o desheredadas, sino que proporciona felicidad a todas sus criaturas. El americano niega la reencarnación protestando contra la idea de renacer en un negro despreciado; el inglés opone resistencia a la posibilidad de regresar a la Tierra como un mísero plebeyo, después de haber sido un orgulloso aristócrata; los brahmanes jamás se humillarían ante la perspectiva de retornar a la carne en la figura de parias, expulsados para la marginalidad de la vida.

Pero ninguno de ellos podrá huir de su origen en común con todos los demás seres, en su formación de centellas lucíferas emanadas de la misma Llama Creadora. Las palabras y sofismas jamás destruyen o desmienten la realidad divina de la Creación. Dios no admite privilegios para ninguno de sus hijos.

PREGUNTA: – Ciertos espíritas creen que el Espiritismo debe interferir públicamente en la política del mundo, para depurar las actividades de los responsables. Otros alegan que la doctrina nada tiene que ver con la política. ¿Cuál es vuestra opinión?

RAMATÍS: – No cabe al Espiritismo la misión de crear partidos, sistemas o escuelas que sirvan de orientación política para los hombres. Su función es desarrollar el amor, la tolerancia, la fraternidad, la honestidad, la renuncia y el altruismo entre los hombres, influyendo para que las instituciones humanas se armonicen por la moralización de sus propias partes. Debe conquistar el corazón de los hombres, pero no imponer condiciones partidarias o crear leyes de orden político en el mundo.

Tratándose de un movimiento destinado a cobijar en su seno las criaturas de diversas opiniones, creencias, color, castas, nacionalidad, cultura o moralidad, jamás podrá aislarse en la condición de partido político, credo religioso o sistema de casta social. En verdad y en forma independiente del Espiritismo, los espíritus influencian continuamente a los hombres, sean trabajadores, parias o reyes, mendigos o afortunados, sabios o analfabetos, negros o blancos.

En consecuencia, los buenos políticos serán asistidos por buenos espíritus y los malos políticos son el blanco predilecto de los malhechores y burlones del mundo oculto. No será la doctrina espírita la que corregirá la inmoralidad de maquinaciones o partidos políticos maquiavélicos, sino la renovación moral del individuo, que lo distingue y lo transforma como la pieza sana del medio o de la organización política, social, religiosa o educativa donde le toca actuar.

Magia de Redención

Capitulo X

El mal de ojo

PREGUNTA: - Tiene fundamento el hecho de que ciertas personas sean portadoras del "mal de ojo"?

RAMATÍS: – El "mal de ojo" es un hecho bastante común en algunas regiones de Europa, donde personas de instintos muy primitivos y vengativos se asemejan a verdaderos generadores de malos fluidos.

PREGUNTA: - Qué diferencia existe entre las personas que tienen "yeta" o "mala suerte" y las que padecen del mal de ojo?

RAMATÍS: – En ambos casos el fenómeno es el mismo. Yeta o "Yetatura" es palabra derivada del latín jectitare, que significa lanzar, sinónimo de hechizo o mala influencia que algunas personas ejercen sobre otras por medio de la mirada. Antiguamente era un fenómeno muy temido entre el pueblo griego e italiano.

PREGUNTA: - ¿En qué se fundamenta el "mal de ojo"?

RAMATÍS: – Es una consecuencia de la proyección del rayo rojo, de naturaleza primaria y penetrante, resultante del cúmulo de fluidos nocivos alrededor de la región ocular de ciertas personas. Es una condensación mórbida que se acentúa en el área de la visión peri-espiritual, produciendo una carga aniquilante u ofensiva, conforme al potencial y al tiempo de los fluidos enfermizos acumulados.

PREGUNTA: - ¿Nos podéis ejemplificar el aspecto de ese potencial y del efecto que produce el "mal de ojo"?

RAMATÍS: – Se sabe que los insectos y reptiles venenosos se vuelven inofensivos después de descargar su veneno sobre alguna víctima, pues la virulencia de la picadura también depende de la cantidad de veneno acumulado en el momento de la acción agresiva. De ahí que a algunas personas picadas por cobras y arañas venenosas no les sucede nada, mientras que otras sucumben fatalmente bajo la picadura de esos mismos reptiles. El hecho se explica fácilmente, pues mientras las primeras fueron alcanzadas por una diminuta cuota de veneno, las segundas tuvieron la infelicidad de sufrir el impacto de una carga tóxica de gran poder.

Eso mismo sucede con las personas que son portadoras del "mal de ojo", cuyo efecto ofensivo también depende de la mayor o menor cantidad de fluido nocivo que ellas retienen en su mirar en el momento de la descarga maléfica. El mal de ojo parece una cosa legendaria o supersticiosa, porque su poder ofensivo, capaz de aniquilar plantas, flores, aves o animales de pequeño porte, mas sólo es positivo cuando su proyección coincide con la mayor descarga del fluido pernicioso. Considerando que una nidada de pollitos, una planta de hermosas flores o un pájaro delicado pueden extinguirse tanto por efecto del mal de ojo como por hechos comunes, resulta muy difícil saber cuando fue realmente el mal de ojo.

Sin duda las personas escépticas y de mentalidad científica son capaces de apuntar diversas conjeturas para justificar el hecho desairado o inesperado del mal de ojo. La planta tan floreciente puede morir por falta de abono o por el ataque de insectos venenosos, el pájaro puede haber sido víctima de alguna enfermedad desconocida y los pollitos, frágiles y desamparados, mueren tan fácilmente.[1]

---

1 Consideraciones del doctor Norberto B. Keppe, psicoanalista de la Clínica del Aparato Digestivo a cargo del profesor Edmundo Vasconcelos, del Hospital de Clínicas de la Universidad de S. Pablo, al comentar la introducción de la obra Fenómeno Psi y Psiquiatría, del famoso parapsicólogo J. B. Rhine: "Cuando era niño observaba que una señora acostumbraba a visitarnos, cada vez que ambicionaba una flor, una planta pequeña o una ave, después de algunos dias la planta se secaba y el pájaro moría. Teníamos una enredadera con un tronco respetable, debido a sus años de edad y esa señora consiguió liquidarla con una simple mira-

PREGUNTA: - El "mal de ojo" es una condición mórbida y permanente en la criatura o puede surgir accidentalmente?

RAMATÍS: – También puede surgir accidentalmente en algunas personas por demás envidiosas o celosas que se encolerizan con suma facilidad. Esas personas generan una carga fluídica perniciosa, que por ley de equilibrio vibratorio necesita ser descargada sobre algo que atraiga su atención o despierte una impresión violenta. Además, en virtud del primitivismo espiritual de vuestra humanidad terrícola, es muy común el intercambio de petardos fluídicos emitidos por los ojos y originadas por odio, celos, envidia o venganza. El hombre es una poderosa usina viva y creadora cuando se sintoniza con la frecuencia angélica, pero destruye y siembra infelicidad cuando se nivela a las fajas diabólicas de la vida inferior.

PREGUNTA: - Podríamos conocer mejor el proceso y la acción que genera el "mal de ojo"?

RAMATÍS: – La mente humana es una estación emisora. En la persona estigmatizada por el "mal de ojo" la sustancia mental se excita fácilmente cuando se encuentra bajo la fuerza de un deseo vehemente, emoción violenta o sentimiento incontrolable. Los fluidos constrictivos forman un círculo magnético y descargan su potencial sobre los objetos, vegetales, aves, animales o seres humanos.

Bajo el impulso detonador de la mente, esa descarga fluídica, cual chorro maléfico, alcanza el campo etéreo magnético de los objetos y seres, adhiriéndose y penetrando poco a poco en su constitución física. Se sabe que ciertos niños excitan las lombrices intestinales y enferman cuando son frustrados en algún deseo vehemente por golosinas, juguetes o aún caprichos excéntricos. Todo eso prueba que un deseo ferviente reforzado por una fuerte emoción, también puede producir y arrojar impactos fluídicos dañinos sobre la misma persona, a punto tal que llega a desarmonizarle el equilibrio vital de las colectividades microbianas responsables por la organización carnal.

Es obvio que una carga fluídica violenta lanzada sobre

---

da!. Cuando notamos su influencia maléfica, no le permitimos más que traspasara la puerta de la sala."

otros seres delicados como aves, pájaros, pequeños animales o niños de corta edad, pueden causarles perturbaciones mucho más graves si además de su naturaleza agresiva, se les incorporan emanaciones mentales de odio, cólera, envidia y celos. Conforme sea la cantidad de fluidos nocivos que se acumulan a la altura de la región visual de las personas de "mirada maligna", de allí resulta el grado de intoxicación magnética y fluídica donde ese mirar incide. La carga maciza del rayo rojo proyectada por el "mal de ojo", se reviste de la energía mental, astral y etérea de su portador, y en su descarga afecta al doble etérico de las aves, plantas o seres, incorporando allí el fluido dañino y produciendo efectos letárgicos opresivos, desarmonizados y hasta destructivos.[2]

PREGUNTA: - ¿El "mal de ojo" es siempre consecuencia de una persona malvada?

RAMATÍS: – El "mal de ojo", ya hemos explicado, también puede originarse accidentalmente en estados de espíritu censurables como ambición, envidia, celos, despecho, ira, codicia o venganza, que proyectan fluidos perniciosos.

Sin embargo, hay personas de muy buenos sentimientos que son portadores del "mal de ojo" y sufren atrozmente por causa de las mortificaciones y perjuicios involuntarios que siembran en la vida del prójimo. Basta, a veces, expresar el deseo muy natural de poseer una planta, ave o animal que otros tienen, para que la carga fluídica acumulada en sus ojos se descargue en esos seres y cosas, produciendo efectos nefastos como enfermedades, melancolía y hasta la muerte.[3]

---

2 Nota del Médium: Rasputín llegaba a intoxicar a ciertas personas por la simple proyección de su mirar diabólico, mientras que Jesús despertaba las fuerzas creadoras en los enfermos y atrofiados, por medio de la energía vitalizante que emanaba de sus ojos. Cuando niño, vi a un individuo fijar su mirada dañina en un gorrión y el infeliz animalito cayó del árbol contorsionándose.

3 Nota del Médium: Cuando yo era novio de mi actual esposa, visitaba la casa de mi suegro un señor libanes, hombre humilde y servicial y muchas veces lo vi con lágrimas en sus ojos, porque sabía que poseía el mal de ojo. Mi suegro, de origen italiano y desaprensivo, cierto día, en un gesto amistoso, tomó a su amigo por el brazo y lo llevó delante de un majestuoso pavo que había comprado para la fiesta de Navidad y le dijo: "Turco, dicen que tienes el 'mirar dañino', pues entonces descarga esa maldad boba en ese bicho y ve como todo eso es tontería."
Tres días después, el pavo se arrastraba pesadamente por el corral y moría con extraños temblores, mientras los entendidos decían que el animal había muerto de

PREGUNTA: - Por qué personas de buenos sentimientos también pueden ser portadoras del estigma del mal de ojo?

RAMATÍS: – Infelizmente, conforme preceptúa la Ley Kármica, la "siembra es libre, pero la cosecha obligatoria". Como consecuencia y aun después de haber orientado nuestras vidas hacia el Cristo, debemos recoger los frutos que plantamos imprudentemente en el pasado. Aunque la persona viva en la actualidad una conducta ejemplar y bienhechora, no por eso queda libre de los efectos dañinos resultantes de sus desatinos anteriores. El niño que por travesura o rebeldía esparce la basura en el jardín o en los andenes, es obligado a recogerla nuevamente aunque prometa no volver a cometer idénticos desatinos. Quien transforma su hogar en un salón de fiestas bajo la prodigalidad alcohólica, más tarde tendrá que limpiar el suelo, muebles y tapetes, aunque deplore su imprudencia. El hombre que en un momento de ira envenena la cisterna de agua, aún después de arrepentido tendrá que desocuparla para mitigar su sed.

El espíritu que en vidas anteriores se sirvió indiscriminadamente de energías subvertidas para sembrar perjuicios y dolores ajenos para disfrutar egoístamente bienes prematuros, aún después de convertido al bien sufrirá los efectos de sus actos ruinosos. La Ley Kármica no actúa como proceso punitivo por acciones irregulares y pecaminosas del espíritu, sino que apenas determina el tributo a "cada uno según sus obras".

PREGUNTA: - Pero conocemos personas tan magnánimas y santificadas, que nos parece un verdadero sacrilegio que sean portadoras del "mal de ojo".

RAMATÍS: – Todavía no transitan sobre la tierra "inocentes", "santos" o "corazones puros", injustamente estigmatizados con "mal de ojo", cáncer o hechizo. A pesar de la sorpresa de las personas que nada encuentran de mancha o culpa en esas almas bonísimas que sufren aparentemente injusticias, ellas recogen los frutos corrompidos de las malas semillas lanzadas en el pasado.

Y aunque esas personas se dediquen totalmente al bien, pueden ser portadoras del "mal de ojo", cuyo fluido pernicioso

melancolía a causa del "mal de ojo".

todavía es el residual que portan de sus existencias anteriores. Sin duda sufren y se mortifican en sus remordimientos por el perjuicio que siembran involuntariamente, por la prolongación de la acción y la carga maléfica estigmatizada en las actividades de otrora. Ellas perciben el temor ajeno hacia su amistad y soportan los más crueles vejámenes de criaturas primitivas, puesto que son objeto de prácticas supersticiosas y conjuros hostiles contra su "mirar maligno".[4]

PREGUNTA: - Y qué podrían hacer esas personas para disminuir o neutralizar los efectos dañinos del mal de ojo?

RAMATÍS: – Sólo la continuidad de una vida recta, amorosa y de sacrificio hacia el prójimo, podrá reducir en el ser un estigma tan infeliz. Ese mal fluido del pasado, acumulado en la región peri-espiritual, adyacente a los ojos humanos, nos recuerda al fenómeno del agua sucia en la cisterna, la cual debe extraerse incesantemente hasta surgir agua limpia. En el caso del mal de ojo solo hay dos cosas por hacer; en primer lugar, la persona que tiene esa condición deberá aportar mayor cuota de luz interior por medio de la renuncia, el amor y el perdón incondicional a todas las ofensas que recibe del mundo, y segundo, descargar el fluido pernicioso de su mal de ojo en algún objeto que sirva a propósito para la descarga preventiva. Además, la carga maléfica se debilita por su agotamiento natural o se purifica por medio del sufrimiento.

PREGUNTA: - El "mal de ojo" puede afectar a los niños?

RAMATÍS: – La proyección de esa mirada en los niños puede provocar una postración, debilidad o desgano. Las personas presienten que se trata de una carga fluídica, pues cuando

4 Nota del Médium- Cuando niño presencié un hecho trágico que sólo ahora doy el exacto valor que merecía entonces. Frente a mi casa vino a vivir una señora procedente de Pernambuco, simpática y bastante servicial para toda la vecindad. Meses después corría la noticia que ella tenía "el mirar dañino" y ocasionaba el "mal de ojo", provocando las más descontroladas reacciones y temores. A partir de ese momento, la infeliz señora fue responsabilizada por todas las enfermedades, desentendimientos hogareños, muertes de aves, desfallecimientos de niños y perjuicios en los cultivos. Cuando ella asomaba en la ventana los vecinos se persignaban ostensivamente, hacían conjuros y hasta hechizos en su puerta para que ella se mudara. Finalmente cierto día vino la noticia trágica: ella se suicidó con soda cáustica, desesperada por el sufrimiento de tan extraño estigma.

alguien bosteza se acostumbra decir que está bajo alguna influencia. En nuestra esfera espiritual, esos síntomas comúnmente señalados en la tierra como "quebrantos", se les denomina "anemia etérica", pues el doble etérico, o vehículo intermediador entre el periespíritu y el cuerpo físico, es el que recibe el impacto fluídico de esa "mirada", sufriendo la desvitalización local.

Existen personas que provocan el quebranto a causa de la envidia, celos o frustración, debido a que los hijos ajenos son más fuertes, inteligentes o listos que los suyos. Por causa de esa inconformidad e infelicidad, los padres y madres de hijos enfermos, deformados o retardados pueden arrojar fluidos mórbidos contra hijos ajenos sanos.

PREGUNTA: - No obstante, nos causa sorpresa la existencia de ese poder maléfico, que en los ojos humanos causa perjuicios al prójimo.

RAMATÍS: – El poder benéfico o maléfico del espíritu humano actúa por medio de los pensamientos y por el cuerpo astral a través de los sentimientos y emociones. Y es en los ojos donde se acumula ese fluido mental, bueno o malo, que resulta a cada momento, de las buenas o malas acciones del alma. Los poetas y literatos del mundo gastaron toneladas de tinta y papel para decir que los "ojos son el espejo del alma". Por su intermedio se proyectan todos los matices de los sentimientos y pensamientos de las personas; por eso, la literatura romántica y tradicional atribuye a sus personajes "ojos felinos, astutos, codiciosos, balsámicos, fríos, amorosos, amargos o crueles" y otras decenas de definiciones exóticas, queriendo identificar la multiplicidad de sentimientos y pensamientos del espíritu en sus relaciones íntimas con el mundo exterior. El fluido elaborado y potencializado en lo íntimo del ser, trae su marca o características personal, y cuando fluye por la mirada, es energía que vitaliza, conforta y anima al prójimo, o al contrario, debilita, arruina o desanima. La mirada misteriosa e hipnótica del mago que impone su voluntad creadora a las almas débiles, es un símbolo tradicional de las fuerzas existentes en los ojos, es la revelación de la vivencia íntima del espíritu.

El quebranto, por lo tanto, es el resultado del impacto fluídico mental y astralino lanzado por los ojos de alguien, que puede ser mórbido o inofensivo, conforme sea el potencial y la naturaleza psíquica de su autor.

PREGUNTA: - ¿Existe algún poder en las cintas y amuletos rojos comúnmente colocados en el cuello de los niños, junto con ciertas flores, aves, animales o jaulas de pajaritos?

RAMATÍS: – Os recordamos, una vez más, que "los semejantes atraen a los semejantes", por cuyo motivo, las cintas o cualquier objeto de color rojizo tienen por función absorber la cuota nociva de las personas que tienen "mirada mala". De acuerdo a los principios de la cromosofía, la ciencia del color, el rojo es tonalidad de intensa vibración en el plano físico, que excita y se destaca sobre otro color cualquiera, llamando poderosamente la atención. Si hacemos girar rápidamente un ramo de flores seleccionadas con todos los colores existentes, en ese giro colorido atraerá vuestra atención principalmente la especie de color rojo.

La sangre, linfa de la vida, es templada al rojo, que es realmente un color primario, físico y excitante. Los clarividentes pueden confirmaros que en el mundo astral inferior, todo aquello que es vigoroso, hostil, impresionante, explosivo o dominante es de color rojo, en el simbolismo flameante del fuego en el tono encarnado de las pasiones primarias. Los espíritus desencarnados sensuales y esclavos de las pasiones violentas del mundo carnal muestran sus auras de un rojo oscuro nublado. Todos los tonos rojos brillantes, color fuego, revelan matices de pasiones primitivas. En las corridas de toros, el rojo es la tonalidad preferida para excitar los animales y ponerlos descontrolados de rabia.

El color rojo se fija con facilidad en la retina humana e influye poderosamente en los seres humanos, siendo preferido por los salvajes y en las fantasías del carnaval. Algo mórbido e hipnótico emana de ese color debido a la predominancia de sus vibraciones poderosas en cualquier plano adyacente a la tierra. Bajo nuestra visión espiritual, hemos observado que la propia nota musical primaria "do" es profundamente roja, dominando fuertemente sobre las demás notas en la ejecución de piezas musicales.

Esa "mirada nociva" se descarga rápidamente en la primera persona o cosa que se interponga o que en realidad, le llame más la atención, por eso, las cintas u objetos rojos tienen la virtud de atraerlos y condensar o absorber inmediatamente la carga tóxica y fluídica en su doble etérico, librando de acción nefasta cosas o seres más preciosos.

PREGUNTA: - ¿Por qué los recién nacidos o los niños de corta edad son los blancos más comunes de esos quebrantos? Seria justa esa vulnerabilidad, si se trata de criaturas, que mal despiertan a la vida física?

RAMATÍS: – El niño es el cuerpo físico del espíritu que renace en la materia para recuperarse de los débitos de sus vidas anteriores, cuyo acreedor es el propio planeta donde habita. Pero tratándose de un espíritu ya endeudado por desaciertos espirituales cometidos en el pasado, aunque niño, ya nace vulnerable a las hostilidades del medio físico. Algunos niños nacen marcados por el estigma de enfermedades congénitas; otras, desde la cuna, son implacablemente asediadas por viejos adversarios de existencias anteriores y víctima de las cargas fluídicas malignas del mundo.

Difícilmente ellos consiguen oponer defensas eficientes para combatir el quebranto producido por las cargas del "mal de ojo", tal como sucede con la planta tierna que se dobla bajo el impacto del viento helado. El niño, bajo ese impacto, se abate y empalidece en un estado de anorexia y se postra, como que desligada de la vida física. La medicina común emplea les recursos tradicionales de la vitaminoterapia para restablecer el equilibrio, pero es impotente para eliminar el mal que es de origen etéreo-astral. En tales casos, solo la bendición de confianza, administrada por personas entendidas, es la mejor terapia para renovar los buenos fluidos.

PREGUNTA: - ¿Qué recursos serían los más apropiados para proteger a los niños, en esa fase tan delicada?

RAMATÍS: – Hasta los siete años de edad el niño está amparado por el espíritu del técnico que presidió la reencarnación y que lo vigila hasta que la glándula timo complete su función fisiológica. La tradición católica llama "ángel de la guarda", a esa figura protectora, y la terminología espirita enseña que es el guía, cuyo éxito también depende mucho del fardo kármico del espíritu reencarnante.

Pero es la vigilancia espiritual de la madre, la verdadera médium de la vida, la defensa más vigorosa y positiva del niño en el mundo físico contra los malos fluidos del mundo oculto. En su fase infantil el espíritu encarnado no solo absorbe las características propias del espíritu materno, sino que se alimenta de sus emanaciones protectoras.

PREGUNTA: - El color rojo es el único que se interpone al mal de ojo?

RAMATÍS: – Los objetos y cosas de color rojo pueden desempeñar dos funciones provechosas contra el "mal de ojo"; primero absorben las emanaciones nocivas y concentran el rayo rojo, mientras que por su aspecto o naturaleza excéntrica, atrae y desvía el mirar nocivo, que debería incidir sobre cierta planta, ave o niño.

Pero no es solo el color rojizo el único que se presta para neutralizar el rayo rojo producido por el inusitado fenómeno del mal de ojo; cualquier objeto de aspecto llamativo o raro o hasta asustador, puede atraer la atención de las personas, haciéndoles descargar allí sus dosis fluídicas nocivas. Por eso es muy común encontrar herraduras, cuernos de animales, amuletos gigantescos, máscaras burlescas, imágenes excéntricas y otros objetos insólitos colocados sobre los portones o en las puertas de las residencias del interior, que tienen la función de atraer la atención del que posee mirada dañina. Se trata de una simple defensa magnética para desviar el fluido pernicioso a través de un recurso excéntrico pero eficaz, que condensa la carga maléfica, evitando que incida y perjudique pájaros, plantas, flores, animales y niños más delicados.

La Vida Humaná y el Espíritu Inmortal

Capitulo V

Problemas del trabajo

PREGUNTA: -¿Qué nos podéis decir sobre nuestro destino terreno, la necesidad de trabajar desde nuestra infancia para conseguir nuestro sustento humano?

RAMATÍS: – Entre los diversos planetas habitados del Universo o entre las diversas moradas de la "Casa de mi Padre" enunciadas por Jesús, la Tierra es uno de los incontables mundos de educación espiritual primaria. En consecuencia, el trabajo es el principal tema de la vida y progreso terreno, pues el hombre debe abastecerse a sí mismo y ganar personalmente lo necesario para vivir. Es el alumno primario que todavía necesita aplicar todos sus dones y esfuerzos para alfabetizarse, sin esperar que le caiga del cielo como un bien prematuro.

El trabajo en la Tierra es una ley biológica e inherente al tipo de orbe educativo. Es el medio en donde el hombre desenvuelve sus energías primarias y se prepara para vivir en el futuro en esferas superiores hasta liberarse de las exigencias de los mundos físicos y desarrollar su conciencia para volverse un espíritu eminentemente creador. No basta que el hombre viva en la Tierra apenas acumulando bienes y objetos, como un propietario de quincallerías que al morir tiene que renunciar a sus bienes porque no podrá transportarlos a ultratumba. Todos los hechos y fenómenos de la vida física conforman el curso lectivo de la alfabetización del espíritu, para manejar en el futuro la sublime lengua de las humanidades siderales.

Por esa causa, los espíritus que habitan la Tierra todavía enfrentan la naturaleza de una vida primaria, justificando el versículo del Génesis que dice al hombre: "Con el sudor de tu rostro comerás el pan, hasta que vuelvas a la tierra, de la que fuiste tomado; porque polvo eres y en polvo te convertirás",[1] Evidentemente, al dirigirse a Adán, símbolo de la humanidad terrena, Dios le advierte que tendría que vivir del sudor de su rostro hasta volverse señor de espíritu y desarrollar su conciencia espiritual, "porque el cuerpo es de polvo y al polvo regresará".

Pero el trabajo en la Tierra, a pesar de exigirle al hombre un arduo esfuerzo, es una condición transitoria. Existe mientras el espíritu desarrolla y fortalece su conciencia individual, proporcionándole la oportunidad de activar su paciencia, resignación y perseverancia y dinamizando iniciativas creadoras. A pesar de la fatiga y la obligación, el trabajo humano adiestra al espíritu para la vida superior y lo conduce a mejores y agradables tareas en otros planos más reconfortantes. El trabajo terrícola no es castigo ni derroche; es un proceso de desarrollo, así como el alumno primario solo podrá gozar de la alegría futura de leer y comprender las cosas del mundo después del sacrificio y la resignación para alfabetizarse en la escuela primaria. Después de esa etapa, el espíritu del hombre también podrá usufructuar sublimes venturas en su escalada sideral. Terminado el curso en la Tierra, podrá habitar en Marte, donde el principal motivo de vida es la Técnica; en seguida Júpiter, el planeta del Arte; y más tarde Saturno, cuya humanidad vive exclusivamente para la Filosofía.

PREGUNTA: - ¿De qué forma la laboriosa actividad del trabajo obligatorio beneficia al espíritu encarnado en la Tierra?

RAMATÍS: – Se justifica que el espíritu primario encarnado en la Tierra todavía dude de su origen divino y de su venturoso destino futuro, pues vive inmensamente preocupado por atender sus burdos deseos, propios de una conciencia primaria. Necesita atender su subsistencia carnal, y el trabajo le parece una cosa cansona y desagradable. Pero obligado a concentrarse en el

1 Génesis, III:19

objetivo laborioso, aunque indeseable, desarrolla las aptitudes latentes del espíritu eterno y disciplina su capacidad creadora.

La actividad física se ejerce bajo el comando del instinto animal, pero ante el esfuerzo para entender y evaluar los fenómenos del mundo exterior, el espíritu centraliza la conciencia en un provechoso estado de vigilia y verdadera fijación de los acontecimientos vividos. Además, el trabajo es una condición providencial para el espíritu primario. Durante su conciencia infantil, ocupa su tiempo en una actividad dinámica que lo aparta obligatoriamente de actos dañinos y propios de la inmadurez espiritual. Los propios animales, como los caballos, ejercen una función útil y pacífica una vez domesticados, mientras que sueltos y abandonados a su naturaleza salvaje, se convierten en manadas agresivas e indisciplinadas.[2] Así, los espíritus primarios también necesitan ser domesticados por medio del trabajo, para aprender a dominar sus instintos inferiores.

PREGUNTA: - ¿Cuál es vuestra opinión respecto a los hombres que poseen riquezas sin haberlas trabajado, y que explotan a los demás con sus trabajos? En esas condiciones ¿el trabajo no es un factor de humillación, donde usufructúan los poderosos y sufren los más débiles?

RAMATÍS: – No es el hombre rico el que explota a los más pobres y dificulta la vida a los más ingenuos. En verdad, todo obedece al espíritu primario del hombre terreno, egocéntrico, ambicioso, mezquino, cruel, mercenario y codicioso, tipo inferior que aún predomina en la humanidad. Así, abusa del prójimo en cualquier oportunidad que se le presenta, pues si es servil en la pobreza, se vuelve déspota y explotador así que sube a cualquier condición social superior.

El espíritu primario es servil ante sus superiores, pero

2 Corroborando Ramatís, recordamos las hordas salvajes dirigidas por flagelos de la humanidad como Gengis Khan, Atila y otros, que debido a su estado salvaje, arrasaban ciudades pacíficas, mataban mujeres, ancianos y niños, como si fueran verdaderas manadas de lobos voraces devorando las presas menores. Tamerlán, en un solo combate contra Bakazet, mató 400.000 hombres, llenó dos navíos de cabezas y ordenó arrojarlas al mar, pues su principal pasatiempo era hacer pirámides de cabezas. Cortés, un desconocido criador de cerdos, conciencia primaria y salvaje, al frente de ciento cincuenta hombres, destruyó el imperio de los Aztecas por la ambición del oro.

cuando investido de poder desahoga sus resentimientos morales sobre los nuevos subalternos. Se sabe que el soldado más quejoso se vuelve el peor sargento del cuartel. El mendigo lamentoso, con aspecto de mártir, que dramatiza fácilmente sus vicisitudes vulgares, podría ser el más cruel y avaro tirano, si la fortuna o el poder le favorecieran. Hay miserables que esconden el pan del compañero más hambriento, así como ciertos comerciantes, en tiempos de guerra, esconden la mercancía para venderla ilícitamente en el mercado negro aunque su actitud contribuya a la muerte de las niños hambrientos. Y si la suerte les es adversa, esas criaturas retornan a su antigua pusilanimidad. Existen caudillos que masacraron impiadosa y cruelmente a los adversarios caídos en sus manos, pero que cuando vencidos se arrastran llorosos y desesperados a los pies del pelotón de fusilamiento.

En general, el empleado que más se lamenta, cuando llega a patrón es el más injusto y avariento; el ciudadano habituado a condenar los administradores públicos, cuando es elegido para algún cargo se transforma en un individuo todavía más inescrupuloso. Ciertos operarios explotados por patrones avarientos, cuando consiguen dirigir alguna industria o negocio promisorio, casi siempre pasan a explotar cruelmente a sus operarios.[3]

PREGUNTA: - Comprendemos que el hombre debe dignificarse con una tarea noble, pero nadie desea conscientemente ser esclavo del trabajo. ¿Cuál es vuestra opinión?

RAMATÍS: – En verdad, el trabajo no honra ni dignifica al hombre como si fuera una función meritoria para graduación celestial. Son las personas demasiado ambiciosas las que trabajan como animales desde que sale hasta que se pone el sol, buscando apenas seguridad y fortuna pero son avaros e indife-

3 Nota del Médium: Conocí dos obreros de la industria maderera, en Paraná, (Brasil), que vivían quejándose de los patrones injustos y avarientos, alegando que daban salarios miserables, negaban los feriados y escamoteaban las horas extras. Quiso la suerte que en 1943 se aliaran con un comerciante, dueño de un aserradero, y se enriquecieran rápidamente a causa de especular con la última guerra mundial. Actualmente son respetables industriales, pero confirman el aforismo que dice: "No hay peor cuña que la del mismo palo", dado que son muy conocidos por los problemas que crean con el Ministerio de Trabajo por negarse a pagar los más elementales derechos a sus empleados.

rentes a los problemas del subalterno o compañero. Y lo peor es que personas de ese tipo, cuando llegan a ricas son injustas con aquéllos que les ayudaron a enriquecerse, causando más perjuicios que cuando eran pobres.[4]

Por eso la Divinidad ajusta a los espíritus primarios a los mundos físicos como la Tierra, donde el trabajo es una condición primordial para sobrevivir. Están sujetos a las obligaciones cotidianas, sin poder gozar de excesiva libertad o poder financiero, que podría llevarlos prematuramente a cometer actos dañinos para sí y para la comunidad. El concepto de que los "burros andarían cargados de medallas si el trabajo fuese honra", demuestra la ignorancia del terrícola respecto a la acción dinámica y creadora del trabajo, en la formación indirecta de la conciencia espiritual del hombre, que le activa el proceso creador del futuro ángel. El hombre tanto puede aceptar como renegar el trabajo, volviéndose un ciudadano útil o un marginal sublevado y dañino para la comunidad. El dispone de su "libre albedrío" para decidir y actuar en cuanto a su persona; pero, es de Ley Sideral, que será impedido espiritualmente, toda vez que sus actos egoístas resulten perjudiciales para los demás.

No obstante, todo cuanto existe sobre la superficie de la Tierra, que glorifica y beneficia a la humanidad, es fruto indiscutible del trabajo. Aunque la mente humana sea creadora, nada podrá realizar sin el recurso dinámico del trabajo, operación indiscutible que transforma en actividad concreta los deseos y las ideas vividas constantemente en el alma humana. Bajo cualquier hipótesis, el trabajo disciplina, da calor y energía a los músculos del hombre y hace converger su atención y cuidado para una realización positiva.[5]

4 Nota del Médium: Conocía en el año 1939 a cierto mendigo que se quejaba amargamente de las injusticias sufridas en el mundo, especialmente cuando le prostituyeron a su hija mayor por culpa de un afortunado industrial, luego liberado por la justicia. Por un golpe de suerte, durante la última guerra, logró acumular una regular fortuna comprando y vendiendo metales viejos. Cuando murió en 1965, ese "ex mendigo" dejó el siguiente pasivo en su vida: deshonró a cinco menores, dos de ellas se degradaron en la prostitución y una de ellas se suicidó al no poder sobrellevar el peso de lo sucedido. Además, dejó en la miseria a un sobrino que le había prestado una buena cantidad de dinero por la venta de su casa; estafó a dos firmas vendedoras y por último, abandonó a su mujer y sus hijos, que lo habían acompañado en las horas amargas, para vivir a cuerpo de rey con una bailarina.
5 "El trabajo distingue a la humanidad del animal. Despierta las mieses en las pampas, extrae el metal reluciente de los más oscuros antros, convierte la arcilla en

PREGUNTA: - Pero el trabajo, debido a su condición incómoda y desagradable, nos parece que es un recurso discutible, puesto que esclaviza a los espíritus incipientes a una condición obligatoria, medio degradante, no es así?

RAMATÍS: – El trabajo significa intrínsecamente apenas acción. Y la acción tanto puede ser un efecto creador como destructivo. Esa actividad de trabajo, que en la Tierra es motivo de sufrimiento y símbolo de esclavitud, en otros planetas se considera acción creadora y oportunidad divina para que el espíritu crie obras fecundas. Mientras el terrícola trabaja por la ambiciosa competición de lucros, sacrificando la calidad de su acción por la incesante acumulación de bienes transitorios, en otros mundos los hombres ejercen el trabajo con absoluto desprendimiento personal. El trabajo es una acción manifiesta en todos los hechos de la vida; es la dinámica creadora del propio Universo, y lo opuesto de la inercia.

Sin lugar a dudas puede haber distinción entre el "trabajo-placer " y el " trabajo-obligación", pues mientras el hombre ambicioso se siente explotado por el trabajo obligatorio que produce más beneficios para otros, también están los que se alegran trabajando en favor de la comunidad. Hay muchos enfermeros, médicos, monjas, curas, pastores, médiums, profesores, curanderos y escritores, que se sienten afortunados trabajando para servir a sus hermanos de la jornada humana. De ahí el motivo de que los malandrines y vagabundos huyen del trabajo, pues en su egoísmo de espíritus inferiores y mercenarios, prefieren vivir en la miseria y en la incertidumbre, en vez de ejercer alguna actividad benéfica al prójimo. Especie de parásitos bípedos, ellos chupan la savia del árbol generoso de la vida, pero que no contribuyen con nada para el bien y progreso ajenos. Jamás sienten el placer espiritual de servir al prójimo y no tra-

---

casas, la piedra en estatua, el trapo en vela, el color en cuadro, la chispa en fragua, la palabra en libro, el rayo en luz, la cascada en fuerza, la hélice en ala.. Su esfuerzo secular creó el poder del hombre sobre las fuerzas naturales, dominándolas antes para usarlas después. Es obra suya la palanca, la cuña, el hacha, la rueda, la sierra, el motor y la turbina. Nada existe en el mundo que no conserve el vestigio de sus virtudes vencedoras del tiempo. El trabajo es un deber social. Los que viven sin trabajar son mórbidos parásitos, que usurpan a sus hermanos una parte de su labor común". Trechos extraídos de la obra ***Las Fuerzas Morales***, de José Ingenieros, editada por la Librería Tupã.

bajan espontáneamente, ni siquiera para embellecer el propio mundo donde viven.

Claro está que es una infelicidad el "trabajo esclavo" cuando la persona no es más que una maquina humana o materia prima explotada por otros congéneres ambiciosos e injustos. Pero los hombres que conocen el proceso de la reencarnación espiritual saben que el trabajo esclavo es un beneficio de reajuste del pasado, puesto que la Ley Cármica corrige al espíritu falible y lo ajusta benéficamente al conjunto de la humanidad.

Investigando la historia de vuestro mundo desde los orígenes de la civilización, se comprueba que el trabajo también evolucionó de acuerdo al progreso y a la mayor conciencia espiritual del hombre. El trabajo, principalmente en la actualidad y en vuestro país, aunque aún obligue a los hombres a la esclavitud de horarios draconianos, ya proporciona concesiones liberales vacaciones, descanso dominical remunerado, primas de fin de año y la indemnización por estabilidad en le misma empresa donde trabajan. En los establecimientos fabriles y comerciales modernos, el radio, la televisión y la música ayudan al obrero a superar su día monótono y laborioso ofreciéndole distracciones y estímulos agradables, que en otras épocas hubieran sido considerados como exagerados y absurdos por los magnates del mundo.[6]

Las asociaciones gremiales, los institutos de pensiones y jubilaciones, las entidades de socorro, son hoy muy comunes en la órbita laboral. Funcionan en los sectores comerciales e industriales del mundo, significando un segundo hogar colectivo que ampara y ameniza la lucha física del trabajador en su esfuerzo para conseguir el sustento del hogar. Poco a poco va desapareciendo del mundo la infamante esclavitud asalariada del pasado, cuando el ser humano vivía desamparado y se nivelaba al animal de carga, sin gozar de descansos ni derechos personales. Su destino era nacer, crecer y morir bajo el látigo de los poderosos. Hoy el trabajo distingue al hombre en la comunidad que lo considera como célula útil, proporcionándole una

6 Nota de Ramatís - El Brasil, país acentuadamente fraternal y liberal, ya figura en los ficheros del mundo espiritual como una entidad terrena donde el trabajo humano se ejerce bajo expresivas demostraciones de justicia y amparo al trabajador. A pesar de las incompatibilidades aún existentes entre patrones y empleados, a veces azuzadas por elementos disociadores y malévolos.

vida agradable y placentera en el mismo ambiente donde gana el pan de cada día.

PREGUNTA: - Creemos que Dios podría haber creado un mundo más llevadero, bajo condiciones más agradables y placenteras para que sus hijos sobrevivieran sin tantos rigores en la materia, en vez de obligarlos a la tarea mediocre de trabajar día y noche para cubrir sus necesidades. ¿Qué nos decís?

RAMATÍS: – Es evidente que sería aún mucho más absurdo y tonto que Dios creara un mundo ameno y exclusivamente placentero para la vivencia de espíritus primitivos, cuando ellos aún arrasan ciudades, jardines, plantaciones, campos, silos de cereales, iglesias, centros de cultura y de arte, escuelas, hospitales y niños, mujeres y ancianos

Nadie construye palacios de vidrio para albergar monos, ni fabrica alfombras suaves de grama delicada para criar elefantes. Sin duda, cuando el hombre domina las pasiones animales adquiere el derecho de habitar ambientes más agradables donde, además de activar su espíritu creador, puede contemplar las bellezas creadas por Dios. Pero desgraciadamente la humanidad terrena todavía consume la mayor parte de su existencia preciosa arruinando y destruyendo su propia morada, a pesar de estar vinculada al trabajo obligatorio, y que le evita cometer peores delitos e insanias, propias de la ociosidad.

Conforme al dicho "a cada uno según sus obras", el espíritu del hombre, como centella que despierta y crece individualmente en el seno divino, necesita descender a la carne para adquirir el conocimiento de sí mismo y usufructuar el mérito de su propia angelización. Por lo tanto, debe someterse a la disciplina o técnica sideral, y como célula individualizada en el Todo, aprovechar todo el tiempo posible en un sentido útil y para el desarrollo de su conciencia espiritual. El trabajo, al comienzo le consume el tiempo que tendría disponible para cometer desatinos y tonterías propios de la vida instintiva animal.

Más tarde, en su exigencia forzada, disciplina y fortalece, obligando al hombre a concentrarse en un ritmo sano y creador que le dinamiza la contextura espiritual, despertando y aflorando las cualidades latentes, heredadas de Dios. Es un proceso o recurso técnico de perfeccionamiento espiritual, operando en el mundo de las formas, que acelera la sublimidad angélica innata en el ser humano por fuerza de su procedencia divina. Hasta el esclavo en condiciones degradantes y explotado por el amo insaciable, puede desarrollar las virtudes de la sumisión, resignación, paciencia y estoicismo, dinamizando sus poderes espirituales en la actividad productiva que es el trabajo. Muchos magnates, cuya resistencia, capacidad, productividad y perseverancia creadora los elevaron a niveles de la industria y comercio mundiales, desarrollaron ese potencial en vidas pasadas con frecuencia en el servicio obligatorio de la esclavitud.

Reconocemos que la especie de trabajo que existe aún en la Tierra es de condición un tanto desagradable y algo humillante, pero de naturaleza transitoria y necesaria para el tipo primario del espíritu terrícola. Es una actividad benéfica y creadora que evoluciona hacia niveles superiores de la vida planetaria, pues el hombre se sublima constantemente en su labor cada vez más excelsa. La propia pintura y la composición musical, aunque se las considere actividades artísticas, son también una especie de trabajo o acción, que siendo placentera y espontánea, exige persistencia, obstinación y estoicismo creador que solo se desarrollan a fuerza de incesante acción y actividad laboriosa. Es arte, pero sobre todo un producto del trabajo refinado, a pesar de que el hombre puede ejercerlo o abandonarlo cuando le conviene.

El espíritu terrícola todavía necesita ajustarse al trabajo pesado para sobrevivir en la faz de la Tierra, a fin de ejercitar su capacidad creadora y adquirir las cualidades de derecho para vivir en el seno de las humanidades angélicas. El trabajo, agradable o no, digno o degradante, vale por su objetivo creador y por su dinamismo que actúa en la intimidad espiritual del hombre.

PREGUNTA: - En consecuencia, el trabajo es una condición intrínseca a cualquier humanidad inferior o mismo superior, ¿no es verdad?

RAMATÍS: – El trabajo, que en la Tierra es todavía considerado como una "obligación incómoda" o "tarea desagradable", en planetas superiores es aceptado como "trabajo-misión".

El terrícola se rebela por considerarlo una necesidad injusta e irreductible para la mayoría de los hombres sobrevivir en el mundo físico, mientras que otros son privilegiados, no trabajan y viven principescamente. De ahí entonces, que el trabajador común se juzga un tonto e infeliz, explotado para sustentar la "dulce vida" de los pícaros que no trabajan. Sin duda, él ignora que el alma incipiente eleva su frecuencia vibratoria espiritual bajo la acción dinámica del trabajo, mientras que la inercia la estanca en el tiempo y el espacio.

Así como dormir es sinónimo de "no existir", la inmovilidad es un entrenamiento para la muerte, pues el ángel no duerme, ni cesa su actividad creadora. En los planetas de graduación superior, en donde el espíritu no se cansa en contacto con el medio suave y eterizado, dormir o estacionarse sería tan absurdo como el proceso de fuga, que es el suicidio en vuestro mundo. Mientras que la criatura es menos mental y más digestiva se harta fácilmente en el sueño reparador para compensar el desperdicio de las energías más físicas, el sabio duerme poco. El espíritu terrícola siente placer en dormir, en esa especie de "suspenso" de la vida en vigilia, porque él aún es esclavo del yugo violento de las indisciplinadas emociones humanas y de los deseos incontrolados del cuerpo carnal.

El trabajo es operación que despierta el dinamismo angélico del alma y amplía la conciencia espiritual para alcanzar una mayor área de manifestación del macrocosmos. Cuando Jesús afirmó que "la fe como un grano de mostaza podría mover montañas", se refería principalmente a la acción perseverante y creadora del trabajo; tal como sucede en el seno de la semilla laboriosa, también, despierta en el psiquismo del hombre los poderes sobre las cosas y los seres. La semilla de mostaza, a pesar de su inmovilidad en el seno de la tierra, trabaja ininterrumpidamente hasta transformarse en planta bienhechora, bajo el recurso de los propios elementos hostiles del ambiente. Ella trabaja en condiciones sacrificiales, pero rompe, abre y aflora a la superficie del suelo en una configuración inconcebible, si comparada a su pequeñez original. Todo eso sucede bajo la acción transformadora del trabajo y sin rebelarse ante las leyes del crecimiento vegetal.

PREGUNTA: - ¿No existe otro medio para liberarnos de esa condición de trabajo servil y obligatorio, que exige nuestra sobrevivencia en la materia?

RAMATÍS: – Paradójicamente, sólo trabajando os podréis liberar del trabajo, puesto que es una acción y proceso indispensables para la modificación y el perfeccionamiento de cualquier cosa en el Universo. El hombre se libra del trabajo degradante reemplazándolo por otro sublime, a medida que perfecciona su contextura espiritual. Trabajan los músculos de la carne cuando el hombre mueve las cargas del mundo, pero el cerebro también cuando el hombre piensa. Son formas de trabajo o de acciones rudas o delicadas, pero conforme a la exigencia y naturaleza de los planos donde se manifiesta la vida.

Aunque viva presionado por el yugo del "trabajo-obligación", confíe el hombre terrícola que al subir de nivel espiritual, se postula para formas de trabajo más halagüeño. La misma simiente, que trabaja sacrificialmente en el seno de la tierra, más tarde se regocija cuando se entreabre la flor bajo el beso acariciante del sol. La Ley Espiritual, ecuánime y bienhechora para todo y todos, jamás deshereda al hombre y solo le proporciona la cosecha "según sus obras".

PREGUNTA: - ¿No es un desperdicio de tiempo el aprendizaje agotador del espíritu en la materia, cuando él ya podría manifestar sus cualidades espirituales innatas, sin necesidad de la actividad incómoda del trabajo?

RAMATÍS: – Los collares de astros que ruedan en el Universo prueban que Dios no es una "espiritualidad estática" o "creador inerte" sino activo y trabajador, en una constante y fecunda actividad creadora en todas las latitudes del Cosmos.

Los electrones que giran alrededor de los núcleos atómicos del microcosmos y los astros que giran alrededor de los soles en el macrocosmos, demuestran que el trabajo es la acción básica de cualquier actividad de la Conciencia Divina. Dios piensa y crea el macrocosmos; el ángel trabaja y crea el microcosmos. Los santos, artistas, genios y conductores de multitudes son productos fundamentales de un trabajo constante y perfectible, pues la actividad en cualquier plano cósmico, es un "ritualismo" iniciático que disciplina y dinamiza los movimientos ascendentes del espíritu para despertarle el conocimiento y el poder divinos.

El trabajo es el fundamento de las cosas más sublimes del mundo. El trabajo obstinado de un hombre estoico sobre el teclado de un piano, produjo en la esfera de la música el gigante llamado Beethoven; del manejo persistente de los colores resultaron genios como Rubens, Ticiano, Da Vinci y Rafael; el trabajo minucioso del buril sobre la rigidez de la piedra hizo la gloria de Miguel Ángel; la propia santidad de Francisco de Asís se modeló en su actividad desprendida y fatigante en favor de los infelices. Fue el trabajo mental moviendo el raciocinio acerca de los misterios de la vida y de la existencia del espíritu, el que plasmó la figura bienhechora y grandiosa de Buda y del sublime Jesús.

En la intimidad de la simiente existe la micro-síntesis del gigantesco árbol del futuro carbonero; pero es gracias al trabajo exhaustivo e incesante que ella se abre y crece en el seno de la tierra hasta transformarse en el vegetal bienhechor. El minúsculo hilo de agua que corre por las laderas del Perú, solo adquiere las prerrogativas del majestuoso rio Amazonas después del intenso y arduo trabajo de abrir surcos en la tierra, excavar las piedras y desarrollar las fuerzas adormecidas bajo el primer impulso de vida latente en la gota de agua.

PREGUNTA: - Pero el hecho de el hombre inventar y construir robots, máquinas y computadores, que poco a poco lo libran del trabajo más fatigante, no comprueba que él ya merece mejores condiciones de trabajo?

RAMATÍS: – Nos referimos al trabajo como "acción", "actividad" o "movimiento" que cataliza y sublima las energías adormecidas en el espíritu del hombre. Tratándose de un proceso de mejoramiento espiritual que eleva la energía humana, el trabajo es valioso proceso bienhechor en cualquier sector de actividad en el mundo. Es útil y productivo al hombre simple y modesto que limpia el alcantarillado de la ciudad, como al ministro que consume fosfatos intentando mejorar la alimentación, la salud y la educación del pueblo. En esos casos el trabajo se efectúa en diferentes niveles, pero entrega los resultados adecuados a cada plano de la vivencia humana. Tanto el magnate que dirige portentosas industrias de responsabilidad colectiva, como el albañil que junta piedras y cemento en el fondo de un canal, ambos son ángeles con sus conciencias en crecimiento en el mundo físico, disponiendo del trabajo como oportunidad para mejorar su nivel sideral.

PREGUNTA: - Por cierto, los propios dirigentes complejos industriales y comerciales del mundo ya parecen reconocer la función meritoria del trabajo, pues ya ofrecen un ambiente más agradable a sus empleados, inclusive música como pasatiempo.

RAMATÍS: – Los responsables de las industrias y empresas laborales del mundo, que aúnan a la conveniencia utilitaria y a los recursos de su producción, el bienestar y el confort de sus obreros y empleados, sin duda son espíritus buena naturaleza, que materializan en la Tierra el modo de vida que es propio de otros planetas más evolucionados. Ellos elevan el trabajo terrícola a un nivel superior, además de hacerlo más ameno y hasta placentero para sus asalariados.

Por cierto, espíritus de élite también pueden comandar grandes capitales e industrias del mundo moderno, pues no es la riqueza ni la pobreza lo que realmente define el grado espiritual evolutivo del hombre sino su comportamiento digno. Los maestros iniciáticos y viejos instructores de Oriente, después de las etapas de desarrollo mental y psíquico, que habitualmente cumplían en agrupaciones esotéricas, grutas o templos iniciáticos, a veces pálidos, semidesnudos y febriles, más tarde renacen en Occidente para cooperar con su progreso material. Entonces, visten trajes a la moda, cortan sus cabellos, se afeitan la barba, y transitan por las calles populosas de la ciudad, codeándose con los demás hombres, además de proporcionar buen ambiente para sus empleados y contribuir a mejorar el índice de vida humana.

El espíritu humano no adquiere el conocimiento cósmico huyendo de la vida, donde Dios permanece activo; eso él lo consigue a medida que aprende a mover los valores auténticos y definitivos en su trato con .la materia. Lo realiza a través del trabajo físico, mental y psíquico, que está obligado a maniobrar en las relaciones con las formas del mundo. La contemplación es un corolario de la actividad, pues nadie se vuelve contemplativo sin entender lo que contempla.

Por eso, muchos magnates que aparentemente están presos a los tesoros de la Tierra, aún pueden estar más libres de la esclavitud de la materia que los propios mendigos, cuya avaricia y apego se disimulan bajo la falsa humildad de los trapos. Liberación espiritual no es el culto a la semi-desnudez del cuerpo ni deliberado sufrimiento masoquista, sino, por encima de todo, saber vivir entre tesoros y glorias del mundo sin esclavizar el alma. Existen hombres afortunados, que trabajan exclusivamente para el bien del género humano; a veces postergan sus placeres y el merecido reposo, por la alegría de crear y poder servir. Trabajan impelidos por un impulso oculto que les desarrolla las energías espirituales a través de la actividad, tal como la simiente que despierta y crece hasta la postura del bosque bienhechor, independiente de cualquier interés mercenario.

PREGUNTA: - ¿No sería más razonable y justo que Dios proporcionase a todos los hombres las mismas oportunidades de trabajo y enriquecimiento? Eso mejoraría el nivel de vida humana, con la alegría y abundancia para todos. ¿No es así?

RAMATÍS: – Sin duda el "tema" fundamental de la vida espiritual creada por Dios es proporcionar abundancia, alegría y felicidad a todos sus hijos. Pero tales cosas sólo pueden ser vividas de forma auténtica en los ambientes angélicos, donde la frecuencia vibratoria no causa cansancio ni decepciones al espíritu inmortal. No obstante, es imposible la ventura espiritual en los mundos físicos porque son inestables y sujetos a desgastes. Su ambiente es precario a causa de mutaciones imprevisibles y de los reajustes propios de los orbes primarios. La Tierra todavía es una escuela primaria destinada a la alfabetización de espíritus incipientes y que mal deletrean las primeras letras del lenguaje celeste.[7]

---

7 Nota de Ramatís: – De acuerdo a la gramática terrena, el hombre conjuga las personas del verbo en forma egocéntrica; yo o el ego en primer lugar; tú o el prójimo en segundo lugar; y El o Dios en tercer lugar. Sin embargo, la gramática angélica es exactamente lo opuesto; El o Dios en primer lugar; tú o el prójimo en segundo; y yo o el ego que habla en tercero.

El escenario físico y las múltiples herramientas de la vida humana son apenas oportunidades educativas a disposición de los hombres que desean desarrollar sus poderes mentales y espirituales latentes. En la escuela terrena la "siembra es libre y la cosecha obligatoria" o "cada uno pagará hasta el último centavo" y sus reglas pedagógicas son inflexibles. Es de sentido común que el alumno no debe holgar en las clases ni el operario de su trabajo, mientras no completen sus tareas, pues sería prematuro usufructuar el placer y la ociosidad antes de cumplir el deber para consigo mismos y con la humanidad. Sin embargo, Dios proporciona a todos los hombres los mismos derechos y oportunidades en su aprendizaje físico y primario. Sin embargo, sería insensato el profesor aprobar indistintamente, al final del curso escolar, tanto a los alumnos aplicados como a los relapsos, indisciplinados o perezosos. De la misma forma, no se justifica el hombre gozar de ventura y fortuna cuando todavía no se sintonizó a la frecuencia vibratoria superior.[8]

PREGUNTA: - Hemos pensado que, bajo la misma igualdad de vivencia en el mundo físico, todos los hombres serían razonablemente felices. Pero nos parece que el trabajo esclaviza y sacrifica a los más ingenuos, pero enriquece y divierte a los más ladinos. ¿Qué decís?

RAMATÍS: – La multiplicidad de aspectos, situaciones y posibilidades educativas que el mundo ofrece a sus habitantes, le permite a cada hombre o grupo, vivir según sea su propia experiencia y conforme a su grado de entendimiento espiritual. No es la pobreza ni la riqueza las que realmente aseguran la felicidad humana, puesto que existen ricos infelices y pobres venturosos, hombres sanos y desesperados, mientras que hay ciegos que cantan y tocan guitarra. Nadie es exclusivamente feliz solo porque recibió los mejores dones de la vida humana. Es necesario comprender conscientemente cuál es el mensaje que se oculta detrás de esos bienes. Así, mientras el adepto de la música sinfónica se extasía escuchando la sublime "Coral",

8 Nota del médium. – En los Estados Unidos en 1945, J.F se suicidó por aburrimiento, a pesar de su fabulosa fortuna; B.H.M se ahogó en la piscina alegando estar harto y saturado de las emociones del mundo. Ambos, infelizmente, se olvidaron de vencer ese tedio y saturación emocional ayudando al prójimo.

de Beethoven, el salvaje sería infeliz bajo las mismas condiciones, mal soportando la nostalgia de los redobles de su tambor primitivo.

El dolor y la pobreza son circunstancias provisionales que funcionan durante un cierto tiempo para experiencia y necesidad del espíritu encarnado, en el curso de recuperación del tiempo perdido en el pasado. Bajo la Ley del Carma, el llagado mendigo de hoy ya fue el nombre rico y sano de ayer que abusó de la fortuna y de su salud para cometer actos ignominiosos. Tuvo sus momentos de alegría y abundancia, pero vivió exclusivamente para sí, sin dar nada para el prójimo. La fortuna, la salud o la alegría en exceso no resuelven las ecuaciones e incógnitas latentes en lo recóndito del alma ignorante, pues el espíritu del hombre sólo vive y dinamiza emociones, pensamientos y deseos, conforme sea su grado de conciencia ya despierta en la materia.

Buda y Francisco de Asís fueron felices solo después de dejar el confort y la riqueza de la aristocracia para vestir ropas burdas en la vida desheredada del mundo. Gauguin solo consiguió crear los primores vivos de color en su pintura expresionista e iluminada, después que abandonó el epicureísmo de su hogar europeo y fue a vivir entre los parias y leprosos de Tahiti. El modelo más perfecto del hombre angélico plasmado en la Tierra no tuvo origen en los palacios afortunados del mundo sino en el trabajo paciente, humilde y pobre como lo manifestó el Maestro Jesús.

PREGUNTA: - En otras oportunidades, hicisteis mención al "trabajo redentor", lo que nos induce a creer en un sentido doctrinario o regenerativo del trabajo. ¿Estamos en lo cierto?

RAMATÍS: – Consideramos el trabajo una actividad redentora, además de su acción dinámica, pues realmente despierta las cualidades laboriosas y latentes en el espíritu inmortal. La incesante actividad en los diversos planos de la vida humana ajusta al hombre a frecuencias más sutiles y propias de los mundos angélicos. El trabajo familiariza la criatura con las virtudes de la perseverancia, la resignación, la paciencia y el estoicismo, que se desarrollan por fuerza de la continuidad laboriosa. Quien se obliga a las tareas en un determinado tiempo y para cierto objetivo que le exige constancia, sumisión y disciplina, desarrolla otros valores correlativos y meritorios. Por otro lado, en el caso de la esclavitud dolorosa que a veces conduce hasta el martirio, el trabajo ofrece sin duda características místicas.

El trabajo, como acción preliminar, activa el psiquismo primario de los seres y opera obligatoriamente en su transformación interior. El placer, la ociosidad, el exceso de confort y la libertad de mando, atrofian más fácilmente las virtudes divinas y latentes en el espíritu del hombre porque lo cristalizan en la despreocupación de centralizar sus fuerzas para fines provechosos. Pero durante el entrenamiento laborioso, que aparta del espíritu las elucubraciones censurables y los desperdicios de la mente acéfala, hay determinada concentración de energías que convergen par un fin útil, sea científico, técnico, artístico o religioso. Por eso el hombre de espíritu esclarecido no encara el trabajo como una cosa detestable y humillante, sino que lo considera una oportunidad energética para despertar su contenido espiritual superior adormecido.

Aunque no se verifique un sentido doctrinario en la simple función laboriosa del trabajo, se trata de una acción disciplinante y que proporciona el ajuste, el progreso o la realización de las concepciones mentales del hombre. En el metabolismo evolutivo de la vida humana, cada cosa actúa de una forma peculiar, pero vinculada toda manifestación de vida. Lo importante es que nadie interfiera extemporáneamente en la vivencia ajena, ni perturbe el trabajo del prójimo. Ello nos recuerda la armonía y sabiduría con que funciona el propio organismo humano, donde cada órgano ejerce su función laboriosa bajo el mismo cerebral, pero respetando el trabajo y el objetivo de los otros componentes orgánicos. El hígado no interviene en las funciones del corazón, ni éste pretende modificar la composición de la bilis producida por la vesícula; el bazo purifica el "quantum sanguíneo", los riñones drenan las sustancias tóxicas, la médula produce la sangre, el páncreas la insulina y los fermentos necesarios. Cada órgano trabaja disciplinado y entrega su cuota de producción, comprometida con el organismo. Cada plexo nervioso funciona en su región familiar y aunque distribuya los estímulos de su competencia, no intenta influir o modificar los demás campos de acción de sus hermanos ganglionares. El mínimo desliz, la más sutil negligencia, puede generar trastornos peligrosos para el equilibrio y la armonía del edificio celular del cuerpo humano y dificultar la manifestación del espíritu encarnado en la materia.

Por lo tanto, la armonía y la abundancia del cuerpo dependen de la alegría y abundancia del espíritu, cuya voluntad, ánimo y disciplina controlan y coordinan el trabajo de las células y de los órganos en un ritmo progresista, que también se conoce como " trabajo".

PREGUNTA: - Qué nos podéis decir sobre los conceptos de "Capital" y " Trabajo", que dieron influjos a las doctrinas del capitalismo y el comunismo, que dividen a los hombres y causan enormes angustias a los pueblos, ante la preocupación de dominio exclusivo de éste o aquel grupo?

RAMATÍS: – ¿Qué importan los sistemas políticos, las doctrinas democráticas, comunistas, fascistas o nazistas, cuando la salud, el equilibrio y la armonía de tales sistemas dependen fundamentalmente de la salud, del equilibrio y la armonía espiritual de cada hombre y de cada una de las piezas que lo componen? Nadie mejora o modifica el contenido de una torta, solo porque le aplica una forma artística agradable para llevarla al horno. El hecho de que al confitero le parece agradable la forma de un pez para su torta no significa que todas las tortas hechas con el mismo modelo sean agradables; eso depende de los ingredientes y no d ela forma modelada. Ninguna doctrina, partido o sistema político, social, capitalista, democrático, nazista o fascista conseguirá solucionar la carencia de fraternidad en el seno de la humanidad, ni proporcionar la paz del espíritu deseada, mientras el individuo padezca lleno de problemas y aflicciones. El estado sano del cuerpo humano, por ejemplo, no es obra de un sistema ideado y creado desde afuera hacia adentro por un grupo de órganos con cierto gusto individual sino que es el resultado de la suma de todas las células sanas. Si en ese cuerpo hubiera una sola célula enferma, ya no tiene la salud deseada. Así como el funcionamiento perfecto del reloj depende de la marcha armónica de todas sus piezas; es evidente que antes de pensarse en el éxito de la democracia, el comunismo, nazismo, fascismo o socialismo, es necesario perfeccionar las "piezas-hombres" que deberán integrar el conjunto doctrinario. Una vez perfeccionado el hombre, obviamente poco importa más tarde cómo se rotule el movimiento, sistema político, religioso o social que él integre.

No obstante, cada sistema, doctrina o institución política del mundo, pretende imponer su manera de gobernar o actuar, poco importando la idiosincrasia de los adeptos de otros movimientos. Sería ilógico, por ejemplo, que el hígado resolviera crear un sistema basado exclusivamente en su propia función hepática, pretendiendo con ese "hepatismo" gobernar las necesidades de todo el cuerpo. Los "ismos" separan a los hombres en grupos afines y ligados por los mismos intereses, que pasan a competir con otros grupos de hombres etiquetados por determinadas leyendas. Pero cuando el ciudadano se dé cuenta de su realidad espiritual y la consecuente conformación transitoria del mundo material, capaz de integrarse fraternalmente en el seno de toda la humanidad, jamás necesitará ninguna leyenda o dístico que lo vincule a una doctrina separatista y encuadrada bajo un determinado "ismo"...

Y como "sólo por el amor se salva el hombre", sigue siendo la doctrina del Cristo, el "Evangelismo", la única solución capaz de reunir a todos los hombres bajo un solo ritmo de vida venturosa y armónica.

El Evangelio a la Luz del Cosmos

Capitulo III

El evangelio es la ley del cosmos

PREGUNTA: - ¿Cuál fue el motivo que os indujo a escoger el título del "Evangelio a la Luz del Cosmos" para esta obra?

RAMATÍS: – El Evangelio no es simplemente un archivo de máximas y advertencias morales ni solamente un código de preceptos exclusivos para alguna institución religiosa humana, cuya finalidad sea representar a Dios sobre la Tierra. En verdad, el Evangelio al relatar las experiencias vividas integralmente por Jesús durante los 33 años de su vida física, es para demostrar a todos las leyes que gobiernan y disciplinan el Universo. Los conceptos del Maestro Jesús, paralelamente a su conducta y forma de actuar, pueden aceptarse como un compendio humano que expone los objetivos de Dios en Su Creación. Repetimos; el Evangelio no es un Código Moral realizado para un cierto tipo de humanidad, sino un perfecto tratado de bien vivir, que puede orientar en cualquier época a cualquier tipo humano, en cualquier latitud geográfica o astronómica. Proporciona una transmutación consciente evangélica, donde el hombre termina viviendo su mejor experiencia para Dios.

Por lo tanto, el Evangelio, es el "Camino" de la evolución indicado por el Creador a la criatura, constituyéndose en una fuente íntima de liberación del Dios en nosotros. El hombre evangelizado es la criatura que vive constantemente en su "mundo pequeño", la misma pulsación creativa y vibración sublime del "mundo grande". De ahí el motivo por el cual los viejos orientales ya pregonaban hace muchos milenios que el "macrocosmos está en el microcosmos" y "lo que está arriba, también está abajo", mientras que la ciencia moderna acepta que "el átomo es la miniatura de una constelación, y la constelación la amplitud del átomo". Integrándose en la vivencia absoluta del Evangelio, el hombre se ejercita en el mundo transitorio de la materia para asimilar y ajustarse al metabolismo de la Ley Suprema del Universo. En consecuencia de eso, los preceptos morales expuestos por Jesús reflejan también los principios del propio Universo.

PREGUNTA: - ¿Podríais explicarnos de modo más claro el hecho de que los preceptos expuestos por Jesús reflejan los principios de la Mente Universal?

RAMATÍS: – Aunque la mente humana se diversifique por la necesidad de subdividirse y operar en varias esferas de actividad, lo cierto es que en lo íntimo del ser la pulsación creadora de Dios es un principio único e ineludible, que sustenta a todas las criaturas. El hombre, que es partícula divina y no el Todo Cósmico, necesita de contrastes y elementos opuestos en todos los fenómenos y condiciones de la vida humana. Esa "dualidad" le sirve de base para afirmarse y desarrollar su conciencia individual. A pesar de sentir o incluso saber, que Dios es entidad monista, indivisible y única que gobierna el Cosmos, el espíritu humano aún encuentra dificultad para concebir esa naturaleza divina absoluta. Así, aunque no exista ninguna separación en la manifestación de la vida, el hombre crea una conceptuación de aparente oposición en el metabolismo de la vida cósmica. Pero lo cierto es que el universo se fundamenta exclusivamente en la inmutable e irrevocable Ley Suprema, que disciplina bajo un solo metabolismo todos los fenómenos y acontecimientos de la vida.

En verdad, la misma ley que rige la "gravitación", cohesión entre los astros, también disciplina el fenómeno de "afinidad" entre las sustancias químicas, e incentiva la "unión" o el amor entre los seres. De ahí la ecuanimidad del progreso que sucede con exactitud tanto en un grano de arena como en la montaña de la cual hace parte. La legislación divina, atendiendo las necesidades organogénicas del cuerpo humano, actúa por los mismos principios de síntesis y análisis bioquímicos tanto en el hombre como en el virus. Es por eso que las orientaciones propuestas por Jesús y su ejemplo personal que constan en el Evangelio son hechos educativos que puede utilizar cualquier humano en cualquier punto de la Tierra, en otros planetas y aún en otros mundos espirituales. Son directrices de comportamiento que en su realización en el mundo de as formas, abren científicamente las puertas del infinito libre al espíritu humano.

El Evangelio, como resumen de las actividades sublimes y definitivas en el universo entero, promueve la más breve metamorfosis del hombre en ángel, porque el hombre, después de evangelizado, vive en sí la síntesis microcósmica del macrocosmos.

PREGUNTA: - Queréis decir que toda la actividad doctrinaria y evangélica del Cristo Jesús entre los hombres se basaba específicamente en los propis principios científicos del Cosmos?

RAMATÍS: – La Ley de Dios es perfecta, jamás se modifica para atender particularidades o privilegios personales. Tiene por función exclusiva la sabiduría y perfección de todos los seres. Jesús, en su fidelidad espiritual, ejemplificó en sí mismo la vivencia de las pasiones humanas y después la sublimación, asegurando la ascensión angélica. Su vida en el escenario del mundo físico fue la condensación de las leyes definitivas que rigen el Cosmos. El se proclamó con justicia "Camino, Verdad y Vida". Las reglas del Evangelio, enseñadas para la vivencia correcta y evolutiva de las humanidades en los mundos físicos, corresponden a los mismos esquemas disciplinantes que rigen la vida de las constelaciones, planetas y asteroides que pulsan en el Universo. De esa forma, Jesús vivió en la Tierra, bajo la regencia de las mismas leyes que gobiernan el Cosmos, y las reveló en perfecta ecuanimidad con las acciones y transformaciones microcósmicas de los hombres que a la luz del Evangelio.

En consecuencia, su Evangelio es una síntesis para orientar el comportamiento humano sobre la Tierra, en la más perfecta sintonía con los postulados científicos de las leyes del macrocosmos. Por cierto, en el corto plazo de 33 años terrenos, Jesús realizó el resumen de toda la pasión humana, a través de muchos milenios de aprendizaje y emancipación espiritual del hombre.

PREGUNTA: - Queréis decir que Jesús vivía más propiamente la reducción de las leyes del Cosmos, en vez de buscar la solución de sus necesidades comunes en la vida humana?

RAMATÍS: – La vida de Jesús, tan sublime, correcta, pacífica y vivida bajo la fuerza del amor, tuvo por norma fundamental exponer el resumen de la Ley de Dios. Jamás el Divino Maestro practicó un sólo acto de su vida en el cual buscase atender primero sus propios deseos, ni aunque de eso dependiera su ventura sideral. Desde su nacimiento en una cuna física, él ya traía en lo íntimo de su alma la programación de apenas servir y ayudar al hombre en su redención espiritual. Justo, bueno y sabio, así como Dios transborda de Amor y nutre la vida en el universo, el Sublime amigo transfundía todo su amor en los actos más simples. En cualquier circunstancia siempre se colocaba en el último lugar en el juego de los intereses humanos, pues, semejante a la Ley del Padre que promueve indistintamente la felicidad de todos los seres, él se bastaba a sí mismo.

Era semejante al árbol bienhechor, que nace, crece y se pone frondoso, para luego amparar con su sombra amiga desde el inofensivo cordero hasta las fieras más carniceras. Toda su vida tuvo un único objetivo: mostrar el camino de la redención por el amor, que se traducía en él a través del servir desinteresado y absolutamente fiel. Su corazón y su mente nada más le significaban que el fundamento en incesante ofrenda viva para asistir, corregir y orientar al hombre para alcanzar su más brece felicidad.

Delante de la mujer adúltera, cuando él exclamó "Vete y no peques más", buscó de cumplir la Ley de Dios, que actúa de forma correctiva y no punitiva, dado que ella ajusta y crea, jamás destruye. Y correspondiendo a la vibración cósmica que restablece la armonía, Jesús hizo una severa advertencia a los seguidores de la pecadora llamándolos al orden, puesto que proyectaban sobre la infeliz sus propios errores y resentimientos humanos. Cuando les dijo entonces: "Quien no tuviere pecado que arroje la primera piedra", puso al descubierto todos los vicios y pasiones humanas, convocando todos aquellos falsos virtuosos para una corrección íntima, convenciéndolos de que, aunque la ley del Sanedrín mandase lapidar las mujeres adúlteras, ello sólo podría ser ejecutado por criaturas que no tuviesen ningún pecado.

En verdad, en Jesús se reflejaban fielmente las leyes cósmicas que corrigen excesos, distorsiones y desvíos del metabolismo de la vida y magníficamente sintetizadas en el Evangelio, se demostraban allí en forma de conceptos, máximas, parábolas y principios, que también deben reajustar la constelación humana.

PREGUNTA: - ¿Por qué el hombre, siendo un espíritu encarnado, no acepta o no comprende inmediatamente la naturaleza sublime y salvadora del Evangelio? ¿No debería creer absolutamente en Jesús como el alumno confía en su profesor?

RAMATÍS: – El que demore o no la integración evangélica depende fundamentalmente del grado de conciencia espiritual de cada uno, y no de su memoria de vidas pasadas. Vuestro mundo es pródigo en líderes religiosos, católicos, protestantes y aún espiritas, o pretendidos iniciados, que predican y divulgan el Evangelio, pero aún no asimilaron para el propio vivir cotidiano esas sublimes enseñanzas que ellos pretenden inculcar al prójimo. Son como distribuidores de aceite, cuyo objetivo es encender la lámpara ajena, mas infelizmente, por su negligencia o retardo espiritual, terminan a oscuras por falta de combustible en su propia lámpara.

Sólo las almas que abarcan una mayor área de la realidad espiritual asimilan con facilidad toda la fuerza, coherencia y veracidad de la Ley Suprema, expresada a través del Evangelio. Por cierto, ningún hombre puede transmitir a otra persona su experiencia espiritual del reino divino, así como el ciego de nacimiento no puede percibir el color de la luz que ilumina al mundo, puesto que nunca la vio. La asimilación exacta del Evangelio, como una experiencia viva para toda la eternidad, sólo es posible por la iniciación gradual y ascendente de la intuición. Es la facultad de saber la Realidad Divina, independiente de las formas y de los fenómenos de los mundos transitorios de la materia.

Bajo la Luz del Espiritismo

Capitulo VII

La Mente

PREGUNTA: - ¿Es útil para la doctrina espírita estudiar la mente, en el sentido de conocer sus secretos, como lo hacen el Esoterismo, la Teosofía, los Rosacruces o el Yoga?

RAMATÍS: – Evidentemente debe interesar a la doctrina espírita el estudio profundo de todas las facultades, poderes y recursos del espíritu inmortal, para apresurar la evolución de la humanidad. Y siendo el Espiritismo un movimiento espiritualista práctico y popular, sin complejidades iniciáticas, su principal misión es transmitir el conocimiento directo de la inmortalidad y enseñar a los hombres sus deberes espirituales en sus relaciones con el prójimo.

PREGUNTA: - ¿Cuál es vuestra opinión sobre la bibliografía espírita en el estudio de la mente?

RAMATÍS: – Aunque no existan compendios espiritas especializados en este tema, ya es bien extensa la bibliografía que trata de este asunto de modo práctico y bastante comprensible. Son escritos, comunicaciones y mensajes mediúmnicos dispersos, en varias obras, revistas, periódicos y folletos doctrinarios, siendo un excelente acervo de conocimientos, análisis y soluciones sobre los problemas de la mente.[1]

1 Ver Ante la Vida Mental obra ***Roteiro***; "Cuidemos la Salud Mental", obra ***Pan Nuestro***, ambas de Emmanuel; ***Parasitosis Mental*** de Días de la Cruz; ***Pensamiento*** de Lourenco Prado; ***Concentración Mental*** de André Luiz y ***Fijación Mental*** de

PREGUNTA: - ¿Hay necesidad de una terminología específica o lenguaje apropiado para comprender la naturaleza de la Mente?

RAMATÍS: – Sin duda! Los orientales, principalmente los hindúes, perciben fácilmente los raciocinios complejos de la Mente -aunque erizados de alegorías, símbolos o claves iniciáticas- porque sienten a través de esos recursos, aquello que la palabra escrita no puede manifestar en su frialdad. Las enseñanzas orientales parecen complicadas en su expresión figurada cuando leídas por los occidentales, cuyo interés es opuesto a símbolos, terminologías exóticas, alegorías convencionales o aforismos poéticos. Pero aquello que el occidental necesita es "ver" claramente para "creer", el oriental "siente", por su avanzada sensibilidad intuitiva. Los antiguos sacerdotes, magos o instructores de la vida oculta eran obligados a resguardar sus conocimientos esotéricos para evitar que los legos hicieran mal uso de esas revelaciones.

Sin embargo, la misión del Espiritismo en el siglo XX es explicar a la luz del día, la práctica de esas enseñanzas milenarias del mundo espiritual, que sólo eran accesibles a los discípulos iniciados en las hermandades de misterios. Le cabe a la doctrina de Kardec, transferir para la capacidad psíquica del occidental, aquello que los maestros hindúes, caldeos, asirios, egipcios o persas, enseñaban mediante jeroglíficos, símbolos, códigos o signos cabalísticos.

PREGUNTA: - ¿Nos podríais explicar algo provechoso sobre la Mente?

RAMATÍS: – La mente es el principal medio de acción del espíritu sobre las formas ocultas o visibles de la materia; es responsable por todas las creaciones y metamorfosis de la

---

Dias de la Cruz, en su capítulo ***Instrucciones Psicofónicas*** de F.C. Xavier. Ver la obra ***Los Fantasmas de la Mente***, de Albano Couto; ***Ni mismo Jesús***, de Alberto Seabra, de la obra ***Plantadores de Vuelta*** de Waldo Vieira, La Epífisis, cap. I, obra ***Misioneros de la Luz; Nuestra Vida mental***, cap. 56, obra ***Ideal Espirita***, cap. V al XXV, "Asimilación de Corrientes mentales" y "En torno de la fijación mental", obra ***En los dominios de la mediumnidad***; Lectura Mental, obra ***Obreros de la Vida Eterna***, estas últimas de André Luiz, por el médium Chico Xavier. Ver el cap. Mentalismo de la obra ***Hablando a la Tierra***, pag. 174 dictado por el espíritu Miguel Couto.

vida. Hace muchos siglos se citaba en la Tierra el sabio aforismo hindú: "El hombre se convierte en aquello que piensa"; lo cual equivale, en el concepto occidental, a: "El hombre es el producto de lo que piensa". El poder o la energía mental propia de todo espíritu, sirve para realizar sus objetivos, en conformidad con las aspiraciones de su conciencia. Es un reflejo del poder del pensamiento emanado de la Mente Divina, manifestado a través del espíritu inmortal.

El espíritu del hombre acciona por el pensamiento la energía sutilísima de la mente y actúa de inmediato por medio del "doble etérico", en el cuerpo físico, donde cesa el impulso generado en el mundo oculto. Bajo el proceso mental, se producen modificaciones incesantes en las relaciones del individuo con el ambiente y las personas. En consecuencia, el hombre es el resultado exacto de su pensamiento, porque la mente es su guía en cualquier plano de la vida. La mente, en fin, es la usina de la inteligencia, del progreso moral, físico, científico, artístico o espiritual. Es la base de la felicidad o de la desventura, de la salud o de la enfermedad, del éxito o del fracaso. La actitud mental pesimista del ser le estigmatiza en el rostro el temor, el desánimo o la vejez prematura, mientras que los pensamientos optimistas dan juventud al rostro viejo, coraje al débil y aclaran los aspectos desagradables. A través de las diversas vidas físicas, el espíritu educa y aprende a gobernar sus fuerzas mentales, hasta plasmar su forma angélica y usufructuar la Ventura Eterna.

El hombre piensa por la mente, siente por el astral y actúa por el físico. Sufre, por consiguiente, el bien o el mal que piense, pues hay pensamientos constructivos y también destructivos. El pensamiento, siendo inmaterial, posee un poder mayor que las realidades físicas. Y debe conocer, tanto como le sea posible, la acción y el mecanismo de la mente, para poder gobernarla como señor y no como esclavo.

***PREGUNTA:** - No obstante, parece que el cuerpo físico es lo único real en nuestras vidas.*

RAMATÍS: – El hombre todavía no sabe distinguir la positiva acción mental sobre su cuerpo físico; por eso, juzga que es más importante que la mente. Pero la verdad es que la mente es el vehículo poderoso del espíritu, pues el cuerpo carnal apenas es la vestimenta provisional que, minuto a minuto, envejece y se encamina fatalmente hacia el "guardarropa" del cementerio.

Nada se puede hacer sin pensar, porque la mente es la fuente inmutable de toda la creación. Aún aquello que se hace por instinto ya fue pensado anteriormente y automatizado en el "depósito" de la memoria; y se manifiesta en el momento propicio, en forma de acciones instintivas. El pintor, el escultor o el compositor, sólo crean sus obras después de producirlas en pensamiento. Aun cuando juzgan que producen algo por "inspiración", ajena a su mente, ellos reciben sugestiones de otras mentes encarnadas o libres en el Más Allá. Como resultado de ello, a veces surgen inventos semejantes, producidos al mismo tiempo, por creadores diferentes.[2]

En ciertos casos los genios, artistas, poetas o científicos, componen verdaderos arreglos "inéditos", pero en parte, obedecen a impulsos instintivos del subconsciente, el periespíritu que les transmite "viejas cosas", en conexión con fragmentos de nuevos pensamientos, realmente originales. Jamás puede ser creada cosa alguna en el mundo de las emociones o de la materia, sin que antes no haya sido creada por la mente.

PREGUNTA: - Apreciaríamos alguna consideraciones más sobre el fundamento de ese poder mental del hombre.

RAMATÍS: – Sabemos que el Universo es fruto del pensamiento de Dios. En consecuencia, todo lo que concibamos, por maravilloso que parezca, ya existe en el Pensamiento Divino, porque nada podríamos pensar fuera de Dios. No existen dos creadores del Universo. Y el propio Diablo, como entidad adversaria, antítesis y oposición a las cualidades divinas, es un mito o producto de la leyenda y de la ignorancia humana.

Atribuyendo a Dios nuestras virtudes, El es infinitamente Bueno, Sabio, Justo, Magnánimo, Poderoso y el autor indiscutible del Cosmos, planeado en Su Mente. Y siendo el hombre una centella, chispa o llama emanada del Creador, es indudable que también heredamos esas cualidades, aunque eso suceda de

2 Ver el cap. "Una fuente de alta función terapéutica" de la obra *La sobrevivencia del espíritu* de Ramatís y Atanagildo, **EDITORA DO CONHECIMENTO**.

modo finito y de acuerdo con nuestra comprensión y capacidad espiritual. No solo la Biblia asegura que "el hombre fue hecho a imagen de Dios", como el propio Jesús, más tarde, confirmó tal concepto, observando: "Yo y mi Padre somos uno", o aun, "vosotros sois dioses".

Siendo así, podremos movilizar el fabuloso poder de la Mente, modelando nuestros destinos hacia objetivos venturosos, porque en nuestra intimidad espiritual él permanece indestructible, por ser el aliento y sabiduría del Padre. Muchos hombres pasaron por el mundo produciendo fenómenos poco comunes, y fueron clasificados de "magos" poderosos, pues no solo dominaban las leyes de la Naturaleza, sino que efectuaban modificaciones en sus propios organismos. A través del poder fabuloso de la mente ellos levitaban, desmaterializaban objetos y llegaban a transportarse de un lado a otro, además de provocar toda suerte de interferencia en su organismo, conforme narra la historia iniciática sobre los famosos yogas Babaji, Lahiri Mahasaya y Nagendra Bhaduri.

Hechos a imagen de Dios, nosotros también poseemos la miniatura del poder, de la gloria y de la sabiduría divinas. El fracaso, el infortunio, la ignorancia y el mal son frutos exclusivos de nuestra incapacidad para movilizar la milagrosa energía de la mente. Las palabras de Jesús tienen un significado oculto, cuando dijo: "Aquel que cree en mí, también hará las obras que yo hago y aun más". Es evidente que el Maestro se refería al gobierno de la mente, porque el pensamiento es la base de todas las manifestaciones de la vida, que nos posibilita creer y hacer.

PREGUNTA: - Nos habéis dicho que la mente tanto produce la enfermedad como la salud. ¿Nos podéis mencionar algo más al respecto?

RAMATÍS: – "La salud es el pensamiento en armonía con la ley de Dios".[3] Fuera de los accidentes o autodestrucción deliberada, el hombre sólo se enferma cuando hay desequilibrio en su organismo. El cuerpo humano está constituido por átomos, moléculas, células y tejidos, sustentados por las colectividades

---

3 Concepto del espíritu, de Lourenco Prado a través del médium Chico Xavier, en el capítulo "O Pensamento", de la obra *Instrucciones Psicofónicas*.

de microbios, virus, ultravirus y otros elementos vitales, de las más variadas especies, pudiendo caber millones en una cabeza de alfiler. El hombre es un conglomerado de vidas infinitesimales en constante efervescencia, pues hay especies que nacen, crecen, procrean y mueren en algunos minutos.

Se trata de la fabulosa actividad oculta en la intimidad del ser creando, construyendo, sustituyendo o destruyendo tejidos, sangre, huesos, linfa, jugos, fermentos u hormonas, resultando las más inconcebibles transformaciones en la composición del cuerpo carnal. Y todo sucede sin el conocimiento directo o interferencia de su dueño.

No obstante, ¿cuál es el genio o poder que aglutina la fauna heterogénea de esas vidas inferiores, conocidas por microbios, virus, ultravirus y otros, proporcionando el mantenimiento de la forma plástica humana y sus actividades? Quién aumenta en el cuerpo las especies virulentas, causando enfermedades o manteniendo el equilibrio de la salud? ¿Cuál es el poder milagroso creado por Dios, que reunió esas colectividades microbianas, dispersas en el medio psíquico, disponiéndolas en los reinos mineral y vegetal y plasmándolas en las especies animales inferiores, hasta lograr la configuración humana?

No es necesario decir que ese poder fabuloso, a disposición del espíritu inmortal en el planeamiento de su conciencia, es la mente. Ella construyó desde la noche de los tiempos, el atomismo del cuerpo humano y le dio al hombre el poder de raciocinar. A través del tiempo, la mente movilizó y aglutinó la extraordinaria "mano de obra" dispuesta por los infatigables "trabajadores microscópicos", para cumplir con el plan trazado por el Creador. Los gérmenes más dispares confraternizaron para realizar un trabajo constructivo hasta componer los vasos carnales para la morada de las centellas espirituales emanadas de la Fuente Divina. Sin embargo, bajo el comando de pensamientos negativos, esas vidas inferiores se rebelan y causan desorden, caos, enfermedad y hasta la muerte, pero siendo movilizadas por una fuerte voluntad y energía mental superior, esos seres infinitesimales se reactivan, renovando células, fortificando tejidos y ajustando órganos a la dinámica fisiológica que proporciona la salud.

Por consiguiente, sí la enfermedad es realmente fruto del

caos, desorden y desequilibrio en la intimidad del equipo psicofísico del hombre, la salud es el fruto del equilibrio y del trabajo armonioso de esas vidas microscópicas que se condensan ocupando armoniosamente la envoltura periespiritual del hombre, para formar el cuerpo carnal.

PREGUNTA: - ¿Qué experimentos comprueban ese poder de la mente, en su acción dinámica, en la armonía fisiológica del cuerpo humano?

RAMATÍS: – Los espíritus esclarecidos en el estudio y entrenados en el comando de las fuerzas ocultas, principalmente los yogas y faquires, comprueban el poder de la mente en sí mismos, por las experiencias y fenómenos raros que se procesan en sus cuerpos físicos, bajo la fuerza implacable de la concentración de los pensamientos positivos y dinámicos.

También se pueden observar los admirables recursos y el potencial de la mente humana mediante las asombrosas experiencias de hipnotismo, cuando el "sujeto" bastante sensible, dominado por las sugestiones del hipnotizador, produce en sí mismo diversos fenómenos anormales e imposibles de ejecutar durante su estado de vigilia. Bajo hipnosis se modifican las actividades fisiológicas del sensitivo y la propia sensibilidad nerviosa; se aceleran o reducen los latidos del corazón, se eleva o baja la presión sanguínea y la temperatura del cuerpo; tiembla de frío o siente calor excesivo y si fuera abstemio, ingiere alcoholes fuertes sin reacción alguna; se embriaga con una simple copa de agua pura. Ríe, llora, canta y hace la mímica perfecta, ejecutando hipotéticos instrumentos. Aun bajo sugestión, acusa todas las funciones propias de las glándulas salivares, jugos gástricos y fermentos, como si realmente estuviera comiendo. El hipnotizado elimina dolores habituales o acusa sufrimientos inexistentes, abandona temporalmente los vicios que posee arraigados, se liberta de pasiones violentas, pierde la memoria, la identidad, cambia los nombres de los familiares; se retrotrae a la fase del lactante, ingiriendo sólo leche y rechazando alimentos propios de los adultos. Aun después de regresar a la vigilia, libre de la hipnosis, sigue cumpliendo instintivamente las órdenes que le fueron determinadas durante el sueño hipnótico y bajo el control de alguna señal. Todo eso comprueba el tremendo poder de la mente.

PREGUNTA: - ¿Por qué los niños pueden enfermarse desde temprana edad, cuando aún no saben usar, de modo favorable o perjudicial de su poder mental?

RAMATÍS: – Los espíritas saben que el hombre sufre en vidas futuras, los efectos cármicos del bien o del mal causados a sí mismo o al prójimo, en existencias pasadas.

El periespíritu es el envoltorio que sobrevive a las diversas muertes del cuerpo físico; por eso registra en su contextura plástica los impactos producidos por la mente humana en sus encarnaciones pasadas y también durante su tiempo de libertad en el Más Allá. Hemos aclarado en una obra anterior,[4] que las energías mentales y tóxicas se incrustan en el periespíritu y después "descienden" hacia el cuerpo, el cual se transforma en un "secante" o "esponja" viva, que absorbe las impurezas del periespíritu. Cuando el organismo se desintegra en la tumba, no sólo liberta las colectividades microbianas que constituyen su contextura física, sino que disuelve en el suelo los tóxicos, líquidos y las sustancias nocivas de las cuales era portador.

En la mayoría de los casos, el espíritu ya se encarna en nuevos cuerpos con el estigma insuperable de la enfermedad congénita (pre-reencarnatoria) que es fruto de venenos adheridos al periespíritu, o de deformaciones, atrofias y laceraciones consecuentes de abusos pretéritos o de suicidio. Por eso renace lisiado cuando hay deformación periespiritual, o enfermo congénito, por la descarga violenta de las toxinas "pre-reencarnatorias", así como puede enfermar por etapas cada vez más graves hasta consumarse la muerte. El equipaje funesto de otras vidas en la indumentaria del periespíritu es siempre fruto del mal uso de la fuerza mental incorporada a los fluidos astralinos perniciosos, generados por el cuerpo astral en las emociones indisciplinadas. Esa carga deletérea, después requiere largo tiempo para que la mente efectúe el drenaje o modificación futura, a través de nuevas encarnaciones.

4 Ver el capítulo "La Salud y la Enfermedad", de la obra *Fisiología del Alma* de Ramatís, **EDITORA DO CONHECIMENTO**.

Por cierto, el niño enfermo también es un espíritu adulto con el estigma enfermizo del pasado, buscando su limpieza periespiritual en el proceso doloroso de drenar su escoria detestable hacia el cuerpo de carne. Por otra parte, los propios familiares del niño enfermo pueden agravarle la enfermedad, si las bloquean con pensamientos mórbidos, ideas funestas, sugestiones peligrosas o emociones incontroladas, que atraviesan el nivel mental del niño y lo desprotegen en su defensa psíquica.

Así como la concentración de fuerzas mentales agradables y esperanzadas proyectadas por un conjunto de personas, modifica el ambiente para una atmósfera alegre y saludable, lo opuesto produce efecto destructivo. En obediencia a la ley: "semejante atrae a semejante", la enfermedad se agrava en los ambientes mentalmente debilitados. En nuestro peregrinaje terrenal, conocimos en la India un adagio, que decía: "Los pensamientos son como los colibríes, que se alimentan de flores; o como los cuervos, que viven de carroña".

Jesús levantaba lisiados, limpiaba llagas o curaba ciegos con palabras enérgicas y persuasivas. Uniendo su fuerza mental a la mente de los enfermos, les modificaba su contextura celular. El sabía que el cuerpo humano es un conglomerado de microorganismos vivos que dependen de las condiciones positivas o negativas de la mente, capaces de operar transformaciones prodigiosas en la intimidad atómica del ser humano. Nadie jamás vio a Jesús ordenando que estatuas caminaran o que las piedras se limpiaran sus costras, pues las piedras no piensan ni son agregados microbianos sensibles a los impulsos poderosos de la mente humana.

PREGUNTA: - ¿Cuáles fueron las enseñanzas de Jesús, que demuestran más particularmente el poder de la mente?

RAMATÍS: – Cuando el Maestro recomendaba la "fe que mueve montañas" o "buscad y encontraréis", se estaba refiriendo más propiamente al poder del espíritu sobre la sustancia mental, pues la fe no es poderosa a través de una mente insegura y desajustada. El mover la "montaña" de dificultades, enfermedades, vicisitudes, tristezas y temores, requiere una convicción inamovible y una mente serena.

Los acontecimientos producidos por los faquires, magos y yoguis se fundamentan en el poder de la mente; ellos consiguen actuar directamente en los envoltorios astral-etéricos de las plantas y de los animales. San Francisco de Asís les hablaba a los peces y domesticaba los lobos; Jesús aquietaba las serpientes a su paso; e innumerables santos de la India se cubrían de hormigas y arañas, sin que les produjeran mal alguno.

PREGUNTA: - ¿El Espiritismo de Kardec también admite esa noción del poder mental, en sus actividades doctrinarias?

RAMATÍS: – Las tradicionales concentraciones que los dirigentes espíritas recomiendan en las sesiones mediúmnicas, son para fortificar las "corrientes mentales". Por eso la Iglesia Católica adopta ceremonias, oraciones colectivas y cánticos sacros, focalizando la mente de los creyentes en un solo objetivo benéfico. La energía mental actúa positivamente sobre la materia astral muy plástica y se incorpora formando una cadena invisible, constituyendo una creación colectiva que puede aglutinarse en forma compacta y bastante visible por la facultad psíquica, figura esa conocida en Oriente como Egrégora.[5]

Esa coordinación mental es tan necesaria que en los trabajos espirituales se sugiere pensar firmemente en Dios, Jesús, en el Amor o en el Bien. Los esotéricos, rosacruces y teósofos prefieren meditar en imágenes como flores, estrellas, signos o símbolos comúnmente conocidos por la propia comunidad, porque es más fácil que se piense en ellos por los propios niños y personas comunes. La Egrégora o imagen mental se debilita si

---

5 "Los pensamientos concentrados por un grupo de personas pueden crear poderosos centros o focos de energías mentales, impenetrables a las malas influencias, que irradian fuerzas en todos los sentidos. Tales focos son imágenes astral-mentales generadas por una colectividad consciente, son cadenas invisibles o una especie de ser colectivo, que en Ocultismo se denomina Egrégoro o Egrégora (trecho extraído de la obra Sabiduría Esotérica, de Cinira Riedel Figueiredo, editada por la Editorial O Pensamento).
Dice C. Phaneg, reconocido ocultista: "El pensamiento, la voluntad, el deseo, son fuerzas tan reales, tal vez mucho más que la dinamita o la electricidad. Bajo su influencia, la materia astral, tan plástica, se hace compacta y toma forma, como ha sido comprobado por innumerables experiencias".
Ver el capítulo III, "La Oración Colectiva", de André Luiz, en la obra Nuestro Hogar, que dice: "Flotaban en el recinto misteriosas vibraciones de paz y alegría, y cuando las notas plateadas hicieron delicioso stacatto se dibujó a lo lejos, en un plano elevado, un corazón maravillosamente azul, con estrías doradas".

los pensadores divergen en sus ideaciones contradictorias y por eso vacilan en la configuración del objetivo escogido para la atracción mental.

Aunque reconocemos que es mucho más elevado pensar en Jesús, Dios, en el Amor o en el Bien, como se acostumbra en los ambientes espíritas, pero no por eso los asistentes consiguen éxito si difieren en la configuración mental. El Amor y el Bien no son entidades conocidas en forma concreta u objetiva, sino estados de espíritu que no se pueden configurar en la mente. Obviamente, pensando en esas sugestiones, los participantes recuerdan de inmediato actos caritativos y amorosos, correspondientes a la sugestión de Amor y Bien, pero no se libran de la disparidad de imágenes y recuerdos personales, diferentes para cada individuo. Difícilmente será creado un "centro de fuerzas" homogéneo y semejante para el éxito de la concentración mental, cuando convergen imágenes e ideas diferentes.

De la misma forma, Dios no es una entidad morfológica y jamás nadie puede conocer su exacta Realidad Divina o explicarla con una imagen coherente. Hay criaturas que conciben a Dios como un Arcángel, el Señor, y hasta un Ser humano divinizado que administra el Cosmos y juzga a los hombres. Algunos aceptan la idea de Energía, Soplo Vital, Foco Creador, Centro Luminoso, Luz, Fluido Eterno; otras, prefieren admitirlo como Pensamiento Increado, Mente Divina o Espíritu Puro. No hay duda de que todo eso es un esfuerzo o intento de los hombres, que se sirven de sus propias creaciones finitas y vocablos insuficientes del lenguaje humano, intentando definir lo Absoluto. No obstante, esas diferentes concepciones jamás formarán un "foco mental" atractivo de pensamiento semejante.

PREGUNTA: - Pero es evidente que pensar en Jesús, como hacen los espíritas en su concentración, no dificulta la armonía de pensamientos. ¿No es así?

RAMATÍS: – Pensar en la imagen de Jesús es muy diferente a "sentir" Jesús. En el primer caso es necesario fijar su imagen en nuestra pantalla mental; en el segundo, eso varía conforme nuestro sentimiento o grado espiritual.

¿Cómo conciliar tantas imágenes diferentes que modelaron

los pintores sobre la imagen de Jesús y unificarlas en una sola idea mental, de modo tal que se construya un centro de fuerzas homogéneo?

PREGUNTA: - Pero no dijo Jesús "Donde estuvieren dos o más reunidos en mí nombre, yo allí estaré también"?.

RAMATÍS: – También Jesús advirtió: "Yo no vine a destruir las leyes y sí a cumplirlas". Y el mentalismo también es ley no derogable, aun para el Maestro, pues disciplina la técnica de la concentración mental, que controla los pensamientos. El arte de pensar y dinamizar energías para un fin constructivo, exige los requisitos de convicción y uniformidad de ideas o de imágenes.

Por cierto, no basta sólo pensar en Jesús para que Él se manifieste entre los hombres, reunidos en su nombre; eso también depende de las credenciales e intenciones humanas. Es evidente que sería una traición a la confianza del Maestro, si alguien se reuniera en su nombre con objetivos ofensivos a su graduación angélica. Los cruzados masacraban a los infieles, los inquisidores quemaban a los herejes y los católicos mataban a los protestantes en Francia, bajo el dominio de Catalina de Médicis, a los gritos de "Viva Cristo". En la última guerra, los pilotos de las aeronaves modernas arrojaban bombas fratricidas sobre ciudades indefensas, rogando la asistencia de Dios y de Jesús, para el éxito de esa tarea infernal.

PREGUNTA: - ¿Cuál es la influencia más positiva del Espiritismo en la esfera del perfeccionamiento mental de los hombres?

RAMATÍS: – La Tierra es un orbe primario de educación espiritual, palco de rectificaciones kármicas muy onerosas, pues aún predominan en su humanidad pasiones salvajes, vicios descontrolados, odios feroces, ambiciones desmedidas, guerras devastadoras y crímenes tenebrosos. En su aura mental, sombría y viscosa, explotan constantemente cargas violentas de energías inferiores concentradas por la mente humana, todavía esclava de los instintos bestiales.

En la ley: "semejante atrae semejante", la carga mental nefasta producida por los hombres se transforma en el alimento tan deseado por los espíritus inferiores del bajo astral, que se abalanzan hambrientos sobre la superficie de la tierra para saciar sus torpes deseos. Entonces se recrudece el tenor mental perjudicial para la humanidad, presa a los placeres incontrolables de la codicia y posesión material, multiplicándose en su frecuencia inferior, por la contaminación de las mentes desencarnadas. De esa forma, el aura de la Tierra se muestra cada vez es más nociva y peligrosa para la vida superior. Las corrientes mentales sobrecargadas de magnetismo explosivo actúan sobre los hombres inconscientes e irresponsables, activándoles el bagaje inferior y fluyendo en forma de emociones violentas a través del cuerpo astral. Por eso los hombres se vuelven cada vez más neuróticos y desahogan su tensión peligrosa y apocalíptica en el alcohol, drogas y sedantes que alivian temporalmente los efectos mórbidos pero después recrudecen las causas enfermizas de la mente descontrolada. A pesar de los esfuerzos de la medicina que se debate en aflicción para erradicar esos males, los espíritus diabólicos ganan terreno a través del "puente mental" venenoso que los hombres edifican con el intercambio peligroso y detestable de ser "alimentos vivos" de las Tinieblas.[6] Por eso, en épocas así, Dios prescribe el "fin de los tiempos", como medida sanadora para la humanidad mentalmente enferma, a fin de evitar una saturación devastadora. Por eso, la necesidad de lo Alto abrir las puertas de los templos y cofradías difundiendo las enseñanzas ocultas a través del Espiritismo, como socorro urgente para neutralizar los efectos tenebrosos generados por el egoísmo, ambición, maldad y pensamientos maléficos de los hombres.

En una apremiante convocatoria "in extremis", Allan Kardec codificó el Espiritismo como la terapéutica heroica de la Medicina Espiritual prescrita en vísperas de la grande y severa transformación espiritual de la humanidad. Por lo tanto, la doctrina espírita debe administrarse con urgencia, por "vía intravenosa" sin símbolos, devociones, alegorías, letanías, idolatrías, vestimentas u organizaciones sacerdotales. La humanidad está gravemente enferma de espíritu y no hay más tiempo para confiar en los diagnósticos fallos y dogmáticos, de la "junta médica" del sacerdocio del mundo. Es necesario aprovechar incondicio-

6 Ver el capítulo "Como Servimos de Alimentos Vivos a los Espíritus de las Tinieblas", de la obra *La Vida Más Allá de la Sepultura*, de Ramatís y Atanagildo.

nalmente el precioso tiempo aún disponible para la urgente renovación espiritual del hombre.

PREGUNTA: - Nos extraña que los hombres, en cuyo íntimo permanece indestructible la llama divina oriunda de Dios, produzcan esas energías inferiores, resultantes de malos pensamientos.

RAMATÍS: – Los hombres no producen sustancia mental inferior o superior, sino que la utilizan en su virginidad cósmica para modelar sus pensamientos y concretar sus deseos, sean malos o buenos. Cuando se consume la energía mental en el uso de pensamientos sublimes, ella se eleva y volatiliza, pasando a influir en otras mentes afines con las mismas virtudes. Pero si la utilizan con propósitos innobles, entonces se producen residuos deplorables, que se adhieren al periespíritu de sus autores y les hacen la vida infeliz. Por lo tanto, la mente es la fuente energética del pensamiento, que tanto crea la ventura como la desventura de su agente.

PREGUNTA: - ¿Cómo debemos entender esa explicación sobre el uso de la sustancia mental virgen del Cosmos y su consecuente transformación en energía nociva?

RAMATÍS: – Considerando que el agua pura y limpia sea "energía mental" virgen del Cosmos; después de lavar en ella las manos sucias, se transforma en "energía deletérea". Por cierto, la Mente Cósmica es una sola esencia en todo el Infinito, pero varía en su manifestación conforme el campo y el nivel donde actúa.

PREGUNTA: - ¿Cómo se procesa la actuación de la Mente Cósmica, que se gradúa de acuerdo con los planos o grados donde se manifiesta?

RAMATÍS: – Evidentemente, el Universo es producto del pensamiento o de la Mente de Dios. Pero Dios no sólo creó el Cosmos y toda la vida en los campos materiales, sino que es el sustentáculo de esa vida, distribuyéndola equitativamente entre toda la creación.

La Mente Cósmica, de amplitud infinita, que impregna todas las cosas y a todos los seres, tanto atiende los pensamientos y la vida de los ángeles, como los mundos materiales y los seres inferiores. Nos recuerda la condición de la luz, que también se gradúa a nuestros ojos de acuerdo con las circunstancias del medio donde se manifiesta y de los vehículos que le son intermediarios. Existe una gran diferencia de calidad y poder entre la luz de una vela y la de una lámpara de querosene, la de una lámpara eléctrica y la de una luminaria de alto voltaje.

Siendo así, la Mente Cósmica, al filtrarse por el hombre también restringe su potencial a la respectiva función y graduación humana o al medio donde actúa. Sin duda hay una notable diferencia en la calidad de la sustancia mental que atiende al desarrollo instintivo del salvaje, en comparación con el que impulsa los avanzados raciocinios del científico. En consecuencia, no puede haber igualdad entre la energía mental propia de los ambientes inferiores y la sublimidad que reflexiona sobre las conquistas morales y materiales que se refieren a la evolución de la humanidad.

En verdad, cada espíritu posee en sí mismo la poderosa energía mental de elevado nivel creador, y también la del más bajo campo de vida, dependiendo de su tipo, objetivos y del ambiente donde actúa. No obstante, la Mente Cósmica jamás se modifica en su esencia, aunque se manifieste a través de varios caracteres humanos y reinos materiales, tal como la luz del Sol que no se altera en su origen, ya sea filtrada a través de vidrios de colores, opacos o traslúcidos.

PREGUNTA: - ¿Qué nos podéis decir respecto de la naturaleza física, mental y espiritual del hombre?

RAMATÍS: – El hombre es un ser muy complejo y nosotros mismos, espíritus desencarnados, poco sabemos de su contextura espiritual eterna. El espíritu del hombre es un fragmento de la centella virginal del Espíritu Cósmico. Es inconsciente en su origen hasta habitar la materia, donde aprende a gatear y modelar su conciencia de "existir" o de "ser" alguien en el seno del todo. A través de los estímulos de la vida animal inferior o instintiva, entra en relación con el medio ambiente, y en forma gradual coordina sus reacciones, pasando a sentirse un individuo con existencia aparte, pero íntimamente ligado al espíritu de Dios.

El espíritu virginal emanado de Dios no se puede vincular, súbitamente, al plano denso de la materia. Por lo tanto, al emanar del Creador tiene que operar en sí mismo una incesante y gradual "reducción vibratoria" o "descenso espiritual", hasta conseguir ajustarse al patrón vibratorio del mundo material.

Aunque inconsciente, deja su "hogar sideral" y viaja en dirección al mundo físico. En el primer plano del descenso, la mente empieza a modelar su vehículo mental, incorporando la energía para pensar; luego, en el plano astral, compone ese otro vehículo emotivo que le da la facultad de sentir; después, en el plano vital, incorpora el vehículo vital para vivir en el plano exterior; y finalmente alcanza el último plano, modelando el cuerpo carnal, para actuar en la materia. En verdad, en ese descenso, el espíritu desprendido de la Conciencia Cósmica permanece íntimamente conectado con Dios, pues sólo reduce su estado vibratorio pero no se desprende de la fuente creadora.

Aun encarnado, el hombre ya es un espíritu inmortal, pues la muerte física apenas lo desliga del mundo exterior, dándole mayor amplitud en su verdadera manifestación espiritual. A través de las esferas de la mente, del Astral y Vital, va atrayendo y aglutinando las energías activísimas del mundo oculto para configurar, poco a poco, el modelo del cuerpo que deberá plasmar en la sustancia carnal, al término de la última etapa de su descenso.

Después de completar ese descenso vibratorio y alcanzar la fase más ínfima de la vida en la materia, entonces se inicia la composición de la conciencia instintiva, aunque todavía sea un juguete de las fuerzas animales. La centella virgen e ignorante emanada del Espíritu Cósmico de Dios, despierta y se desarrolla, modelando su conciencia individual en la experiencia de las especies inferiores. Más tarde despierta el intelecto que le da el raciocinio, capaz de hacerlo discernir sobre lo que es provechoso o maléfico, bueno o malo, cierto o errado, como elementos adquisitivos en la formación de su conciencia individual. Pero así como la oruga posee en su intimidad el esquema alado de la mariposa, el hombre encadenado a la carne contiene en sí el poder micro cósmico del potencial de Dios. Y a medida que progresa en el crecimiento de su Conciencia Espiritual, se desviste gradualmente de las formas carnales, aspirando al vuelo definitivo para habitar los mundos felices.

PREGUNTA: - Ese "descenso vibratorio" que mencionáis, ¿también se conoce como "caída angélica"?

RAMATÍS: – En el "descenso angélico", la masa espiritual virgen emanada de Dios va componiendo las conciencias individuales a través de la acción reductora de las energías de cada plano inferior, mientras que en la "caída angélica", se trata de espíritus conscientes y hasta con poderes psíquicos desarrollados, que son exiliados para otros orbes inferiores, debido a su rebeldía o indisciplina espiritual en los mundos planetarios.

PREGUNTA: - En virtud de la variedad de concepciones sobre los principios que componen al hombre ¿cuál sería la definición "psicofísica" más próxima a la realidad?

RAMATÍS: – Actualmente, aún es la concepción Yoga la que más se aproxima a la realidad esquemática del hombre. Fuera de cualquier apreciación numerológica o supersticiosa, la creación del Universo obedeció al patrón septenario, que se constituye en un ritmo disciplinado para el apoyo sensato y lógico del espíritu, en su manifestación en las formas.[7] El hombre de acuerdo con el Yoga, se manifiesta en siete planos, siete reinos o siete esferas, porque está compuesto por siete principios, que lo relacionan desde el mundo del Espíritu puro hasta la forma inferior de la materia.[8]

---

7 La filosofía oriental considera el siete como el número universal y absoluto, porque encierra en sí los siguientes componentes: binarios, representativos de cuerpo y espíritu; luz y sombra; vida y muerte; hombre y mujer; virtud y pecado; ternario, emblema de la trinidad, Padre, Hijo y Espíritu Santo; Espíritu, Energía y Materia; el cuaternario, equilibrio perfecto simbolizado por la cruz, abarca los cuatro elementos, aire, agua, fuego y tierra; y finalmente, el quinario o pentagrama o estrella de cinco puntas, símbolo del dominio del espíritu sobre los cuatro elementos. Aún sobre el número siete, se observa que está presente en las cosas más importantes de la Tierra. Son siete los días de la creación, los días de la semana, los colores del arco iris, las notas musicales, los pecados y las virtudes teológicas, los sacramentos, los sabios de Grecia, las maravillas del mundo, las esferas alrededor de la Tierra, los grados de la escala de Jacob y las vacas proféticas de Egipto. El niño es inocente hasta los siete años, la pubertad se verifica a los 14 años y el juicio del hombre a los 21 años. Hasta Jesús mandó perdonar setenta veces siete.

8 "El mundo espiritual está dividido en esferas o reinos. A esas esferas, algunos estudiantes les asignaron números que van desde el primero, que es el más bajo, hasta el séptimo o más alto. Es costumbre entre nosotros seguir este sistema de numeración". (Fragmento extraído del capítulo "Posición Geográfica", de la obra ***La Vida en los Mundos Invisibles***, de Anthony Borgia, Editorial "Pensamento". Ver el capítulo, "Los Ingenieros Siderales y el Plano de la Creación", de la obra ***Mensajes del Astral***, de Ramatís, **EDITORA DO CONHECIMENTO**).

PREGUNTA: - ¿Cuáles son los principios según el modelo Yoga?

RAMATÍS: – La filosofía Yoga, cuyas enseñanzas milenarias jamás fueron desmentidas, enseña que el hombre está constituido por siete principios, conocidos así: Espíritu, Mente Espiritual, Mente Intelectiva y Mente Instintiva, considerados como principios superiores; el Cuerpo Vital, Cuerpo Astral y Cuerpo Físico, considerados como principios inferiores. Sin embargo es necesario hacer una pequeña alteración en la tradicional clasificación Yoga, aunque sea la más aproximada a la realidad, pues el cuerpo astral antecede al cuerpo vital, este es el conocido "doble etérico", con sus "chacras" y compuesto de éter físico, en íntima relación con el organismo físico.[9] En consecuencia, este es el orden más cierto de los tres principios inferiores del hombre: cuerpo físico o vehículo inferior y visibles a los sentidos físicos, especie de ventana abierta para el mundo exterior de la materia; cuerpo vital o doble etérico, vehículo provisional y mediador plástico entre el mundo oculto y la materia; finalmente, el cuerpo astral, también conocido como cuerpo fluídico o "fantasma", por el cual los espíritus expresan sus emociones y sentimientos.

Enseguida, predominan los cuatro principios mentales superiores, o sea, la mente instintiva, la mente intelectiva, la mente espiritual y el Espíritu, que las escuelas occidentales definen, respectivamente, como instinto o subconsciente, intelecto o consciente y superconsciente.

Sin embargo, hay cierta confusión entre los estudiosos de Occidente, todo lo que sobra de la mente objetiva o consciente, ellos lo descargan en la mente subjetiva o subconsciente, mezclando allí los residuos y automatismo inferiores con las sublimes cualidades del espíritu, nivelando todo eso en la misma categoría. De esa forma, agrupan en el subconsciente lo que es grandioso y lo que es inferior, ya se trate de los productos del genio como de los del imbécil.

En el sótano del subconsciente o inconsciente o archivo de los automatismos de las experiencias de la construcción animal,

9 Ver los capítulos "Algunas Nociones Sobre el Prana"; "El Doble Etérico y sus Funciones" y "Los Chacras", de la obra *Esclarecimientos del Más Allá* de Ramatís, **EDITORA DO CONHECIMENTO**.

también se mezclan las inspiraciones de la fuente sublime de la mente espiritual, autora de todo lo que es noble y edificante, más allá de la vivencia humana. Los yoguis distinguen perfectamente las cualidades y funciones de cada uno de estos principios, aunque en cierta forma se aproximan bastante a la terminología del occidental, conocidos así: Mente Instintiva, que abarca las partes más inferiores de la Mente Subjetiva o Subconsciente; la Mente Intelectiva, conocida por Consciente o Mente Objetiva, que es responsable por el raciocinio; y finalmente, la Mente Espiritual, fuente de los más sublimes deseos, pensamientos y aspiraciones nobles que, actualmente se manifiesta en un pequeño número de seres humanos y es conocida en Occidente, como Superconsciente. Es la senda de la Intuición Pura, pues el conocimiento del reino Divino no se obtiene por la frialdad del Intelecto calculista, basado en las relaciones con las formas limitadas del mundo ilusorio de la materia. La Mente Espiritual conduce al crecimiento de la Conciencia Espiritual del hombre, y poco a poco le despierta la sensación del Supremo Poder y de la Gloria de Dios, convenciéndolo de su comunión espiritual con la Familia Universal.

PREGUNTA: - ¿Qué es, al fin y al cabo, la Mente Instintiva?

RAMATÍS: – La Mente Instintiva es realmente la sede o lugar donde en la intimidad del hombre permanecen en estado latente las pasiones, emociones, sensaciones, apetitos, instintos, sentimientos, impulsos y deseos de naturaleza burda y violenta, porque provienen de la época de su formación animal. Le corresponde al hombre disciplinar y dominar esas fuerzas vivas que heredó de la "fase animal" y que ejercen presión interior. Debe examinar sus acciones intempestivas, los impulsos latentes y someterlos al raciocinio superior, antes de actuar. Sin duda, ya fueron energías loables en la formación de su animalidad, pero pueden transformarse en fuerzas perjudiciales, cuando sobrepujan el dominio intelectual o la razón.

Por cierto, la propia guerra entre los hombres es un producto del dominio de la Mente Instintiva en las colectividades, exacerbándoles las pasiones, los deseos e impulsos que ya fueron buenos en el período de la formación animal, pero son "malos", cuando son puestos en acción después de alcanzar el raciocinio. También es cierto que el hambre, la sed o el deseo sexual animal son oportunidades justas e imprescindibles, que la Mente Instintiva transmite al ser humano, para proseguir activo en el plano físico. No obstante, a pesar de esa justificativa, se angeliza más pronto el hombre frugal, abstemio y de continencia sexual, porque esas prácticas, más allá del límite fijado por las necesidades humanas, terminan por esclavizar al hombre a la vida inferior animal. Las botas gruesas son buenas y adecuadas para usarse en terrenos pantanosos y sucios, pero es un error injustificable usarlas en el piso limpio y brillante de los palacios.

Sin embargo, las cosas del mundo instintivo no deben condenarse, porque todas son útiles y buenas en su debido momento y lugar, significando escalones bienhechores en la subida del espíritu a través de las formas en los mundos materiales. El mal surge porque el hombre usa exageradamente o fuera del tiempo las cosas ya superadas de la fase animal. Así, la malicia, brutalidad, violencia, venganza, astucia o voracidad, aunque sean cualidades necesarias para la sobrevivencia, el crecimiento y la protección de los animales bajo la dirección de la Mente Instintiva, serán un gran mal al servicio del hombre, cuando éste ya posee el discernimiento superior del raciocinio. Eso es un bien justificable y necesario practicado entre los animales; pero es un mal, si usado extemporáneamente por los hombres. De ahí la curiosa identificación de algunos pecados con ciertos tipos de animales, pues la traición es el instinto del tigre, la perfidia lo es de la serpiente y el orgullo es propio del pavo real, la glotonería corresponde al cerdo, la crueldad a la hiena, el egoísmo al chacal, la libidinosidad es del mono, la furia del toro, la brutalidad del elefante y la astucia del zorro.

Considerando que la Mente Instintiva actúa más fuertemente en las criaturas primarias, incipientes y de poco intelecto, podemos comprobarle la acción más vigorosa y dominante en las agrupaciones de aldeanos, salvajes o en las multitudes entusiastas o enfurecidas, en cuyo ulular descontrolado se percibe la actuación de un solo "espíritu grupal" o instinto, manifestándose a través de muchos cuerpos.[10]

10 Corroborando Ramatís, verificamos la existencia de ese espíritu global instintivo que domina las colectividades, cuando las multitudes se complacían en la

PREGUNTA: - ¿Cómo se formó la Mente Instintiva?

RAMATÍS: – La Mente Instintiva es considerada por la enseñanza Yoga como la manifestación Cósmica más elemental que opera en los mundos planetarios, pues su primera actuación es en el reino mineral, donde da forma a los cristales. Del reino mineral, su actividad se amplía hacia el reino vegetal, por cuyo motivo las plantas ya manifiestan una inteligencia instintiva, como en los fenómenos de "tropismo",[11] en el proceso de fecundación, germinación y crecimiento. Por cierto, esa inteligencia instintiva es perfectamente visible en las especies vegetales carnívoras, que usan procesos y recursos hábiles, armando celadas mortales para los insectos que pretenden devorar.

Después, en sentido siempre ascendente, ella elabora y coordina el reino animal, donde su interferencia valiosa prepara los rudimentos del equipo carnal, que ha de servir para el hombre futuro. En su sabiduría instintiva, ella orienta y controla todos los actos humanos que pueden ejecutarse sin la atención del consciente, pues toda experiencia o conocimiento acumulado es el resultado del desarrollo desde el reino mineral, vegetal y animal, transformándose en el basamento para que el hombre se afirme en la conquista de planos superiores. Cuando la Mente Instintiva termina su trabajo, comienza la acción del Intelecto o Mente Intelectiva, surgiendo la razón humana o el discernimiento superior, que diferencia al hombre del animal irracional. Entonces él adquiere cierta individualidad y se separa de la especie global, pero aún anda medio ciego, intentando reconocer su destino, pues se sorprende con las diferencias verificadas en sus relaciones exteriores.

En consecuencia, la Mente Instintiva, también es utilísima en la fase inicial de la Mente Intelectiva, porque es la base se-

---

matanza de los hugonotes por los católicos en Francia; en la quema de los herejes en las hogueras de la Inquisición; en las masacres practicadas por los cruzados; en la masacre de los cristianos en los circos de Roma; en la sangrienta guillotina en la Revolución Francesa; en el linchamiento de los negros en el presente siglo, o aún en la cólera y agresividad de las masas en los campos de fútbol, identificando realmente el dominio de la Mente Instintiva bajo coacción animal.

11 Tropismo: desarrollo de un órgano u organismo en cierta dirección. Influencia o estímulo en las plantas atrayéndolas hacia determinada orientación, como el heliotropismo, atracción por el Sol, geotropismo por la gravedad, principalmente en el tallo y en las raíces; fototropismo, excitación por la luz o hidrotropismo, por la humedad o agua.

gura para el crecimiento incesante de la conciencia del ser. Pero es un campo de fuerzas creadoras de naturaleza inferior, y se vuelve bastante perturbador cuando interfiere en la escala superior intelectiva. Es una fase intermedia peligrosa, en la cual el hombre despierta el raciocinio, pudiendo distinguir las realizaciones nobles y superiores, pero aún practica actos propios del contenido hereditario de la Mente Instintiva, que le desarrolló el linaje animal para la confección del cuerpo carnal. Entonces el oscila en su comando intelectivo entre el "demonio" de los impulsos atávicos de la animalidad y la invitación del "ángel" por intermedio de la voz silenciosa de la Mente Espiritual.[12]

PREGUNTA: - ¿Cómo se procesa la actuación u orientación de la Mente Instintiva en la estructuración de las especies inferiores?

RAMATÍS: – A medida que los animales progresan en su escala evolutiva necesitan saber o hacer ciertas cosas indispensables para su sobrevivencia en el escenario del mundo físico. La Mente Instintiva o inteligencia subconsciente actúa entonces en el animal y lo orienta en las experiencias en los planos inferiores, haciéndolo realizar innumerables cosas que le garantizan la protección, la vivencia y el progreso ordenado, sin necesidad de accionar ningún raciocinio.

De ese modo tanto el animal salvaje como el pájaro, a pesar de nacer en ambientes tan inapropiados y hostiles, sobreviven y se arman de poderes que los incentivan y adiestran en la lucha y la defensa, al tiempo que desarrollan la prudencia y la astucia. Es también la Mente Instintiva la que propicia en los animales, insectos y aves el admirable recurso del mimetismo,[13] verdadero

12 Expresa la sentencia hindú: "Difícil es andar sobre el agudo filo de la navaja"; y "arduo, dicen los sabios, es el camino de la Salvación". Para el lector estudioso, recomendamos la obra Al Filo de la Navaja de W. Somerset Maugham, novela que expone en forma comprensible innumerables enseñanzas y admirables actitudes del discípulo oriental. Es el simbolismo significativo del hombre caminando sobre el peligroso filo de la navaja del intelecto, entre los impulsos traicioneros de la mente instintiva y las aspiraciones nobles de la mente espiritual.

13 En el fenómeno del mimetismo entre las aves y los animales, la naturaleza produce determinadas especies de modo ingenioso. Asé, el león del Sahara tiene el color de la arena del desierto, el oso blanco se confunde con el hielo, el tigre es listado como las selvas de bambú donde se esconde; entre las aves, los papagayos tienen el color de las hojas de las bananeras, innumerables pájaros se confunden

camuflaje para protegerlos, volviéndolos semejantes al medio o terreno donde actúan. Esa sabiduría instintiva también enseña a las aves a construir sus nidos, a emigrar en vísperas de tempestades o a trasladarse de una zona a otra en la proximidad del invierno riguroso; también instruye al armadillo para construir su cueva; el hornero a edificar su casa, protegida de las tormentas; orienta al elefante a buscar vegetación medicinal para vacunarse contra las epidemias tropicales; al perro, a nutrirse con hierbas que curan la indigestión y a encontrar su hogar, después de abandonados a quilómetros de distancia. También proporciona a todos ellos, no sólo el alimento sino las hierbas que necesitan para sus males o enfermedades.

Además guía a las abejas en la confección matemática de los alvéolos, auxilia a las arañas a tejer sus telas admirables, las hormigas a organizarse de modo ordenado y abandonar los hormigueros en las márgenes de los ríos en vísperas de inundaciones.

Después que la Mente Instintiva enseña a las especies animales a hacer cosas necesarias para su sobrevivencia y progreso, transforma esas experiencias vividas en acciones autómatas, y las archiva como "tareas modelos", para que más tarde sirvan al hombre, sin necesidad de consultar el intelecto o gastar energías en el raciocinio. Por eso el hombre no necesita pensar para andar, respirar, digerir o crecer, ni para otras múltiples actividades del organismo como producir y reparar las células, las lesiones orgánicas, crear defensas contra virus, obstrucción de vasos sanguíneos o formar cicatrices protectoras.

Gracias a la inteligencia milenaria de la Mente Instintiva, el recién nacido ingiere leche por algunos meses y no obstante, le crecen cabellos rubios, castaños o negros, ojos negros, pardos o azules, sangre roja, bilis verdosa, piel rosada, dientes blancos y el hígado en un tono rojizo oscuro.

Todo eso sucede tan naturalmente porque a medida que el hombre supera la memoria consciente, transfiere sus conocimientos adquiridos a la Mente Instintiva, que los archiva para usarlos en el momento oportuno.

---

con las cáscaras de los árboles. Las culebras toman la tonalidad del pasto verde o seco. Imaginemos qué excelente blanco para el cazador sería el oso polar con la piel toda negra, destacándose ostensivamente contra el hielo.

PREGUNTA: - ¿Nos podríais dar otros ejemplos?

RAMATÍS: – Los pintores, músicos, escultores, conductores, aprenden a desempeñar sus funciones mediante el intelecto, pero es evidente que se cansarían intensamente si tuvieran que "pensar" o "recordarar" esas cosas cada vez que las necesitan. La Mente Instintiva se encarga de archivar las experiencias del hombre en el proceso de pintar, tocar, dirigir, escribir o aprender cualquier otra cosa, y ese archivo puede ser usado cuando tales adquisiciones deben ser evocadas o usadas.

Sin duda sería exhaustivo e inconsecuente si el hombre tuviera que rehacer el camino ya recorrido en el estudio de la música, la pintura, la escultura o la alfabetización, cada vez que necesitase desempeñar esas funciones. Así, él solo necesita pensar cuando tiene que aprender cosas nuevas, pues hay mucha diferencia entre aprender a hacer alguna cosa y hacerla después de aprendida. La Mente Instintiva es, entonces, la encargada de recordarle al hombre su aprendizaje anterior por la persistencia y sacrificio, librándolo de perder su precioso tiempo en repetir o consultar el intelecto a cada momento. Los orientales consideran la Mente Instintiva como una especie de depósito lleno de cosas recibidas de varias procedencias; allí existen hechos de origen hereditario y del ancestro animal; también hay archivos de trabajo intelectual, experiencias emotivas, alegres y tristes y hasta sugestiones ajenas grabadas para su uso en el futuro.

Pero cuando la Mente Espiritual comienza a influir en el hombre, él no demora en reconocer en sí que aún es juguete de los impulsos animales, pues luego se arrepiente de sus precipitaciones o decisiones egoístas, coléricas u hostiles. Eso ya es medio camino andado para su crecimiento espiritual, pues los instintos inferiores son como fieras que viven en nuestra intimidad espiritual. Lo que aún es legítimo para el animal, es ilícito e ilegítimo para el hombre.

Jesús fue muy hábil aconsejando al hombre el "orad y vigilad", concepto que, traducido en su esencia, bien podría decir: "Aclarad vuestra conciencia y vigilad los instintos inferiores de vuestra herencia animal". No debéis despreciar las cosas de la Mente Instintiva, porque ella os sirvió y aún os sirve continuamente para vuestro bien. Pero así como el hombre consiguió dominar al león, al elefante, al lobo y al caballo salvaje, y después los aprovechó en beneficio de su existencia, él también necesita transformar las fuerzas violentas y agresivas del bagaje desarrollado por la Mente Instintiva, en energías dóciles y benéficas, a disposición del raciocinio superior.

El instinto de violencia, por ejemplo, puede sublimarse en forma de una energía que después venga a alimentar una arte o un ideal digno; el orgullo bien disciplinado estimula el heroísmo; la vanidad controlada promueve el buen gusto por la higiene y el pundonor personal; la avaricia esclarecida puede fomentar el principio de seguridad económica para el futuro, y la astucia, al servicio del intelecto, puede transformarse en elevado instinto de precaución.

PREGUNTA: - ¿Qué nos podéis decir sobre la Mente Intelectiva o Intelecto?

RAMATÍS: – El intelecto es el principio mental que distingue al hombre del bruto; su surgimiento marca un gran avance en la senda de la realización del espíritu lanzado en la corriente de la materia. Antes el ser es apenas emoción, deseo o pasión, pero con el advenimiento del Intelecto, goza de voluntad y raciocinio y siente en sí, la manifestación de la condición humana. Es el amanecer o despertar de la conciencia del "yo", porque el hombre ya puede entonces, compararse con otros seres y cosas; clasifica, analiza, junta y separa los acontecimientos en los cuales interviene o los hechos que presencia. Comienza a juzgar los acontecimientos a su alrededor, a tener conciencia de su "yo", aunque no pueda definir esa condición.

El hombre ya es un ser bueno y evolucionado, pero el advenimiento del Intelecto lo ayuda a ejercer el comando y el control cada vez más enérgico sobre su instinto animal. Dominando las fuerzas instintivas de la vieja animalidad, puede disponer de energías sumisas para realizar su propio ascenso espiritual. Pero si se debilita en posesión de la su razón, puede llegar a ser peor que las bestias, pues raros animales abusan de sus fuerzas, algo que, sin embargo, es habitual en los hombres, especialmente respecto del placer sexual.

Además, si el Intelecto ayuda a raciocinar y tanto puede

ejercer su poder sobre la Mente Instintiva como preparar el camino para mejorar la mejor influencia de la Mente Espiritual, como solo alcanza hasta cierto límite, también puede crear una ilusión muy peligrosa para del "ego", separado del Todo, que es de Dios. El intelecto humano es de raciocinio frío, como un jugador que sólo quiere ver resultados compensadores e inmediatos en un juego de cartas. Cuando el hombre se abandona al yugo del intelecto puro, de su inteligencia inmediatista y operante en los límites de la forma, la propia razón sin el calor de la intuición crea la ilusión de separación.

Por eso el Intelecto funciona exactamente entre la Mente Instintiva, que intenta atraer el ser para el nivel inferior de los brutos y la Mente Espiritual, que incentiva las nociones sublimes de la vida superior de los espíritus puros.

PREGUNTA: - ¿Nos podríais dar algunas nociones sobre la Mente Espiritual?

RAMATÍS: – La Mente Espiritual es el porvenir, así como la Mente Instintiva es el pasado; y el intelecto, lo que se está para procesarse en el presente. La Mente Espiritual es productora de sentimientos excelsos y se derrama por la conciencia del hombre, como la luz invade las esquinas frías de una gruta oscura.

Las aspiraciones, las meditaciones puras y sublimes, proporcionan al hombre la posesión cada vez más amplia y permanente del contenido angélico de la Mente Espiritual; y el ego humano capta, en su mundo asombroso, los conocimientos más insólitos a través de la intuición pura. Sin duda ese fenómeno no puede ser explicado por el Intelecto, que sólo proporciona impresiones, símbolos, aspectos, hechos, preceptos y propósitos tan provisionales como la figura del hombre carnal. Por eso, los sentimientos de fraternidad, mansedumbre, bondad, renuncia, amor y humildad, no son elaborados por el raciocinio frío, sino que traen un sentido cálido de vida superior, que se manifiesta por encima de la torpeza y belicosidad del mundo material.

La Mente Espiritual, cuya acción se manifiesta a través del chacra coronario,[14] aún es el patrimonio de muy pocos hombres,

14 Chacra coronario, centro responsable por la sede de la conciencia del Espíritu.

quienes se sienten impulsados por deseos, aspiraciones y sueños cada vez más elevados, creciendo bajo esa influencia sublime, para alcanzar mayor intimidad y amor con el Plano Divino. Ella nutre la confianza en los motivos elevados de la existencia y alimenta la Fe inamovible en lo íntimo del ser, debilitando la fuerza atractiva del dominio animal y acelerando las fuerzas del espíritu inmortal.

PREGUNTA: - ¿No existe alguna confusión entre la acción del Intelecto y la de la Mente Espiritual?

RAMATÍS: – El Intelecto es seco y frío en sus raciocinios, pues no vibra aunque sea influido fuertemente por la Mente Espiritual. No obstante, por la constante y progresiva actuación de la Mente Espiritual se desarrolla en el hombre la Conciencia Espiritual que poco a poco, va despertando la sensación misteriosa de la realidad de la existencia del Supremo Poder Divino. Se reconoce ese hecho, cuando en el hombre comienza a desarrollarse la compasión, el despertar gradual de su sentido de justicia superior y un continuo sentimiento de fraternidad.

Sólo la Mente Espiritual proporciona los emprendimientos superiores y su acción sobrepuja el Intelecto, pues aviva el Amor entre los hombres y los impulsa a sembrar la ventura ajena, como una condición de su propia felicidad.

Así, la lucha entre la Conciencia Espiritual del hombre identificándole la naturaleza superior y la Mente Instintiva, que intenta esclavizarlo con su dominio inferior, es algo épico y angustioso. De ese combate exhaustivo, incesante y desesperante, surgió la leyenda de que el hombre es aconsejado a su izquierda por el demonio y a su derecha, inspirado por el ángel. En realidad, esa imagen simbólica representa a la Mente Instintiva con su cortejo de la experiencia animal inferior, tentando al hombre a repetir los actos del yugo animal; del otro lado, la Mente Espiritual, en su manifestación e invitación sublime, es bien el emblema del ángel inspirando para la vida superior.

PREGUNTA: - ¿Qué nos podéis decir sobre el espíritu del Hombre ser sin duda más importante que la Mente Instintiva y la Mente Espiritual?

RAMATÍS: – Sobre la contextura esencial del espíritu del hombre y naturalmente en fusión consciente con el espíritu de Dios, aún poco sabemos en nuestro estado actual evolutivo. Además, no encontramos vocablos y medios de comparación para explicar al Intelecto humano, en su tradicional limitación, cual es la concepción exacta del Infinito.

En verdad, el Espíritu sólo puede ser sentido y no descrito; es una especie de percepción interna, íntima y personal de cada ser, imposible de explicar a gusto, para aquel que todavía no usufructúa la misma experiencia. Nadie puede explicarlo por el simbolismo de las palabras transitorias del mundo material; el Intelecto jamás podrá percibirlo, porque el Espíritu existe antes del hombre y mucho antes del Intelecto.

A fin de ayudar al estudio de la mente, la filosofía Yoga considera el espíritu del hombre el séptimo principio, la "Chispa Divina", un rayo de Sol o gota del Océano Cósmico. Pero aún tendrá que vencer muchos escalones en su escala evolutiva, desde su fase animal hasta el estado de arcángel, para que el espíritu humano se haga sentir en su gloria y poder. Los que ya sienten esa realidad habitan planos inaccesibles a nuestro entendimiento y no podrían explicarnos, a causa de la insuficiencia del lenguaje humano.

No obstante, hay momentos en nuestra vida, cuando se profundiza en la realidad religiosa, alimentados por pensamien tos sublimes; cuando nos enternecemos ante un maravilloso poema o nos entusiasma la misteriosa belleza de la deslumbrante del amanecer. Entonces sentimos el vislumbre de nuestro origen Divino. Es en realidad, la percepción fugaz, en un ápice de segundo, es el comienzo de la iluminación, el preanuncio de la Conciencia Espiritual.

PREGUNTA: – ¿Cómo se procesa ese acontecimiento?

RAMATÍS: – Independiente de creencia religiosa del hombre y de sus realizaciones intelectivas en el mundo; a medida que la Mente Espiritual extiende su dominio en el ser, libertándolo gradualmente de las cadenas de la animalidad inferior, también se amplía su área de conexión con el Espíritu de Dios. Se diría que aumenta la tensión Divina e interna, en la criatura;

ese impulso de transborde de las formas y del intelecto humano parece solo esperar el momento apropiado para ejercer su predominio sublime. Es la luz del Señor, lista para iluminar la criatura, ante el primer descuido de la conciencia en vigilia o de la personalidad, formada en el peregrinaje oscuro de la vida animal. A través del eslabón del espíritu, Dios se revela al hombre y le da algunos vislumbres de su existencia Real.[15]

Sin duda, es un acontecimiento que varía materialmente conforme al temperamento, sabiduría y sentimiento individual, pero después que sucede, deja una sensación de seguridad, de inmaterialidad y confianza. Es el espíritu que comienza a hacer valer sus derechos divinos, a través de los rasgones de la personalidad humana, camino a la desagregación en el mundo de las formas.

Es un estado extraño y raro, donde el ser se siente fuera de su condición normal, transportado para un plano de conciencia más elevado, enriqueciéndose con más bienes y conocimientos; no pudiéndolo explicar en la conciencia física después del pasado el maravilloso momento de desprendimiento de las formas. Es un ingreso súbito, un vislumbre o preanuncio del espíritu inmortal, fugaz demostración de la Realidad Eterna. Es el "samadhi" tradicionalmente presente en la vida de los grandes iluminados de Oriente, o el "éxtasis" del conocimiento occidental.[16]

Como la propia naturaleza espiritual del ser no da saltos, esos vislumbres, éxtasis o iluminaciones súbitas pueden aumentar su frecuencia en la misma existencia, a medida que se logra mayor dominio sobre la conciencia en vigilia. Es el entrenamiento sublime del espíritu eterno, comenzando a despojarse de sus trajes transitorios de la personalidad humana, en actividad en las superficies planetarias, hasta manifestarse con toda su refulgencia y belleza sideral. Entonces, llegará el tiempo en que

15 Aconsejamos al lector leer el último tema de la obra Dios en la Naturaleza, de Camilo Flammarión, después del capítulo "Dios", que el autor comienza así: "Una tarde de verano dejaba yo las floridas vertientes de Sainte-Adresse..." Se trata de la descripción de una de las más hermosas y convincentes experiencias del éxtasis, del amanecer de la Conciencia Espiritual, al estilo occidental.

16 "Samadhi" o Éxtasis: "especie de arrebatamiento que puede provocarse de diferentes maneras. Éxtasis es una especie de suspensión de los sentidos, por la absorción de la mente en la contemplación Divina. En ese estado, el individuo no siente ninguna acción sobre su cuerpo físico. Es un deslumbramiento inexplicable para el mecanismo del Intelecto".

esos vislumbres y éxtasis de Iluminación serán tan frecuentes que se transformarán en la plenitud de la Conciencia Espiritual para toda la Eternidad. Es el fin de las reencarnaciones de dolores y sufrimientos.

Ramatís y sus conceptos[1]

PREGUNTA: - Nos gustaría oíros sobre las variadas apreciaciones que han despertado vuestros mensajes mediúmnicos. Para eso contamos con vuestro espíritu tolerante y exento de susceptibilidades tan comunes a nuestra humanidad.

RAMATÍS: – Consideramos de buena ética esa disposición vuestra, pues las labores que cumplimos también son inspiradas por almas superiores a nuestra exigüidad espiritual. No podemos alimentar susceptibilidades en las indagaciones justas; de todo haremos, tanto para contentar a los que nos censuran, como los que se afinan con nuestra índole sicológica. Reconocemos la imposibilidad de satisfacer a todos, cosa que ni nuestro amado Maestro Jesús consiguió realizar en vuestro mundo. La crítica a nuestra labor es un derecho con el cual concordamos prontamente, y es justo que cada uno busque aquello que desea.

PREGUNTA: - Las opiniones sobre vuestras comunicaciones mediúmnicas varían mucho, principalmente en cuanto a colocaros en una labor doctrinaria definida. Unos os clasifican como entidad espírita kardecista; algunos dicen que sois umbandista. Existen aún los que afirman que sois excéntricamente devotado a la escolástica hindú. Algunos hermanos se

---

1 Texto retirado del libro *Mensajes del Astral* , Ramatís, **EDITORA DO CONHECIMENTO**, 14ª Edición, pág. 27 a 35.

quejan de vuestro eclecticismo desconcertante. Que nos puedes decir?

RAMATÍS: – No buscamos clasificación en ninguna doctrina, sino la comprensión de aquellos que consideran las sectas religiosas como verrugas en el cuerpo del Cristo. Nuestros propósitos objetivan la aproximación crística entre los valores doctrinarios de todos los espiritualistas de buena voluntad. El Cristo es un estado pleno de amor y de asociación divina; es radiosa fisonomía espiritual destituida de arrugas sectarias. Es principio de nutrición cósmica para todas las almas, amor entre los seres y cohesión entre los astros. La verdad crística no puede ser segregada por nadie; es un estado permanente de busca y de ansiedad espiritual, bien lejos de los envoltorios estandarizados. Cualquier sistema o secta religiosa que se considere el mejor investigador de la Verdad es apenas más un concurrente pretensioso entre los millares de credos aislacionistas del mundo. El fanatismo, propio del hombre inculto, feroz y destructivo, también se ennoblece en las vestiduras respetables del científico, del filósofo o del intelectual ya consagrado en las academias del mundo. La terquedad sistemática, aún bajo la lógica científica, es siempre un índice de fanatismo que crea disposición adversa a la madurez de conceptos. El jardinero progresista estudia y experimenta siempre especímenes nuevos antes de negarles los nuevos valores estéticos. Consecuentemente, no os preocupéis si nos sitúan en este o aquel postulado religioso o científico; preferimos antes la simple condición de anunciador sin compromiso dogmático.

PREGUNTA: - Os acusan algunos espíritas de no seres entidad exclusivamente dedicada a los principios de la doctrina de Kardec.

RAMATÍS: – Apenas evitamos la exclusividad que exalta los caprichos y terquedades sectarias y contraría el dinamismo de la vida espiritual. Es de sentido común que el mediumnismo difiere mucho del espiritismo; el primero es una facultad independiente de doctrinas o de religión; el segundo, doctrina codificada por Allan Kardec, cuya finalidad es la liberación del hombre de los dogmas asfixiantes. El espiritismo es el conjunto de leyes morales que disciplina las relaciones de ese mediumnismo entre los planos visible e invisible, y coordina también el progreso espiritual de sus adeptos. Los fenómenos mediúmnicos comenzaron a ocurrir mucho antes de la doctrina espírita y pueden ocurrir independientemente de su existencia. La literatura mediúmnica es pródiga en comprobaros la cantidad de sensitivos que reciben mensajes de aquí, aunque no operen directamente bajo la inspiración del espiritismo codificado por Kardec. Podréis encontrarlos en los círculos esotéricos, en las reuniones teosóficas, en las fraternidades rosacruces, en las comunidades protestantes y en los propios grupos católicos. Independientemente de la codificación kardecista, fueron recibidas del Espacio las importantes Cartas de Meditaciones y Luz del Alma dictadas por el instructor tibetano a Alice A. Bailey; las misivas a Helena Blavatsky de los maestros El Moria y K.H.; las Cartas del otro mundo dictadas a Elza Barker por un magistrado inglés desencarnado; la Luz en el camino a Mabel Collins; los mensajes del Padre Marshall y Ana de G.; El mundo oculto inspirado a M. Sinnet; la Vida más allá del velo, al pastor protestante rev. G. Vale Owen. Las inéditas experiencias mediúmnicas de Eduardo van der Naillen entre los mayas – que ignoraban el espiritismo – originaron El Gran Mensaje, obra admirable como repertorio de conocimientos del Más Allá; C. H. Leadbeater, obispo anglicano y uno de los sustentáculos de la Sociedad Teosófica, reveló poderosas facultades de clarividencia, sin contacto con el kardecismo. En vuestro siglo, Pietro Ubaldi, Ergos, Ermibuda y otros, os entregan mensajes de inspiración mediúmnica, aunque sin el sello de la insignia espirita. Los profetas eran médiums poderosos: Isaías, Daniel, Ezequiel, Jeremías, Jonás, Nahúm, Habacuc y otros, iluminaban las narrativas bíblicas con sus poderes mediúmnicos; Moisés hipnotizó la serpiente y la transformó en un bastón, haciéndola revivir delante del sorprendido faraón; sabía extraer ectoplasma a la luz del día; practicaba levitaciones, transportes y produjo llagas en el cuerpo, curándolas rápidamente. Realizando la más asombrosa hipnosis de la Historia, usó el pueblo egipcio como "sujeto" y le hizo ver el rio Nilo correr como sangre; actuando en las fuerzas vivas de la Naturaleza, Moisés prendía fuego a su alrededor cercándose de la "zarza ardiente" y ponía en fuga los soldados encargados de matarlo. En la esfera católica, Teresita veía al sublime Señor nimbado de luz; Francisco de Asís revelaba las llagas de Jesús; Antonio de Padua se trasportaba en espíritu de Portugal a España para salvar al padre inocente; Dom Bosco, en trance sicométrico, reveía Jesús en la infancia; Vicente de Paula extinguía úlceras a la sola imposición de manos y San Roque curaba la lepra a fuerza de oraciones. Teresa Neumann, en vuestro siglo, presenta los estigmas de la crucifixión y algunos sacerdotes católicos se vuelven curanderos milagrosos bajo la terapéutica de las bendiciones. Entretanto, ninguno de esos consagrados seres de la historia religiosa era espírita, en la acepción del vocablo, aunque todos eran médiums, lo que ignoraban. He aquí porqué no necesitamos asumir responsabilidad doctrinaria exclusivamente kardecista o, aisladamente en otra noble institución, pues esa exclusividad de modo alguno ampliaría nuestras ideas. Estas se justificarán por si mismas, independientemente de cualquier particularismo reductivo.

PREGUNTA: - Esos cofrades temen que la divulgación acentuada de vuestros mensajes pueda desviar de la ruta progresiva los nuevos adeptos espíritas. Consideran prematura la preocupación con los conceptos heterogéneos de vuestras comunicaciones, antes de que posean el entendimiento puro del espiritismo. Esto está cierto?

RAMATÍS: – Aunque no nos situemos en el área del kardecismo codificado, reconocemos este como la doctrina evolutiva que mejor atiende las necesidades espirituales de la humanidad terrícola, en su conjunto general. Es la síntesis popular de la Verdad Oculta y el más eficiente camino de ascensión espiritual para la mente occidental. Kardec, corajosamente irguió el Velo de Isis, abrió la puerta de la iniciación en común y reveló las preliminares del Cielo. Después de fatigante labor a través de milenios, en contacto con todos los esfuerzos iniciáticos, codificó los valores suficientes para libertar al hombre de la "rueda de las encarnaciones". La disposición ferreña de muchos discípulos que fosilizan los conceptos dinámicos del espiritismo y los transforman en sentencias rígidas en el tiempo y el espacio, es lo que traza fronteras separatistas y contrarias a la dinámica evolutiva de la doctrina. Muchas desilusiones fraternales que los recién llegados reciben de los "tradicionales" terminan alejándolos para ciertos exotismos y sincretismos complicados. El espiritismo es esencialmente evolutivo, pero sus adeptos, no avisados de la realidad funcional de sus postulados, lo tornan letárgico con su sistema de afirmación dogmática. El Evangelio, que es la verdadera garantía crística del espiritismo, aún no fue bien comprendido por la mayoría de sus discípulos. Raros son los que no confunden el sentido crístico del Evangelio con el sentido espírita de afirmación doctrinaria separatista, radicada en puntos de vista aislados y contrarios a la armonía fraternal. Esa preocupación purista que invocáis, fortalece realmente la doctrina como configuración sectaria pero le reduce la amplitud evangélica, que debe ser siempre la base de la "Tercera revelación". Muchos espíritas reviven, en modernas sublimaciones, los dogmas de los viejos credos que abrazaron en ésta o en encarnaciones pasadas. Revelan nuevamente en el medio espírita, la misma intolerancia religiosa, la austeridad pesimista y la mala disposición para con las ideas y labores que sobrepasan las fronteras de sus convicciones y simpatías. Reproducen bajo nuevos aspectos doctrinarios, aunque más cultos, la misma excomunión sistemática del pasado.

PREGUNTA: - Afirman algunos que la disociación que podéis provocar en el seno del kardecismo será por el hecho de propagares por vía mediúmnica principio y conceptos de sectas e instituciones adversas a la simplicidad del espiritismo.

RAMATÍS: – El peligro de disolución doctrinaria ante esos conceptos adversos desaparecerá, si estuviereis plenamente convencidos e integrados en los propios postulados kardecistas que aceptáis. Solo la convicción absoluta puede afianzar la "fe que mueve montañas". Si teméis esa disolución doctrinaria es porque aún no tenéis fe absoluta en lo que admitiste; si así no fuera, vuestro temor sería infantil. La debilidad de vuestras convicciones tornará el kardecismo tan desamparado frente a nuestros mensajes, como frente a todas las demás comunicaciones que nos sucedan. Solo la negligencia y la incuria de sus discípulos es lo que permitirá que sea tiznada la pureza iniciática de los principios de Kardec. Necesitareis, entonces, de la fe sincera y vigorosa que siempre impidió las disoluciones y las promiscuidades en cualesquiera sectores altruistas de vuestro mundo. Es la fe irreductible de los protestantes la que los inmuniza contra las infiltraciones extrañas a sus congregaciones; es la fe absoluta de los santos la que los libra de la seducción de la materia; es la fe en sus postulados morales la que mantiene algunos pueblos europeos en neutralidad pacífica en medio de naciones belicosas. A pesar de las influencias heterogéneas de la época, Mozart, Brahms y Beethoven conservaron la pureza iniciática de sus composiciones musicales; aunque medrasen numerosos simulacros de pintores, no se tiznaron la belleza y la pureza de la pintura de Rubens, Da Vinci, Ticiano o Rembrandt. A pesar de la lascivia que aún impera en algunos conventos religiosos, muchos frailes y monjas son copias vivas de un Francisco de Asís, de una Teresa de Ávila. A pesar de las promiscuidades inmorales que pululan en la sociedad y de la deshonestidad que corroe la administración pública, innumerables caracteres se conservan íntegros en el seno de esas influencias disolventes. Naturalmente, solo una fe viva, continua y fuerte sustenta cualquier ideal y esa especie de fe es la que recomendamos que los espíritas tengan para con la consagrada doctrina codificada por Kardec. Si así lo hace, no oponemos duda, serán infantiles todos los temores sobre nuestros mensajes disgregadores.

PREGUNTA: - Alegan otros que vuestros mensajes generan confusión entre los espíritas porque estos se dejan fascinar por el exotismo exterior y se perturban con el contenido, que no se afina con la doctrina espírita.

RAMATÍS: – Repetimos: No está en nuestros mensajes esa probabilidad perturbadora, y sí en aquellos que aún están en condiciones electivas para ser perturbados o víctimas de confusión. El espíritu humano es dotado de razón y sentimiento; cuando la razón no está suficientemente desarrollada para protegerlo de la perturbación, que lo salve al menos el sentimiento cristiano. Si no existe la garantía espiritual de uno cualquiera de esos atributos, como queréis evitar la perturbación? Innegablemente aún seréis los candidatos y las víctimas de todas las influencias y sugestiones exteriores. Si viviereis en confusión con vosotros, naturalmente estaréis en confusión con todo lo que investigareis, ya sean nuestros mensajes o las comunicaciones de otros espíritus más elevados. No conocemos doctrina más pura y santificante que el Evangelio de Jesús; no obstante, responsabilizaríais al Divino Maestro por la confusión que los hombres crearon con sus enseñanzas benditas? No fue su Evangelio sino las confusiones humanas las que asesinaron infieles en las impiadosas cruzadas de la Edad Media; que armaron odiosas hogueras y crearon las tenebrosas torturas de la Inquisición; que masacraron indefensos hugonotes en la sangrienta noche de San Bartolomé. Aún bajo la égida del Evangelio la confusión humana quemó a Juana De Arco, Juan Huss, Giordano Bruno y actualmente todavía consagra los instrumentos de muerte para guerras fratricidas. Lamentamos que nuestros mensajes puedan crear confusiones en la pureza iniciática espírita, del mismo modo como lamentamos que el Evangelio sea culpable de las atrocidades humanas. La dinamita destinada al trabajo pacífico de las construcciones humanas, la usáis, por vuestra confusión, como agente de muerte; la embarcación idealizada para la confraternización entre los pueblos, os sirve como cruceros, submarinos y cañoneras mortíferas; el avión, ideal e fraternidad, la confusión lo trasformó en terrible ave sembradora de ruinas y crueldades. La energía atómica, pacífica en Marte, es en vuestro mundo elemento hecho para derretir cuerpos nacidos para el amor y para la vida. La confusión, en realidad depende del destino que diereis a las cosas que leéis, que inventáis o que descubrís, probando que aún os falta el verdadero discernimiento de los objetivos idealizados por Dios.

PREGUNTA: - Se afirma que los "viejos espíritas", conservadores de la ética kardecista, son menos simpáticos a vuestros mensajes, que decís?

RAMATÍS: – Es muy natural que así suceda. Las épocas de renovaciones artísticas, bien como las de renacimiento espiritual, tienen siempre mayor relevancia en la clásica posición d "jóvenes" y "viejos", aunque las ideas nuevas sean las mismas ideas viejas bajo atrayente vestido moderno. Los jóvenes de hoy, inevitablemente los viejos de mañana, también ofrecerán terca resistencia a los nuevos valores que surjan en el futuro bajo el imperio de la evolución. En la pintura, en la filosofía, en la música, en la ciencia y en la propia industria, siempre se confrontaron esas dos condiciones distintas: viejos y jóvenes. No obstante, aunque se sitúen en extremos antagónicos, son dos fuerzas que disciplinan la evolución; tanto los jóvenes entusiastas como los viejos ponderados atienden a los imperativos naturales de la vida progresista. Los primeros, idealistas, corajosos, trazan el rumbo del futuro y los segundos, conservadores, prudentes, tullen sus pasos cuanto a excesos perjudiciales. Se disciplina la imprudencia excesiva del joven con la experiencia sensata y orientadora del viejo. Y frente a asuntos como "Juicio Final" o "Fin del Mundo", aún más se acentuará el conflicto entre las viejas y las nuevas ideas, instigadas por la afirmación personal de cada grupo aparte. Si los viejos espíritas son menos simpáticos a nuestras comunicaciones, debéis concluir que realmente no estamos transmitiendo mensajes para conjuntos exclusivos, o para adeptos que nos lisonjeen. Nuestro esfuerzo es de carácter general. Estamos dictando para más allá de la efervescencia moral que ya estáis viviendo, solo los electivos a nuestra índole espiritual son los que nos sienten en el momento, sin la exigencia férrea de antes comprendernos.

PREGUNTA: - Algunos afirman que vuestros mensajes son destituidos de cualquier provecho; otros hay que ven en ellos una asociación de ideas del médium, o sea, puro animismo. Que podéis aclararnos?

RAMATÍS: – E estos relatos fueren fruto del puro animismo del médium, independientemente de nuestra acción espiritual, le cabe el mérito indiscutible de habernos interpretado correctamente, evocando el sentido crístico en que realmente desearíamos situar nuestras comunicaciones. En cuanto al sentido provechoso, depende naturalmente do propio lector, a quien le cabe sacar las ilaciones constructivas o rechazar las afirmaciones que suponga perniciosas pide la separación cuidadosa del. El labrador inteligente sabe que el más opulento haz de trigo pide la separación de la cizaña. Recordamos, a propósito, aquel sentimiento elevado que Jesús reveló frente al can putrefacto, ante la repugnancia de los apóstoles, cuando enalteció la blancura de los dientes del animal y los comparó a perlas preciosas. La Tierra también os ofrece innumerables mensajes vivos, de las cuales podéis extraer ilaciones provechosas o destructivas. El mismo arsénico que los Borgia usaban para asesinar a sus opositores, la medicina aprovecha para tratamiento de la amibiasis y de la sangre. La cicuta que mata, cura convulsiones rebeldes cuando aplicada en dosis homeopáticas; el bisturí del homicida, en las manos del cirujano es instrumento que prolonga la vida. Bajo el toque de la magia divina de Dios, la basura fétida se transforma en rosal florido y perfumado. La servidumbre que dormita en el seno de todas las cosas creadas por el Omnipotente exige que la buena intención la sepa aprovechar en sentido benéfico a la vida. Estos mensajes también contienen un sentido oportuno; le cabe al lector encontrar los objetivos sanos.

Magia de Redención

Ramatis afirma: "A pesar de las protestas y reproches de los conservadores y de los incrédulos, insistimos en advertir a los terrícolas que el hechizo existe, y solo los espíritus libertados por completo de los rescates cármicos son invulnerables a sus efectos".

El Gran Arquitecto de vez en cuando envía a la Tierra mensajeros arrojados y fuera de la rutina, que traen informaciones constructivas aunque prematuras, las cuales más tarde son consagradas por la opinión de la mayoría. Así fue con Krishna, Moisés, Buda, Confucio, Fo-Hi, Jesús, Kardec y Gandhi. Ramatis podría haber adherido a la línea convencional de las entidades que transmiten para la Tierra asuntos ya consagrados. Pero él prefirió abordar problemas controvertidos, traer informaciones innovadoras, desvendar facetas ocultas y aclarar con la luz del verdadero conocimiento, áreas oscuras y mal comprendidas de la espiritualidad.

Son las enseñanzas de la antigua Sabiduría Milenaria, que hicieron parte de todas las escuelas de Conocimiento espiritual a través los siglos, ahora expuestas en lenguaje claro y accesible a las mentes occidentales, aclarando los procesos científicos que están por detrás de los viejos preceptos y fenómenos.

"Magia de Redención", obra sin paralelo en la literatura espiritualista occidental, analiza con objetividad en qué consiste la Magia, el significado del ritual, los procesos técnicos del hechizo verbal, mental, a través los objetos y animales, del aura humana, la producción de enfermedades, etc, y anticipa las conclusiones de la Medicina Ortomolecular al estudiar el hechizo por medio de metales organogénicos.

Mediumnidad de Cura

El llamado "mundo oculto" siempre actuó en la cura de las enfermedades humanas, bajo las más diversas maneras. Así fue en los relatos bíblicos, en el chamanismo de los pueblos antiguos, en la tradición oculta y en la mediumnidad contemporánea, que aquí describe Ramatís.

En esta obra, que trata específicamente de la terapéutica por vía mediúmnica, la profundidad del conocimiento iniciático de Ramatis, aliada a su particular objetividad, desvenda con claridad los mecanismos de la acción curadora en el doble etérico del hombre y en la fisiología de los chacras. Describe la técnica utilizada por los equipos espirituales en los recetarios mediúmnicos, el motivo de los equívocos posibles y la charlatanería que a veces ocurre en ese proceso, así como la metodología de las cirugías espirituales, la tarea del médium recetador y sus dificultades, los pases mediúmnicos, las recetas mediúmnicas y el agua fluida.

El desvenda la técnica de las bendiciones y "simpatías" y elucida con precisión inédita cómo actúan en la cura de los procesos dermatológicos. Muestra los efectos de la eutanasia y de la distanasia – la "muerte difícil", la prolongación artificial de la vida, que impide al hombre contemporáneo morir en paz.

Ya consagrada como un manual clásico del asunto, con más de una decena de ediciones, esta es una lectura indispensable para cuantos se interesen por los procesos de la llamada cura espiritual, y por la extensión y profundidad de análisis de los mecanismos ocultos de la mediumnidad curadora.

Bajo la Luz del Espiritismo

Cómo quedan los dilemas de la vida cotidiana bajo la luz de los valores milenarios de la Sabiduría Espiritual, que la doctrina espírita se propone difundir en el Occidente?

Como se verán el aborto, la prostitución, el homosexualismo, la eutanasia, el sexo, el suicidio, el dolor humano – asuntos que atraviesan, como hilos de intenso color, la trama del tejido social – bajo la evaluación de la Ley Cósmica?

Distanciado del convencionalismo humano, pero hablando

dentro del corazón humano el lenguaje lleno de compasión y lucidez de los Maestros de Sabiduría, Ramatís trata esos asuntos en la perspectiva con la cual son vistos por la Espiritualidad Superior, y no bajo la restricta óptica social humana.

En el capítulo "La Mente", este Maestro que hace milenios se dedica a promover la unidad del conocimiento oriental y occidental, nos ofrece una síntesis admirable del conocimiento esotérico sobre las fuerzas mentales, la actuación de la mente sobre la fisiología humana, la formación multimilenaria de la Mente Instintiva y su acción en el inconsciente humano, la Mente Cósmica y su enfoque en el microcosmos humano.

Esta es una obra cautivante por la claridad con que traduce en lenguaje occidental profundos conocimientos de la Sabiduría Milenaria. Trae al lector elementos para reflexionar sobre problemas de actualidad máxima, oxigenados por el soplo innovador de la espiritualidad cósmica.

Sembrando y Cosechando

"En cuanto encarnados, nos cuesta entender la función rectificadora del sufrimiento como proceso de perfeccionamiento espiritual. En verdad, somos como diamantes brutos que, por medio de la lapidación, nos transformaremos en brillantes que irradian luz. Por eso, si el hombre encarnado supiera la importancia de las vicisitudes y los sufrimientos, aunque muchas veces bajo la persecución de los enemigos de vidas pasadas, haría cola frente al taller del purgatorio terrestre, esperando impaciente su turno para que le hagan las reparaciones espirituales necesarias".

Esa verdad y otras bellísimas enseñanzas componen la serie de cuentos, basados en historias reales dramáticas, conocidas por el autor cuando estaba reencarnado en el Brasil, y cuyos orígenes cármicos pudo conocer cuando volvió al Plano Espiritual.

Sembrando y Cosechando presenta dieciséis cuentos reencarnacionistas acrecidos del cuento "El Pulpo", con el cual el médium Hercílio Maes ganó el primer premio en un concurso literario nacional.

Esta es una obra para los que desean aprender con las lecciones verídicas de la Ley de Causa y Efecto relatadas por la Espiritualidad, y alcanzar un estado de equilibrio mental que pueda proporcionarles una trayectoria segura en el plano material.

El Evangelio a la Luz del Cosmos

Si en la belleza irretocable de las enseñanzas y parábolas de Jesús nada puede ser acrecentado o alterado, sin embargo hoy se puede hacer una lectura más esotérica de ellos y percibirse su contenido interior y oculto, que por siglos permaneció velado a la consciencia común de la humanidad.

Ese es el objetivo de la presente obra de Ramatís, la cual desvela la dimensión secreta y cósmica de las historias sencillas del Maestro Nazareno.

Actualmente la evolución mental del terrícola ya le permite desvelar esa realidad más profunda del Evangelio, que es realmente una síntesis de las leyes cósmicas, o "la miniatura del metabolismo del proprio Creador".

En esta obra de carácter iniciático, pero en el lenguaje cristalino y accesible característico de Ramatís, el lector va a encontrar, además de la interpretación más profunda y esotérica de los preceptos evangélicos, un estudio fascinante de los asuntos "Dios" y "Evolución", tratados con la profundidad y claridad típicos de ese viejo maestro de la antigua Grecia – Pitágoras -, hoy conocido como Ramatís.

Una de sus obras más atractivas, que va a conquistarlos para el rol de sus miles de lectores.

La Vida Más Allá de la Sepultura

"La muerte del cuerpo no es más que un simple cambio de apartamento para el espíritu".

En "La vida más allá de la sepultura", obra inspirada por Ramatís, el fenómeno de la muerte, desvestido de toda su morbidez, se describe con la naturalidad de un "retorno a el hogar". Para eso, Ramatís invitó, para describir su propio "viaje de retorno", a su discípulo que adopta el nombre de Atanagildo – un hijo de la Grecia antigua, cuya última encarnación ocurrió en el Brasil. Atanagildo describe con la saludable irreverencia del espíritu griego, su travesía y llegada al Más Allá, revistiendo de un humor particular los viejos mitos fúnebres de la humanidad.

El nos ofrece una amplia descripción de la ciudad del Astral Superior donde reside, conocida como "El Gran Corazón", cuyo escenario de belleza sideral podría justificar el viejo concepto de "cielo" de las creencias tradicionales. Como contrapunto, nos ofrece un "tour" por colonias astrales de costumbres anticuadas, y por ciudades del Astral Inferior, incluyendo las zonas de los charcos, y un aspecto inédito de un capítulo sobre aves y animales del astral inferior, así como otro sobre las organizaciones del Mal.

Es una verdadera anatomía del proceso de la desencarnación, detallando las providencias técnicas del desligamiento del espíritu del cuerpo denso, la cual se transforma, por el humor e inspiración de Atanagildo, en un relato fascinante que desvela la faz luminosa de la supuesta Segadora de vidas.

En la segunda parte del libro, el propio Ramatis trata de asuntos tales como la obsesión, la limitación de hijos, las relaciones cármicas entre padres e hijos, y los procesos de parasitismo de los desencarnados hacia los encarnados.

En casi cincuenta años de sucesivas ediciones, esta obra de contenido fascinante y llena de informaciones, permanece como una de las más vendidas de Ramatís, siendo una oportuna "guía de viaje" para la inevitable y – por qué no – feliz travesía para la otra margen de la vida.

Fisiologia del Alma

En esta obra, Ramatis desvenda el mecanismo oculto que desencadena, desde los cuerpos sutiles del hombre, las enfermedades del cuerpo físico. El origen y la causa de las enfermedades, que hacen parte del conocimiento iniciático milenario, se explican en un lenguaje claro y accesible, que abre extraordinarios horizontes para la comprensión del binomio salud-enfermedad.

La etiología, las raíces cármicas y la cura del cáncer se analizan desde su verdadero origen en el "mundo oculto" de las causas y en sus relaciones con la extinta Atlántida.

Al analizar la homeopatía, Ramatis explica el verdadero proceso de actuación de las dosis infinitesimales, la extensión de su acción en los cuerpos sutiles y en la raíz de los procesos patológicos, sus infinitas posibilidades terapéuticas aún no totalmente explotadas, y las condiciones exigidas para el éxito integral del tratamiento homeopático.

El capítulo "La alimentación carnívora y el vegetarianismo" ya constituye un clásico del asunto, y ha desencadenado una nueva visión y comportamiento en miles de lectores, que de ese modo se están preparando para habilitarse a ser ciudadanos de la Tierra en el tercer milenio.

La acción del alcohol y del tabaco como agentes patógenos en los cuerpos energéticos y físicos, es analizada por Ramatís bajo la óptica del mundo oculto, incluyendo las consecuencias después de la muerte física y el proceso simbiótico de las "canecas vivas".